다층지원체계 MTSS 기반
사회정서학습

Effective Interventions
for Social-Emotional Learning

다층지원체계 MTSS 기반
사회정서학습

○ 문제행동 예방과 중재 전략 ○

다봄교육

EFFECTIVE INTERVENTIONS FOR SOCIAL-EMOTIONAL LEARNING

프랭크 M. 그레셤 지음 | 김윤경 옮김

주요 종단 연구들에 따르면, 어린 시절 원만하지 않은 또래 관계는 청소년기 및 성인 초기에 심각한 적응 문제를 예측한다. 사회적·행동적 역량과 또래 관계에 나타나는 이러한 어려움은 교육적, 심리사회적, 직업적 기능 영역에서 단기, 중기, 장기적으로 부정적인 영향을 미칠 수 있다. 이러한 연구 결과를 통해 연구자들은 또래 관계 개선을 위한 예방적 개입의 필요성을 인식하게 되었다. 이 관심의 이면에 있는 논리는, 아동기의 또래 관계를 개선하는 데 중점을 둔 시의적절한 개입이 또래로부터의 거부와 고립과 관련된 위험에 노출되는 것을 크게 줄이고, 건강한 사회화 과정을 촉진하며, 긍정적인 장기적 결과를 증진할 수 있다는 것이었다.

지금껏 아동의 사회정서적 역량 발달을 키우는 기술을 평가하는 데 많은 관심이 집중되었다. 최근에는 이러한 역량을 학교 맥락 안에서 개발하는 데 초점을 맞추려는 교사, 정책입안자, 연구자 들의 움직임이 나타나고 있다.

1994년, 학업 및 사회적, 정서적 학습 협회Collaborative for Academic, Social, and Emotional Learning, CASEL에서 처음으로 사회정서학습Social-Emotional Learning, SEL이라는 용어를 사용했고, CASEL은 다학문적 조직으로서 자기 인식Self-awareness, 자기 관리Self-management, 사회적 인식Social awareness, 관계 기술Relationship skills, 책임 있는 의사결정Responsible decision making과 같은 다섯 가지 핵심 역량을 정의했다.

이 책은 사회정서학습 프로그램이 효과를 거두려면, 사회적 기술을 명시적이고 직접적으로 가르쳐야 한다는 점을 전제로 한다. 효과적인 개입의 특성은 **SAFE**라는 약자로 개념화할 수 있다. 즉, 개입이 효과적이려면 **순차적이고** sequenced, **활동적이며** active, **집중적이고** focused, **명시적이어야** explicit 한다.

이 책은 아동과 청소년의 사회정서적 발달을 지원하기 위해, 전문가들이 활용할 수 있는 과학적 근거에 기반한 평가 및 개입 전략을 제시하는 데 목적이 있다. 이 책은 또래 관계에서 어려움을 겪는 일반 아동과 청소년은 물론, 자폐스펙트럼장애, 지적장애, 사회적 의사소통장애 등 특정 정신건강 진단을 받은 아이들, 그리고 청각장애나 난청이 있는 학생들 모두를 위한 사회정서적 개입 전략을 다룬다. 이 책의 주요 주제는 사회적 기술평가 및 개입에 대한 정의와 개념적 쟁점, 과학적 근거에 기반한 실천 기준, 사회정서적 역량을 평가하는 다양한 전략, 다층적 사회정서 학습 개입(보편적, 선별적, 집중적), 그리고 특정 집단을 위한 사회정서학습의 평가 및 개입 전략이다. 이 책의 마지막에는 사회정서학습의 평가와 개입 전략이 실제 현장에서 어떻게 적용되는지를 보여주는 구체적인 사례를 제시한다.

이 책의 주요 독자는 아동과 청소년을 대상으로 일하는 임상심리 전문가, 학교 심리사, 상담심리사, 임상 사회복지사, 학교 상담교사, 그리고 학교 현장의 행동 지원 담당자들이다. 또한 이 책은 아동과 청소년을 위한 학교 기반 및 클리닉 기반 개입, 사회정서적 기능 평가, 사회정서적 개입, 교사 및 부모를 위한 상담 전략과 관련한 대학원 과정에서 활용될 수 있다.

연수를 다니다 보면 사회정서학습을 더 깊이 공부하고 싶다며, 어떤 책을 읽으면 좋을지 묻는 선생님들이나 대학원생들을 자주 만난다. 최근 사회정서학습에 대한 관심이 높아지면서 이 분야를 심층적으로 탐구하려는 사람들이 늘고 있지만, 그에 걸맞은 도서는 아직 많지 않다.

사회정서학습에 관한 대표적인 학술서로는 사회정서학습 연구의 주요 학자들이 함께 집필한《사회정서학습 핸드북: 연구와 실제 Handbook of Social and Emotional Learning: Research and Practice》이 있다. 2015년 초판 이후 시대의 변화를 반영한 개정판이 출판되고 있으나, 이 책은 방대한 분량에 더해 미국의 교육 맥락을 중심으로 한 논의가 많아, 국내 독자에게는 다소 거리감이 느껴지는 부분이 있다. 그러던 중 역자의 시선을 사로잡은 책이 바로 프랭크 M. 그레셤의《다층지원체계MTSS 기반 사회정서학습》이다.

그레셤은 아동과 청소년의 문제행동 교정, 중재, 평가 분야에서 오랫동안 연구해 온 저명한 심리학자이며, 사회정서학습을 과학적 근거 위에서 탐구하고 실천하는 데 꾸준히 헌신해 왔다. 그의 저서가 지닌 가장 큰 장점은 사회정서학습의 개념과 평가에 대한 명확한 규정을 바탕으로, 증거 기반 연구 결과에 기초한 실행 방안을 체계적으로 안내하고 있다는 점이다. 즉, 그레셤은 사회정서역량과 사회정서기술의 개념적 범위를 구체적으로 정의하고, 이를 가르치고 길러줄 수 있는 선행 연구에 근거하여 사회정서학습의 실행 방법을 논리적이고 단계적으로 제시한다. 이러한 접근의 핵심적인 결론 가운데 하나는 학생들의 특성과 요구에 따라 서로 다른 수준의 중재가 효과적이라는 점이다. 이에 따라 그는 다층지원체계MTSS 관점을 적용하여, 보편적 교육뿐 아니라 선별적 개입이 필요한 학생, 나아가 특수교육 대상 학생에 이르기까지 대상별로 사회정서학습을 실행하는 구체적 방법을 일목요연하게 제시한다. 특히 각 중재를 실제 교실에서 적용할 수 있도록 세밀한 스크립트까지 제시하고 있어, 어떻게 하면 학생들의 사회정서역량을 효과적으로 향상시킬 수 있는지를 생생히 보여준다.

다만 독자들이 염두에 두었으면 하는 점이 있다. 이 책은 관찰 또는 측정 가능한 학생의 행동에 초점을 맞추고 있기 때문에, 사회정서학습의 성격과 내용, 목표를 CASEL이 제시하는 것보다 좁게 다루는 경향이 있다. 즉, 학생이 '잘 살아가는 데 필요한 전반적인 사회정서역량'보다는 교정 가능한 사회적 행동 기술에 초점을 두고, 학교생활에 좀 더 적응적인 행동 변화를 목표로 삼는다. 이러한 관점은 학생의 전인적 성장을 추구하는 교사에게는 다소 낯설거나 제한적으로 느껴질 수 있다. 그럼에도 불구하고 이 책이 제시하는 풍부한 중재 사례와 지도 스크립트는 실질적이고 구체적이어서, 사회정서학습의 표준적인 방법을 확인하고 싶은 독자에게 훌륭한 길잡이가 될 것이다.

그레섬이 본문에서 거듭 강조하듯, 근거의 확인이나 평가 없이 '이 정도면 효과가 있겠지' 하는 기대에 의존한 교육 관행을 바꿀 필요가 있다. 그런 점에서 사회정서학습을 엄밀하게 연구하고 실천하려는 저자의 태도는, 특히 대학원생이나 연구자처럼 증거 기반 접근을 중시하는 독자에게 큰 도움이 될 것이다. 나아가 다층지원체계, 긍정적 행동중재지원 PBIS, 특수교육 등과 연계하여 사회정서학습 정책을 설계하거나 그 효과성을 검토하고자 하는 교사와 정책 담당자들에게도 유용한 참고서가 될 것이다.

아무쪼록 이 책이 사회정서학습을 연구하고자 하는 모든 분들에게 새로운 통찰과 실질적 도움을 주기를 바란다.

2025년 겨울

김윤경

제1부

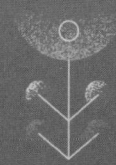

사회정서학습을 통한
문제행동 중재의
이론과 방법

1 사회정서학습
개념에 관한 쟁점

장기적인 종단 연구, 메타분석, 그리고 문헌 검토 결과에 따르면, 아동기에 원만하지 않은 또래 관계는 청소년기와 성인 초기에 심각한 적응 문제를 예측한다(Cowen, Pedersen, Babigian, Izzo, & Trost, 1973; Newcomb, Bukowski, & Pattee, 1993a; Parker & Asher, 1987; Prinstein, Rancourt, Guerry, & Browne, 2009). 아동기에 겪는 사회적·행동적social-behavioral 역량 부족과 또래 관계의 어려움은 교육적, 심리사회적, 직업적 측면에서 단기, 중기, 장기적으로 부정적인 영향을 미친다(Dodge, Dishion, & Lansford, 2006; Kupersmidt, Coie, & Dodge, 1990; Newcomb et al., 1993a). 지난 35년간 이와 같은 연구 결과가 축적되면서, 연구자들은 또래 관계의 어려움이 미치는 부정적 영향을 줄이기 위한 예방적 개입 프로그램을 개발하는 데 많은 관심을 가지게 되었다. 이러한 논리는, 어린 시절 또래 관계를 개선하는 개입을 제때 제공하면 또래 거부와 사회적 고립으로 인해 발생하는 위험을 줄이고, 건강한 사회화를 촉진하며,

장기적으로 긍정적인 결과를 낳을 수 있다는 생각에 기반한다(Bierman, 2004; La Greca, 1993; Rubin, Bukowski, & Laursen, 2009).

최근 10년 동안, 아동의 사회정서역량social-emotional competence에 대한 관심이 급증해 왔다. 특히, 사회정서역량의 발달에 기여하는 사회적 기술에 대한 평가와 개입 연구가 활발히 이루어지고 있다. 이에 교육자, 정책입안자, 연구자 들은 학교를 통해 아동의 사회정서역량을 체계적으로 향상시키는 데 주목하고 있다. 최근 미국 전역의 여러 학군들이 사회정서학습SEL의 명시적인 성취 기준을 채택하고 있다. 이는 사회정서역량이 학업 성취 및 심리적 안녕과 밀접한 관련이 있다는 사실에 기인한다(Weissberg, Durlak, Domitrovich, & Gullotta, 2015). 유치원부터 대학에 이르기까지 500건 이상의 평가를 포함하는 방대한 연구 결과는 보편적인 학교 기반 사회정서학습이 효과적이라는 것을 입증한다(Collaborative for Academic, Social, and Emotional Learning, 2012).

:: 사회적 유능성의 개념화

사회적 유능성social competence 개념은 심리학, 특수교육, 응용행동분석 등 여러 학문 분야의 다양한 이론적 관점에 바탕을 두고 정의되어 왔다. 사회적 유능성을 적절하게 개념 짓는 것은 증거 기반 평가와 개입 전략을 세우기 위해 중요하다. 연구들을 살펴보면, 사회적 유능성의 개념은 최소 세 가지 방식으로 규정된다.

사회측정적 개념화

첫 번째 방식은 **사회측정적 개념화**sociometric conceptualization라 불린다. 이 방식은 사회적 유능성을 사회적 지위 지표를 통해 조작적으로 정의 내린다. 즉, 또래들에게 거부당하거나 무시당하는 사람은 사회적 유능성이 부족한 것으로, 반대로 또래들에게 인정받고 인기가 많은 사람은 사회적 유능성이 높은 것으로 간주한다(Hartup, 2009). 사회적 지위는 '누가 누구와 어울리고 싶어 하는가', '누가 특정 사회적 활동을 함께하고 싶어 하는가', '누가 누구를 좋아하거나 싫어하는가'와 같은 방대한 정보를 기반으로 측정된다. 포괄적인 사회측정 평가에서는 일반적으로 **사회 선호도**social preference와 **사회적 영향력**social impact이라는 지표를 활용하며(Peery, 1979), 이 지표를 가지고 개인을 거부형, 무시형, 논쟁형, 인기형으로 분류한다(Coie, Dodge, & Coppotelli, 1982).

이와 같이 사회적 유능성 개념을 규정하는 방식은 비교적 객관적이긴 하지만, 특정한 상황에서 어떤 행동이 또래들에게 수용되거나 거부되는지를 명확히 설명하지 못한다는 한계가 있다. 연구에 따르면 또래들에게 거부당하는peer rejection 아이들은 공격적이거나 충동적이고 또래와 부정적으로 상호작용하는 경향이 있으며(Coie, Dodge, & Kupersmidt, 1990), 무시당하는neglected sociometric status 아이들은 불안하거나 사회적으로 위축되며, 또래와 긍정적으로 상호작용하는 빈도가 낮은 경우가 많다(Newcomb et al., 1993a). 하지만 이러한 행동 특성과 또래 집단 내 지위 간의 관계는 완전히 일치하지 않으며, 특정 개인의 사회적 지위를 완전히 설명하지는 못한다.

뿐만 아니라, 사회적 지위는 단순히 사회적 기술의 강점이나 약점에 의해서만 결정되는 것이 아니다. 신체적 매력 유무, 평판과 관련된 편견, 부정적 행동과 관련된 중대한 사건, 인종·민족적 배경, 다른 성별 집단에게 어떻게 불리는지도 사회적 지위에 중요한 영향을 미칠 수 있다 (Rubin et al., 2009).

사회학습이론

다른 연구자와 이론가들은 사회학습 개념화social learning conceptualization를 통해 사회적 기술을 설명한다(Elliott & Gresham, 2008; Gresham & Elliott, 2008). 사회학습이론social learning theory의 관점에서, 개인의 친사회적 행동 부족과 문제행동 과잉은 여러 요인으로 설명된다. 그림 1.1은 사회적 기술 기능의 결핍을 설명하는 다섯 가지 주요 원인을 나타낸다.

- 지식 부족
- 연습 및 피드백 부족
- 사회적 단서에 대한 무관심 또는 부주의
- 강화 부족
- 경쟁하는 문제행동의 존재

반두라Bandura(1977, 1986)의 초기 연구를 기반으로 하는 **사회학습이론**은 사람이 모방 자극에 노출됐을 때, 어떤 환경적인 사건을 주목하고, 기억하며, 수행되는지 대리 학습vicarious learning과 인지-매개 과정cognitive-mediational processes으로 설명한다. 사회학습이론의 핵심 개념인 상호 결정론reciprocal determinism에 따르면, 개인의 행동은 환경을 변화시

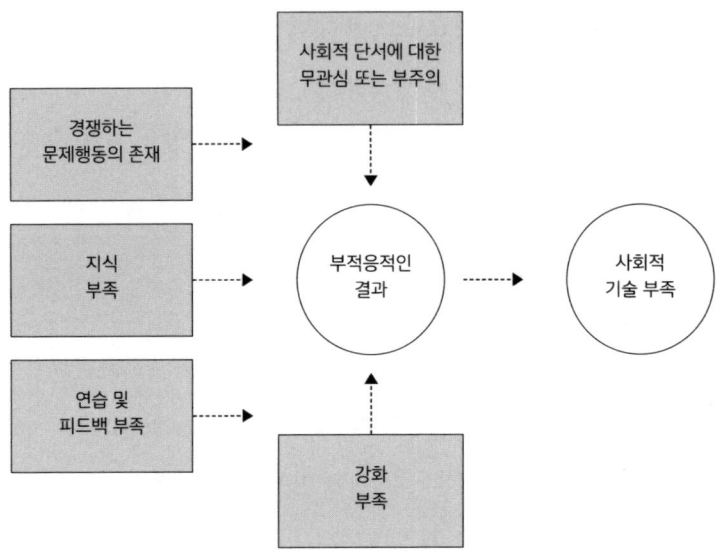

그림 1.1 사회적 기술 부족의 다섯 가지 주요 원인

키고 반대로 환경도 개인의 행동에 영향을 미치며 상호작용한다 (Bandura, 1986).

사회적 기술 능력의 부족을 설명하는 두 번째 학습이론은 **인지행동이론** cognitive-behavioral theory이다. 이 이론은 개인은 인지나 사고를 거쳐 환경적인 사건에 반응한다고 본다(Mayer, Van Acker, Lochman, & Gresham, 2009). 인지행동이론에 기반한 중재는 다양한 내적·외적 사회적 단서가 포함된 상황을 개인에게 제시한다. 이러한 단서들은 과거의 학습 경험과 현재의 환경적 상황에 따라 개인에게 더 두드러지거나 덜 두드러지게 인식된다.

인지행동 중재의 목표는 부적응적인 자기 진술, 귀인, 인식을 변화시켜 외현적으로 나타나는 친사회적 행동을 증가시키고, 문제행동으로 이어지는 부적응적인 사회적 인식과 귀인을 감소시키는 것이다. 인지행동적 접근은 일반적으로 자기 점검, 자기 지시, 자기 평가, 사회적 문제 해결과 같은 전략들을 사용한다(Lochman & Gresham, 2009).

응용행동분석 Applied Behavior Analysis, ABA은 사회적 기술의 결핍과 문제행동의 과잉을 설명하기 위해 사용되는 세 번째 학습이론이다. 응용행동분석은 스키너(Skinner, 1953)의 조작적 조건 형성operant conditioning 이론에 기반을 두고 있으며, 선행 사건antecedent, 행동behavior, 결과 consequence 간의 관계를 설명하는 삼자 수반성three-term contingency 개념에 근거를 두고 있다.

응용행동분석가들은 수정이 필요한 특정 문제행동의 발생을 강화하는 긍정적 또는 부정적 조건이 무엇인지 확인한다. 기능적 행동 평가 Functional Behavioral Assessment, FBA는 문제행동의 발생과 기능적으로 관련된 환경적 조건을 파악하는 데 핵심적인 역할을 한다(Gresham, Watson, & Skinner, 2001). 응용행동분석을 활용한 사회정서학습은 동일한 행동 기능을 수행하는 친사회적 행동으로 경쟁적 문제행동을 대체하도록 하는데, 이 과정을 긍정적 대체행동 훈련positive replacement behavior training 이라고 한다(Maag, 2005).

사회적 타당성 개념화

사회적 기술을 이해하는 마지막 접근은 울프Wolf(1978)가 제시한 사회적 타당성social validity 개념에 기반한다. 이 관점에서 사회적 기술은 주어진 상황에서 아동과 청소년에게 중요한 사회적 결과를 이끌어 내는 행동으로 정의된다. 사회적으로 중요한 결과에는 또래로부터의 수용, 친구 사귀기, 학업 성취, 교사 및 부모와 같은 중요한 타인에 의한 사회적 유능성 평가, 성실한 학교생활(징계 조치 없음)과 출석 등이 포함된다. 이러한 개념화의 장점은, 개인에게 부족한 행동을 명확히 규정할 수 있을 뿐만 아니라, 그러한 사회적 행동이 사회가 중요하게 여기는 의미 있는 결과와 어떻게 연관되는지 직접적으로 설명할 수 있다는 데에 있다.

사회적 의미social significance와 **사회적 중요성**social importance은 사회적 타당성의 관점에서 사회적 기술 개념을 이해하는 데 핵심적이다. 사회정서학습이 설정한 목표의 사회적 중요성은, 사회정서학습 기반 중재의 정당성과 효과성을 평가하는 핵심적 준거가 된다. 예를 들어, 사회정서학습을 실행하는 사람은 아이가 "고맙습니다"와 같은 감사 표현을 더 자주 말하도록 목표를 설정할 수 있다. 이러한 목표는 표면적으로는 사회적 의미를 지닌 것으로 보일 수 있으나, 교사나 부모처럼 중요한 타인들이 실제로 그것을 사회적으로 중요한 목표로 인식하지 않을 가능성도 존재한다. 아동의 환경에 있는 교사나 부모 등 중요한 타인들은, "고맙습니다"라는 특정 표현의 사용 증가보다는 모든 긍정적 언어 표현의 전반적 향상과 같은 포괄적 목표를 훨씬 사회적으로 의미 있고 타당한 것으로 평가할 가능성이 크다.

사회정서학습에서 설정된 행동 목표의 사회적 타당성은 본질적으로 주관적 판단에 의존한다는 점을 인식하는 것은 매우 중요하다(Kazdin, 1977; Wolf, 1978). 주관적 평가는 특정 행동에 직접적으로 관여하거나, 그 행동을 평가할 특별한 위치에 있는 사람들이 내리는 판단을 의미한다. 일반적으로 부모, 교사, 상담사, 사회복지사 등 아동과 밀접하게 상호작용하는 중요한 타인들이 사회정서학습의 목표에 대한 주관적 평가를 수행한다.

사회정서학습을 통해 나타나는 효과가 사회적으로 얼마나 중요한지를 평가하는 일은, 사회정서학습의 정당성과 실제적 가치 판단에 핵심적인 요소이다. 이때 제기되는 핵심적인 질문은, 행동 변화의 양적·질적 향상이 개인이 특정 환경에서 기능적으로 적응하고 수행하는 데 실질적인 차이를 만들어내는가 하는 점이다. 즉, 중재를 통해 변화된 사회적 기술이 개인의 또래 수용, 사회적 평판, 학업 성취 등과 같은 주요 사회적 성과를 예측할 수 있는지를 묻는 것이다. 이러한 개념화의 관점에서 볼 때, 사회정서학습의 효과는 사회적 타당성 기준에 따라 분류될 수 있다. 이와 같은 분류 체계에 바탕을 둔 측정 지표들은 사회적으로 타당한 중재 목표로 간주된다. 왜냐하면 학교나 정신건강을 위한 기관 등과 같은 사회 시스템과 교사나 부모와 같은 중요한 타인들이, 바로 이러한 중재 목표를 기준으로 아동과 청소년을 의뢰하기 때문이다. 이러한 측정 지표들은 학업 중단, 청소년 비행, 성인기 정신건강 문제, 범죄율 등 사회적으로 중대한 장기적 결과를 예측할 수 있다는 점에서 사회적 타당성을 갖는다(Kupersmidt et al., 1990; Parker & Asher, 1987; Walker, Ramsay, & Gresham, 2004). 사회정서학습 효과의 사회적 중요성을 정량적으로 평가하는 방법에 대한 상세한 논의는 3장에서 다룰 것이다.

:: 사회적 유능성의 중요성

사회적 행동을 이론적으로 개념화하려면, 사회적 기술, 사회적 과제, 사

회적 유능성social competence 개념을 구분하는 것이 중요하다. 사회정서
기술social-emotional skills은 개인이 특정 사회적 과제를 효과적으로 완
수하기 위해 발현하는 일련의 구체적 행동 양식으로 정의될 수 있다. 사
회적 기술social skills은 환경에 동일한 영향을 미치는 다양한 형태의 행
동들이 통합된 하나의 반응 범주response class로 이해하는 것이 가장 적
절하다. 사회적 과제social tasks에는 또래 집단에 참여하기, 대화 나누기,
친구 사귀기, 또래와 함께 놀이하기와 같은 활동들이 포함된다. 하나의
사회적 과제를 성공적으로 완수하려면, 다양한 형태의 행동들로 구성된
복수의 반응 범주를 적절히 활용하는 능력이 요구된다. 애셔Asher와 맥
도널드McDonald(2009)에 따르면, 사회적 과제에 중심을 두는 관점은 각
기 다른 사회적 과제는 고유한 난이도와 특성을 지니며, 이에 따라 과제
에 적합한 다양한 사회적 행동이 요구된다는 전제에 기초한다. 표 1.1은
아동과 청소년에게 요구되는 다양한 사회적 과제들의 예시이다.

이에 반해, 사회적 유능성social competence은 개인이 주어진 기준에

• 다른 사람 칭찬하기	• 수업 활동에 적절하게 참여하기
• 도움 요청하기	• 산만하게 하는 친구 무시하기
• 대화 나누기	• 어른에게 도움 요청하기
• 놀이에 참여하기	• 다른 사람에 대해 좋은 말 하기
• 놀림이나 욕설에 대처하기	• 타인의 것을 존중하기
• 협상하기	• 부당한 대우를 받는 친구를 도와주기
• 경청하기	• 쉽게 친구 사귀기
• 설득하기	• 게임이나 모둠 활동에 참여하기
• 감정 표현하기	• 화내지 않고 갈등 해결하기
• 교사의 지시 따르기	• 갈등 상황에서 타협하기

표 1.1 사회적 과제들의 예시

따라 사회적 과제를 적절하게 수행했는지에 대한 평가적 판단에 근거한 개념이다. 사회적 유능성은 가정, 학교, 지역사회 등 자연스러운 환경에서 특정 개인과 반복적으로 상호작용한 부모나 교사, 또래와 같은 사회적 주체들 social agents에 의해 평가된다. 이 개념화에 따르면, 사회적 기술은 특정 상황에서 나타나는 행동의 한 유형으로, 중요한 타인은 이러한 행동의 특징에 근거하여 어떤 개인이 사회적 과제를 수행하는 데 유능한지 무능한지 평가한다. 사회적 유능성에 대한 평가는 이를 내리는 사회적 주체에 따라 달라질 수 있다는 점에 유의해야 한다. 따라서 교실 교사가 유능하다고 판단한 사회적 행동을 아동의 또래들은 유능하다고 평가하지 않을 수도 있다. 실제로 연구자들은 교사가 선호하는 사회적 기술과 또래가 선호하는 사회적 기술이 다르다는 점을 지적한다 (Gresham & Elliott, 2008; Walker, Irvin, Noell, & Singer, 1992).

교사가 선호하는 사회정서기술의 정의는, 학생이 교사의 기대와 행동적 기준을 충족함으로써 수업 환경을 효과적으로 관리할 수 있게 하는 행동을 의미한다. 교사의 지시에 순응하기, 교실 규칙을 따르기, 독립적으로 과제 수행하기, 교사의 말을 주의 깊게 듣기와 같은 행동들이 교사가 선호하는 사회적 기술의 대표적인 예에 해당한다. **또래가 선호하는** 정의는, 원만한 또래 관계를 형성하고, 우정을 발전시키며, 사회적 관계망을 형성하고 유지하는 데 도움을 주는 행동이 사회정서기술이라는 정의이다.

중학교 시기에는 제3의 사회적 적응 형태로 불리는 **자기 관련** 사회정서적 기술이 더욱 중요해진다. 자기 관련 사회적 기술에는 감정 조절하기, 체계적으로 행동하기, 자신의 행동을 조절하기, 자신의 생각을 주장

교사 관련 적응		또래 관련 적응		자기 관련 적응	
적응적	부적응적	적응적	부적응적	적응적	부적응적
• 도움을 요청한다 • 지시를 따른다 • 방해 요소를 무시한다 • 규칙을 지킨다 • 관심을 나타낸다 • 침착함을 유지한다	• 분노를 폭발한다 • 규칙을 어긴다 • 어른에게 말대꾸한다 • 충동적이다 • 집중하지 못한다 • 산만하다	• 협력한다 • 지지한다 • 또래를 이끈다 • 공감을 나타낸다 • 유대감을 형성한다 • 또래를 위해 나선다	• 괴롭힌다 • 싸운다 • 또래에 대해 뒷말을 한다 • 따돌림을 한다 • 위축된다 • 외로워하는 행동을 보인다	• 감정을 조절한다 • 행동을 통제한다 • 자기 주장을 한다 • 자신의 평판을 보호한다 • 비판을 잘 받아들인다 • 타협한다	• 에너지가 낮다 • 무기력하다 • 우울하다 • 불안하다
결과					
긍정적	부정적	긍정적	부정적	긍정적	부정적
• 교사에게 수용된다 • 학업 성취를 보인다	• 교사에게 거부당한다 • 특별 지원 대상 명단에 오른다 • 학업 중단 및 실패를 겪는다 • 학업 성취에 대한 기대가 낮다	• 또래에게 수용된다 • 긍정적인 또래 관계를 맺는다 • 우정을 쌓는다	• 거부되거나 무시당한다 • 사회적 참여가 낮다	• 성공적으로 학교생활을 한다 • 또래에게 존중받는다 • 어른에게 존중받는다	• 자존감이 낮다 • 징계 조치를 받는다 • 학교 부적응을 보인다

그림 1.2. 사회적·행동적 유능성

하기, 자신을 공격하는 관계에 대처하기, 자신의 평판을 보호하기와 같은 행동들이 포함된다. 이러한 유형의 사회적 기술은 청소년기의 사회적 발달과 가장 밀접한 관련이 있다(Walker et al., 2004).

아동과 청소년이 교사, 또래, 자신과 관련된 사회적 기술을 적절하게 습득하고 활용하지 못할 경우, 향후 학업 실패 및 초기 성인기의 직업 적응 실패 위험이 증가한다. 그림 1.2는 교사, 또래, 자신과 관련된 사회정서적 기술의 구조를 개념적으로 설명하며, 각 기술 유형이 장기적으로 가져올 수 있는 긍정적 결과와 부정적 결과를 보여준다.

학업 촉진 요인으로서 사회적 기술

연구자들은 아동의 사회적 행동이 장기적인 학업 성취를 유의미하게 예측한다는 점을 입증해 왔다(DiPerma & Elliott, 2002; Malecki & Elliott, 2002; Wentzel, 2009). 또래와 긍정적으로 상호작용하고 관계를 맺는 아동은 학업에 더 적극적으로 참여하며, 더 높은 수준의 학업 성취를 보이는 것으로 보고된다(종합적인 논의는 Wentzel, 2009 참조). **학업 촉진 요인**academic enablers은, 학생들의 사회적 기술, 학습 동기와 같은 비학업적 행동이 학업 성취에 미치는 영향을 탐색한 연구들에서 발전된 개념이다(Gresham & Elliott, 1990; Wentzel, 2005, 2009; Wentzel & Watkins, 2002).

연구자들은 학업 기술과 학업 촉진 요인 개념을 구분한다. 학업 기술은 학업 수업의 주요 목표가 되는 기초적이며 복합적인 기술을 의미한다. 반면, 학업 촉진 요인은 학생들이 교실 수업에 참여하고, 궁극적으로 학업 지도를 통해 혜택을 받을 수 있도록 해주는 태도와 행동을 의미한다. 학업 역량 평가 척도Academic Competence Evaluation Scales, ACES(DiPerna & Elliott, 2000)를 활용한 연구에 따르면, 학업 촉진 요인은 표준화된 성취도 검사로 측정한 학생들의 학업 성취와 중간 정도의 상관관계($r = .50$)를 보였다. 카프라라 등(Caprara, Barbaranelli, Pastorelli, Bandura, Zimbardo, 2000)이 수행한 대규모 종단 연구에 따르면, 3학년 때 교사가 평가한 친사회적 행동이 3학년 당시의 학업 성취보다 8학년 때의 학업 성취를 더 강력하게 예측했다.

웬젤Wentzel(2005)의 연구에 따르면, 또래 관계의 다양한 측면은 아동의 학교 내 동기 및 학업 기능을 예측하는 요인으로 작동한다. 이러한 일련의 연구들은, 아동이 또래에 수용되는 수준이 학습 동기, 학교 만족도, 목표 지향적 학습, 학교에 대한 흥미, 그리고 학업 유능감에 대한 자기 인식과 긍정적인 관계를 가진다는 것을 보여준다. 또한, 우정을 맺고 유지하는 것은 초등학교 및 중학교 연령 아동 모두의 학업 성적 및 성취도 검사 점수와 관련이 있는 것으로 나타났다. 웬젤(2005)은 또래와의 긍정적인 관계가 학업 성취에 대한 긍정적인 동기 지향이 발달할 수 있도록 지원하는 맥락을 제공한다고 제안한다.

다수의 연구자들은 긍정적인 또래 상호작용이 사회적으로 유능한 행동 양식을 촉진하고, 이러한 행동이 다시 학업 수행의 성공을 이끈다고 결론짓는다. 학생들의 협력, 규칙 준수, 타인과의 원만한 관계 형성과 같은 사회적 행동은 교실 내에서 효율적인 학습 환경을 조성하는 데 기여하며, 이를 통해 학생들은 학업 지도를 훨씬 효과적으로 수용할 수 있게 된다. 학생이 협동적이고 바람직한 행동을 실천하며 문제행동을 자제할수록, 학업에 대한 동기와 성공 가능성이 높아진다는 연구 결과가 일관되게 보고되고 있다(Wentzel, 2009). 사회적으로 유능한 행동은 교실 수업으로 학생들이 혜택을 얻기 위해 필수적인 토대이다(DiPerma & Elliott, 2002).

학업 방해 요인으로서 문제행동

사회적 기술은 학업 수행의 중요한 토대가 되지만 문제행동, 특히 공격적이거나 충동적인 외현적 행동은 사회적 기술 발휘와 학업 수행 모두를 방해하거나, 그것들과 경쟁하려는 경향이 있다(Gresham, 2010; Gresham

& Elliott, 2008; Walker et al., 1992). 즉, **문제행동은 학업 성취를 떨어뜨리는 경향이 있기 때문에 학업을 방해하는 주요 요인으로 알려져있다.** 공격적이거나 지시를 따르지 않거나 교사에게 반항하는 외현적 행동을 보이는 아동과 청소년은 대체로 학업 기술이 부족하며, 그 결과 학업 성취도 역시 평균 이하인 경우가 많다(Coie & Jacobs, 1993; Hinshaw, 1992; Offord, Boyle, & Racine, 1989). 학업 문제가 문제행동과 단순히 함께 나타나는 관련 요소(조절변수)인지, 문제행동의 원인(매개변수)이나, 결과인지는 분명하지 않지만, 확실한 것은 문제행동이 학업 성취 저하를 심화시킨다는 것이다. 학교교육과정을 거치면서, 이러한 아동의 학업 기술 결손과 성취 문제는 더욱 심각해진다(Walker et al., 1992, 2004).

사회정서기술 부족을 이해하는 데 있어 중요한 고려 사항 중 하나는, 문제행동이 개인의 사회적 기능 수준에 어떤 부정적인 영향을 미치는지를 살펴보는 것이다(Gresham & Elliott, 2008). 문제행동은 특정 사회적 기술이 제대로 나타나는 것을 방해하거나 가로막으며, 때로는 그 기능을 완전히 대체해 버리기도 한다. 상충하는 문제행동은 크게 외현화 externalizing 행동(반항, 공격성, 충동적 행동)과 내재화 internalizing 행동(사회적 위축, 불안, 우울)으로 분류될 수 있다. 예컨대, 지시를 따르지 않고 반항적이며 충동적인 행동을 반복해 온 아동은, 외현적 문제행동이 사회적 학습 기회를 가로막기 때문에 나눔, 협력, 자기 조절 같은 친사회적 행동을 배울 기회를 갖지 못할 수 있다(Eddy, Reid, & Curry, 2002). 마찬가지로, 사회불안이나 위축, 수줍음을 지속적으로 경험한 아동은 또래 집단과의 접촉을 회피하게 되고, 이로 인해 또래와의 상호작용에 필요한 사회적 기술을 배울 기회를 얻지 못할 수 있다.

사회정서기술이 부족한 경우 중 일부는, 그 기술을 몰라서가 아니라, 주로 동기 부족 같은 요인 때문에 나타난다. 사회적 기술 부족과 문제행동 사이의 관계를 설명할 때, 가장 강력한 개념적 학습 원리 중 하나는 바로 **매칭 법칙**matching law이다(Herrnstein, 1961, 1970). 매칭 법칙에 따르면, 어떤 행동이 얼마나 자주 일어나는지는 그 행동에 대해 얼마나 자주 보상이 주어지는가에 따라 결정된다. 즉, 행동의 빈도는 보상의 빈도와 비례한다. 매칭은 동시 강화계획을 활용한 실험에서 주로 연구된다. 이 실험에서는 두 가지 이상의 행동이 동시에 제시되며, 각각의 행동은 서로 다른 강화 빈도나 강도에 따라 보상을 받도록 구성된다.

매칭 법칙은 학생이 "어떤 행동을 선택하느냐"와 관련된 원리로, 더 자주 보상을 받는 행동이 그렇지 않은 행동보다 더 많이 "선택"되는 것을 설명해 준다. 실제 교실 환경에서의 연구 결과에 따르면, 학생들의 행동 빈도는 서로 다른 보상이 주어지는 조건에서도 매칭 법칙을 밀접하게 따르고 있다는 것을 지속적으로 보여준다(Martens, 1992; Martens & Houk, 1989; Martens, Lochner, & Kelly, 1992; Synder & Stoolmiller, 2002).

매그Maag(2005)는 경쟁적인 문제행동을 감소시키는 한 가지 방법으로 **긍정적인 대체행동**을 가르치는 것, 즉 대체행동 훈련Replacement Behavior Training, RBT이라는 접근을 제안한다. RBT는 사회정서기술 훈련에서 흔히 지적되는 문제들, 예를 들어 배운 기술이 실제 상황에서 잘 적용되지 않거나 유지되지 않는 문제, 효과가 크지 않은 문제, 그리고 실생활과 동떨어진 목표 행동 설정 문제를 해결하는 데 효과적일 수 있다. RBT의 핵심 목표는 문제행동을 줄이기 위해 그 대신 사용할 수 있는 바람직한 사회적 행동을 찾아내는 것이다. RBT는 **기능적으로 동등한 행동**

을 찾는 데 초점을 둔다. 즉, 환경에서 비슷한 방식으로 보상받을 수 있는 행동이라면 기존 행동과 기능적으로 같은 역할을 한다고 본다.

사회적 기술의 강점과 결손의 확인

사회정서기술을 개념화할 때 중요한 고려 사항은 학생이 잘하는 사회적 기술뿐만 아니라 아직 배우지 못한 기술, 알지만 잘 실행하지 못하는 기술, 그리고 이와 경쟁하는 문제행동을 식별하는 것이다. 그림 1.3은 사회적 행동에 대한 이해를 돕는 개념적 틀을 제공한다. 이 도식은 다음의 네 단계를 거쳐 적용된다. ① 학생이 잘하는 사회적 기술을 확인하고(사회적 기술 강점 파악), ② 알고는 있지만 잘 실행하지 못하는 기술을 파악하며(수행 결손 파악), ③ 아직 배우지 못한 사회적 기술을 찾아내고(습득 결손 파악), ④ 과도하게 나타나는 문제행동을 확인한다(과도한 문제행동 파악). 사회정서기술 강점은 아동이 특정 사회적 기술을 지속적이고 적절하게 알고

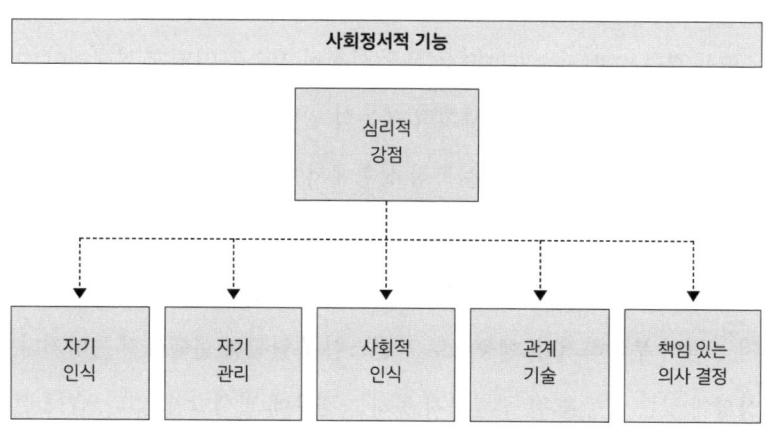

그림 1.3 사회적 행동의 개념적 틀

활용하는 것을 통해 나타난다. 사회정서기술의 수행 결손은 아동이 사회적 기술을 알고는 있지만 일관되게 사용하지 못하는 경우를 의미한다. 사회정서기술의 습득 결손은 아동이 해당 기술을 충분히 알지 못하거나, 그 기술을 적절히 사용하는 방법을 모르는 상태를 의미한다. 마지막으로, 과도한 문제행동은 아동이 이미 학습한 사회적 기술의 수행을 방해하는 것이다. 사회적 기술의 강점, 수행 결손, 습득 결손, 그리고 과도한 문제행동을 어떻게 정량화할 것인지에 대한 구체적인 절차적 내용은 3장에서 다룰 것이다.

습득 결손 대 수행 결손

사회적 기술의 습득 결손과 수행 결손을 구분하는 것은 중요하다. 왜냐하면 이들 각각의 결손을 개선하기 위해서는 서로 다른 접근이 요구되기 때문이다. 또한 이 두 가지 결손 유형에 따라 수업이 이루어지는 방식도 달라질 수 있다. 예를 들어, 일반 교실에서 수업을 할 수도, 아니면 별도 수업을 할 수도 있다.

습득 결손 acquisition deficits 은 특정 사회적 기술을 어떻게 실행해야 하는지에 대한 지식의 부족, 사회적 행동의 일련의 과정을 유창하게 수행하지 못하는 능력 부족, 혹은 특정 상황에서 어떤 사회적 기술이 적절한지 판단하는 데 어려움을 겪는 것에서 비롯된다(Gresham & Elliott, 2014). 이러한 관점에 따르면, 습득 결손은 아이가 사회적 상황을 이해하는 인지 능력이 부족하거나, 행동으로 자연스럽게 연결해 실행하지 못하거나, 상황에 맞는 행동을 잘 구별하지 못하는 경우에 발생할 수 있다. 습득 결손은 흔히 "할 수 없는can't do" 문제로 이해하는 것이 가장 적절할 것이다. 즉, 아이가 충분한 동기가 있는 상황에서도 그 사회적 기술 자체를 수행할 수 없는 경우를 말한다. 이러한 유형의 결손을 개선하려면, 사회적 기술의 습득을 촉진할 수 있는 보호된 환경에서 사회적 기술에 대한 직접적인 지도가 필요하다.

수행 결손performance deficits은 아동이 특정 사회적 기술을 어떻게 수행해야 하는지를 알고 있음에도 불구하고, 그것을 적절한 수준으로 수행하는 데 실패하는 것으로 개념화할 수 있다. 이러한 유형의 사회적 기술 결손은 "하지 않으려는won't do" 문제로 이해할 수 있다. 왜냐하면 무엇을 해야 하는지를 알면서도 일부러 특정 사회적 기술을 사용하지 않기로 선택할 때 나타나는 결손이기 때문이다. 이러한 유형의 사회적 기술 결손은 학습 또는 습득의 문제가 아니라, **동기** 혹은 **수행의 문제**로 이해하는 것이 가장 적절하다. 따라서 이런 결손을 개선하려면, 실제 생활환경에서 행동 이전과 이후의 조건을 조정해 해당 행동이 더 자주 일어나도록 유도해야 한다.

:: 사회정서적 역량의 중요성

많은 아동과 청소년들이 사회정서적 역량의 결손을 지니고 있으며, 이는 그들의 학업 성취와 사회적 관계에 부정적인 영향을 미친다. 6학년부터 12학년까지 미국 학생들을 대상으로 한 조사에서, 갈등 해결, 의사결정, 공감과 관련한 사회적 기술을 갖추고 있다고 응답한 학생은 절반에도 미치지 못했다(Benson, 2006). 고등학교에 이를 무렵, 이들 학생 중 약 30%

는 약물, 성 문제, 우울, 자살 시도 등 여러 고위험 행동에 동시에 노출되는 것으로 나타났다. 사회정서역량을 길러주는 보편적인 학교 기반 개입이 학생의 성공적인 삶과 학교생활의 가능성을 높이는 효과적인 방법이라는 데 교육자와 정신건강 전문가들은 대체로 의견을 같이한다(Zins & Elias, 2006).

학업, 사회적, 정서적 학습을 위한 협의체
Collaborative for Academic, Social, and Emotional Learning, CASEL

CASEL은 유치원부터 고등학교에 이르기까지 교육 현장에 사회정서학습SEL을 정착시키기 위한 핵심 요소로서 근거 기반 사회정서학습 프로그램의 개발과 실행을 지원하는 데 전념하는 조직이다. CASEL의 목표는 사회정서학습의 과학적 연구를 촉진하고, 실천을 확산하며, 사회정서학습 프로그램의 중요성에 대해 주 및 연방 차원의 정책입안자들에게 알리는 것이다. CASEL(2005)은 사회정서학습의 핵심 역량으로 다음의 다섯 가지 상호 연관된 능력을 제시한다. 이는 ① 자기 인식self-awareness, ② 자기 관리self-management, ③ 사회적 인식social awareness, ④ 관계 기술relationship skills, 그리고 ⑤ 책임 있는 의사결정responsible decision making 역량이다. 이러한 역량들은 더 나은 적응과 사회적 행동을 촉진하고, 문제행동을 줄이며, 정서적 고통을 완화하고, 학업 성취를 향상시키는 데 목적을 둔다. 표 1.2는 CASEL이 제시한 사회정서학습의 다섯 가지 핵심 역량에 대한 구체적인 행동 예시들이다.

학교에서 실시하는 보편적 사회정서학습 프로그램이 실제로 기대한 효과를 내고 있다는 것을 뒷받침하는 근거는 무엇인가? 덜랙Durlak과 그의 동료들은 유치원생부터 고등학생까지 270,034명의 학생들이 참여한 213개의 학교 기반 보편적 사회정서학습 프로그램을 대상으로, 여러 성과 지표를 포함한 메타분석을 실시하였다(Durlak, Weissberg, Dymnicki, Taylor, & Schellinger, 2011). 이러한 결과 지표에는 사회정서기술, 자기 자신 및 타인에 대한 태도, 긍정적인 사회적 행동, 품행 문제, 정서적 고통,

CASEL 역량	행동 예시
자기 인식	• 자신의 감정을 이해한다. • 긍정적인 마음가짐을 가지고 있다. • 자기 효능감을 지니고 있다. • 낙관적이다. • 생각, 감정, 행동이 어떻게 연결되는지를 인식한다.
자기 관리	• 갈등을 차분하게 해결한다. • 놀림을 받아도 침착하게 대처한다. • 갈등 상황에서 타협한다. • 몸싸움 상황에서도 적절하게 대처한다. • 비판을 받아도 화내지 않는다.
사회적 인식	• 다른 사람의 감정을 이해하려고 노력한다. • 다른 사람의 기분을 좋게 하려고 노력한다. • 다른 사람을 용서한다. • 다른 사람을 위로하려고 노력한다. • 타인에 대해 관심을 보인다.
관계 기술	• 대화할 때 눈을 마주친다. • 적절한 어조로 말한다. • 친구를 쉽게 사귄다. • 다른 사람들과 잘 어울린다. • 다른 사람들을 활동에 초대한다.
책임 있는 의사결정	• 다른 사람의 물건을 소중히 다룬다. • 감독 없이도 바르게 행동한다. • 다른 사람의 물건을 허락 없이 사용하지 않는다. • 자신의 행동에 책임을 진다. • 스스로 한 약속을 지킨다. • 자신의 실수에 책임을 진다.

표 1.2 CASEL 역량과 행동 예시

그리고 학업 성취가 포함되었다. 이 메타분석의 목적은 다음 네 가지 핵심 질문에 대한 답을 찾는 것이다.

- 아동의 사회정서적 역량을 강화하기 위한 개입은 어떤 성과를 가져오는가?
- 사회정서학습은 학생의 긍정적 발달을 돕고, 향후 발생할 수 있는 문제를 예방하는 데 효과적인가?
- 교직원은 학교 환경에 맞춰 사회정서학습 프로그램을 성공적으로 실시할 수 있는가?
- 학교에서 실시되는 사회정서학습 프로그램의 효과에 영향을 미치는 요인은 무엇인가?

이 메타분석에서는 여섯 가지 주요 성과 영역을 중심으로 결과를 분석하였으며, 각 영역은 다음과 같다. **사회정서기술**에는 사회적 단서로부터 감정을 식별하기, 목표 설정, 관점 수용, 문제 해결, 갈등 해결, 의사결정 등과 관련된 다양한 유형의 인지적·정서적·사회적 기술에 대한 평가가 포함된다. **자기 및 타인에 대한 태도** 영역은 자기 자신, 학교생활, 사회적 주제에 대한 긍정적인 인식을 포함하는 항목들로 구성된다. 이 영역에는 자존감·자기개념·자기 효능감과 같은 자기 인식, 학교에 대한 소속감, 그리고 폭력·타인 돕기·사회정의·약물 사용 등에 대한 친사회적인 신념이 포함된다. **긍정적인 사회적 행동**에는 교사, 부모 또는 관찰자의 평가를 바탕으로 한 타인과 잘 지내는 정도와 같은 결과들로 구성된다. 이러한 평가는 가상 상황에서의 수행이 아니라 일상적이거나 전형적인 행동을 반영한 것이다. **품행 문제**에는 교실 내 소란, 지시 불이행, 공격성, 괴롭힘, 정학 처분, 비행과 같은 다양한 유형의 외현화 행동 문제에 대한 측정 결과가 포함된다. 이러한 문제들은 교사나 부모의 평가, 관찰 결과, 혹은 학교의 자료를 바탕으로 측정된다. **정서적 고통**은 내재화된 행동 문제에 대한 측정으로 구성되며, 우울, 불안, 스트레스, 사회적 위축 등에 대한 교사 및 부모의 보고를 포함한다. **학업 성취**는 읽기와 수학에 대한 표준화된 성취도 검사 점수 및 전반적인 학업 성적GPA을 기준으로 평가된다. 통제 집단과 비교했을 때, 사회정서학습 프로그램에 참여한 집단은 사회정서기술, 태도, 행동, 학업 성취에서 유의미한 향상을 보였다. 이와 같은 결과를 보고한 보편적 사회정서학습 프로그램에 대한 구체적인 설명은 2장에서 자세히 다룰 것이다.

:: 맺음말

사회정서학습으로 불리는 사회적 기술의 습득과 활용은 아동의 사회적 성장에 핵심적인 요소일 뿐만 아니라, 학업 성취와 장기적인 삶의 기술에도 깊은 영향을 미친다는 것은 분명하다. 증거 기반 접근은 의학, 교육, 그리고 응용심리학(임상, 상담, 학교 심리 등)과 같은 분야에서 중요한 주제이다. 예상하겠지만, 불행히도 사회적 기술이나 사회정서학습을 비롯한 다양한 분야에서 연구와 실제 적용 사이에는 여전히 큰 간극이 존재한다.

　　로저스Rogers(2003)는 증거 기반 실천이 어떻게 확산되는지를 이해하는 데 유용한 통합적 **확산** diffusion **모델**을 제안하였다. 첫 번째 단계의 핵심 개념은 '보급 dissemination'이다. 보급은 어떤 프로그램에 관한 정확하고 유용한 정보를 잠재적 활용자에게 효과적으로 전달하는 과정을 말한다. 두 번째 단계의 핵심 개념은 '채택 adoption'으로, 이는 잠재적 사용자들이 해당 프로그램을 실제로 도입하거나 사용해 보기로 결정하는 시점을 의미한다. 채택은 다른 사람들이 어떤 프로그램을 실제로 사용해 보거나 도입하기로 마음먹는 순간에 일어난다. 확산의 세 번째 단계는 '실행 implementation'으로, 이는 프로그램이 실제로 변화를 유도할 수 있는지를 시험하기 위해 프로그램을 충실하게 실행하는 것을 의미한다. 확산의 네 번째 단계는 '평가 evaluation'로, 이는 프로그램이 의도한 목표에 도달 여부를 검토하는 단계이다. 마지막 단계인 '지속성 sustainability'은 해당 프로그램이 조직의 운영 과정 속에 자연스럽게 통합되어, 일상적인 요소나 특징으로 자리 잡은 상태를 의미한다. 와이스버그 Weissberg 와 그의 동료들은 프로그램 확산 과정의 각 단계에서 실질적인 성과를 내기 위한 몇 가지 방법을 제안하였다(Weissberg et al., 2015 참고). 이들 연구자들은 사회정서학습 프로그램의 확산에서 가장 중요한 요소는 관련된 이해당사자들 간의 긴밀한 **협력**이라고 보았다. 즉, 사회정서학습 프로그램의 확산과 정착을 위해서는 관련된 모든 주체들이 근거 기반 프로그램이 폭넓게 실행될 수 있도록 협력해야 한다. 이러한 이해당사자에는 교사와 학교 관계자, 학부모, 연구자, 정책 결정자, 사회정서학습을 지지하는 활동가들, 그리고 재정 후원 기관 등이 포함된다.

요약 >>>>>

- 아동기에 또래 관계가 원만하지 않으면, 청소년기나 성인 초기에 심각한 사회적 부적응으로 이어질 수 있다는 점이 메타분석과 선행 연구들을 통해 반복적으로 확인되었다.

- 지난 35년간의 연구는 또래 관계 문제의 부정적 영향에 대해 연구하는 학자들 사이에 예방적 중재 개발에 대한 많은 관심을 불러일으켰다.

- 최근 10여 년간 아동의 사회정서역량을 어떻게 평가하고 효과적으로 개입할 것인가에 대한 관심이 크게 증가하였다.

- 최근에는 아동의 사회정서학습의 역량을 강화하기 위한 움직임이 교육계, 정책 현장, 학계 전반에서 활발하게 이루어지고 있다.

- 사회적 유능성에 대한 사회측정학적 개념화는 아동이 또래에게 얼마나 수용되거나, 거부되며, 무시당하는지를 중요한 지표로 본다.

- 사회적 유능성에 대한 사회측정학적 개념화의 가장 큰 단점은, 또래에게 수용되거나 거부되는 결과를 초래하는 구체적인 상황과 행동을 일관되게 밝혀내지 못한다는 점이다.

- 사회학습이론의 관점에서는 사회적 유능성이 부족한 원인을 ① 사회적 기술에 대한 지식 부족, ② 반복 연습이나 피드백의 부족, ③ 사회적 단서에 대한 인식 결여 또는 무관심, ④ 긍정적 행동에 대한 강화 부족, ⑤ 경쟁하는 문제행동의 존재 개입과 같은 다섯 가지로 설명한다.

- 아동의 사회적 기술 부족을 설명하고 해결하기 위해 ① 사회학습이론, ② 인지행동이론, ③ 응용행동분석ABA이라는 세 가지 주요 학습 이론이 활용된다.

- 사회적 타당성에 근거를 둔 사회적 유능성 접근은 사회적 기술이 개인의 단기적, 중기적, 장기적 삶의 결과에 사회적으로 어떤 중요한 영향을 미치는지를 평가하는 데 초점을 둔다.
- 사회적 기술, 사회적 과제, 그리고 사회적 유능성은 서로 다른 개념으로, 분명한 차이가 있다.
- 사회적 기술은 어떤 사회적 상황에서 과제를 성공적으로 수행하기 위해 개인이 의도적으로 나타내는 일련의 행동 유형을 의미한다.
- 사회적 과제를 성공적으로 수행하려면 서로 다른 유형의 반응 행동들을 통합할 수 있어야 한다.
- 사회적 유능성은 개인이 사회적 과제를 적절하게 수행했는지에 대한 판단에 기초한 평가적 개념이다.
- 교사가 선호하는 사회적 기술, 또래가 선호하는 사회적 기술, 그리고 자기 자신과 관련된 사회적 기술 간에는 차이가 있다.
- 교사가 선호하는 사회적 기술은 교사가 수업 환경을 효과적으로 관리하기 위해 요구하는 행동적 기대와 요구를 충족시키는 데 도움이 되는 행동들을 의미한다.
- 또래가 선호하는 사회적 기술은 만족스러운 또래 관계의 형성을 돕고, 우정을 촉진하며, 사회적 관계를 유지하고 지지하는 데 도움이 되는 행동들을 의미한다.
- 자기 자신과 관련된 사회적 기술에는 자신의 감정을 조절하기, 체계적으로 행동하기, 자신의 행동을 조절하기, 자신의 생각을 주장하기, 자신을 공격하는 관계에 대처하기 등의 행동이 포함된다.
- 사회적 기술은 학업 수행을 돕는 요소로 기능하는데, 사회적 기술 수준이

>>>>>

높은 아동일수록 일반적으로 학업 성취도도 높다.

- 문제행동은 학업 수행을 방해하는 요소로 기능하는데, 외현화 문제행동 수준이 높은 아동일수록 학업 성취도가 낮다.

- 사회적 기술과 경쟁적인 문제행동 간의 관계는 '매칭 법칙'으로 가장 잘 설명할 수 있다.

- 매칭 법칙에 따르면, 어떤 행동이 얼마나 자주 나타나는지는 그 행동에 주어지는 강화의 빈도와 비례한다. 즉, 자주 강화되는 행동일수록 자주 발생하게 된다.

- 사회적 기술 결손은 크게 습득 결손과 수행 결손으로 나뉜다.

- 습득 결손은 기술 자체를 몰라서 '할 수 없는' 상태를 의미하며, 아무리 동기가 높아도 해당 사회적 기술을 실행할 능력이 없는 경우를 가리킨다.

- 수행 결손은 알고 있지만 '하지 않는' 상태를 말하며, 개인이 사회적 기술을 보유하고 있음에도 불구하고 상황에서 이를 거의 사용하지 않는 경우에 나타난다.

- CASEL은 증거 기반 사회정서학습을 위한 전략에 초점을 둔 조직이다.

- CASEL은 사회정서기술들을 ① 자기 인식, ② 자기 관리, ③ 사회적 인식, ④ 관계 기술, ⑤ 책임 있는 의사결정의 다섯 가지 주요 영역을 통해 중점적으로 다룬다.

- 213편의 연구를 종합한 포괄적인 메타분석 결과, 사회정서학습 프로그램에 참여한 집단은 비교 집단에 비해 사회정서기술, 태도, 행동, 학업 성취에서 유의미한 향상을 보였다.

2 사회정서학습의 효과를
뒷받침하는 연구 근거

과학 분야가 발전하려면, 관심 있는 현상에 대해 밝혀진 사실과 아직 밝혀지지 않은 부분을 구분할 수 있도록 적절한 연구 방법을 고려하는 것이 필수적이다. 연구 방법론의 핵심 목표는 전문가들이 통제된 연구를 통해 타당한 결론을 도출할 수 있도록 하며, 그 결론이 개연성 있는 경쟁 가설들에 의해 혼동되거나 무력화되지 않도록 보장하는 것이다. 개입을 통해 서비스를 제공하는 응용심리학과 행동과학의 모든 분야는 다양한 영역에서 연구와 실제 간의 간극을 메우기 위해 **증거기반실천** evidence-based practices이라는 개념을 수용해 왔다(Gersten et al., 2005; Horner et al., 2005; Kazdin & Weisz, 2003).

이 장은 효과적인 증거기반실천을 위해, 사회정서학습 전문가들이 시간과 노력을 현명하고 전략적으로 활용할 수 있도록 돕는 정보를 제공하는 것을 목표로 한다. 이러한 의사결정은 세 가지의 구체적인 절차를 거쳐 이루어진다. 1단계는 충분한 연구 근거를 바탕으로 효과가 입증된 실천 방법들을 찾아내는 것이다. 2단계는 현재의 방법보다 더 효과적으로 문제를 해결할 수 있도록, 확인된 실천 방법들 가운데 문제 상황에 가장 잘 맞는 것을 선택하는 것이다. 3단계는 성공 가능성을 극대화할 수 있도록 선택한 실천 방법을 충실하게 적용하는 것이다. 이 장은 증거 기반 사회정서학습 개입을 지원하는 데 사용할 수 있는 방법론적 절차와 실천에 초점을 맞춘다.

:: 증거란 무엇인가?

무엇을 근거로 삼을 것인지 정의하고, 그 정의에 근거하여 행동을 결정하는 일은 쉽지 않은 과제다. 일부 전문가는 자신이 가진 기존 신념이나 견해에 부합하는 경우에만 그것을 '증거'로 인정하고, 그와 어긋나는 근거는 쉽게 무시하거나 배척한다. 사회심리학에서는 이러한 현상을 설명하기 위해 **인지 부조화**cognitive dissonance 개념을 사용한다. 인지 부조화는 개인이 신념, 태도, 행동 간의 일관성을 유지하려는 심리적 경향을 말하며, 이들 사이에 불일치가 생기면 강력한 반대 증거가 존재하더라도 그 불일치를 인정하지 않게 한다. 예를 들어, 값비싼 새집을 샀는데도 여러 가지 하자가 발견되면, 사람은 그 집에 결함이 많더라도 여전히 '괜찮은 집'이라고 스스로를 설득하는 경향이 있다. 안타깝게도, 어떤 현상에 대한 과학적 증거 역시 이와 비슷하게 작동하는 경우가 많다. 코프먼Kauffman(2014)은 이를 다음과 같이 훌륭하게 설명한다.

과학은 냉정한 여왕과 같다. 의심을 요구하며, 그 방법론에 충실한 결과로 드러난 증거가 대안적 설명에 대한 신념을 흔든다면, 그 신념을 붙잡을 여지를 허락하지 않는다. 이러한 사실은 많은 이들에게 먹기 싫은 쓴 약과도 같아서, 과학적 접근이 불편하게 느껴지는 정치인이나 교육자들, 특히 정서·행동 장애를 연구하거나 가르치는 특수교육계 종사자들이 많은 것은 너무도 당연한 일이다. (p. 1)

안타깝게도, 전문가들이 자신이 믿고 실천해 온 신념이나 태도에 맞는 내용만 골라 받아들이고, 그와 충돌하는 과학적 발견은 외면하는 일이 흔하다. 예를 들어, 읽기 교육의 일부 '전문가'들은 과학적으로 입증된 음운 및 음소 인식 중심의 읽기 지도법이 있음에도 불구하고, 여전히 전 어휘 중심의 지도 방식을 고수하며 이를 실천하고 있다(National Reading Panel, 2000). 결국 많은 사람들이 과학적 증거의 결론을 받아들이기 어려워하는 것은 당연한 일이다. 왜냐하면 그것은 그들이 오랫동안 소중히 여겨온 신념과 가치를 거부할 것을 요구하기 때문이다.

각 학문 분야는 과학적 근거로 인정할 수 있는 수준을 판단하고 설정할 때 저마다 다른 기준과 평가 방식을 사용한다. 법률에서는 한 사람의 죄 또는 무죄를 판단하기 위해 직접 증거와 간접 증거 등 다양한 형태의 증거를 사용한다. 직접 증거에는 물리적 증거, 목격자의 진술, 그리고 피의자의 자백 등이 포함된다. 간접 증거, 또는 정황 증거에는 피고의 과거 행위, 성격에 대한 진술, 그리고 전문가의 증언 등이 해당된다. 배심원과 판사는 증거의 유형에 따라 그 무게와 신뢰도를 달리 평가한다. 고생물학은 진화 이론을 뒷받침하기 위해 다양한 유형의 증거를 사용한다. 이러한 증거에는 화석 자료, DNA와 같은 유전 정보, 그리고 종들이 전 세계에 무작위로 분포하지 않는다는 사실에 기반한 생물 지리학적 증거(분포 증거) 등이 포함될 수 있다. 찰스 다윈Charles Darwin이 《종의 기원》을 집필할 수 있었던 것은 자연현상을 세밀하게 관찰하고 기록한 뒤, 이를 바탕으로 자신의 진화론을 체계적으로 구성해 낸 통찰력 덕분이었다. 마지막 예로, 물리학에서 자연법칙에 대한 증거는 두 가지 주요 이론 중 하나인 양자 이론 또는 상대성이론에서 도출된다. 양자역학은 원자와 아원자 수준에서 현상이 연속적이기보다는 불연속적으로 일어난다는 점에 주목하며, 상대성이론은 관측자의 시점에서 물리현상을 어떻게 설명할 것인가에 초점을 맞춘다. 즉, 물리학 이론들은 무엇을 허용 가능한 증거로 간주할지에 대해 다소 다른 기준을 사용한다(Issacson, 2007).

일부 개인이나 기관은 개입과 실천 방법을 증거 기반인지 아닌지로 단순하게 이분법적으로 나누는 오류를 범하곤 한다. 하지만 실제 연구는 증거 기반과 비증거 기반이라는 이분법적 범주로 단순히 나눌 수 없다. 연구에서의 근거는 증거 기반과 비증거 기반이라는 양극단을 기준으로 한 연속선상에 존재하는 것으로 이해하는 것이 가장 적절하다. 이러한 개념화는 우리가 과학적 지지의 정도에 따라 증거를 여러 수준 또는 층위로 나누어 이해할 필요가 있음을 시사한다. 캐즈딘Kazdin(2004)은 증거를 평가할 때 문턱값 방법과 계층적 방법의 차이를 구분한다. 문턱값 방법threshold method은 절대적인 기준인 반면, 계층적 방법hierarchical method은 서로 다른 연구 방법을 통해 얻은 다양한 증거를 고려하는 상대적인 기준이다. 나는 특정한 실천이나 절차의 근거를 평가할 때, 다양한 수준의 증거를 폭넓게 고려하는 계층적 방법이 더 타당하다고 확신한다. 어떤 중재나 실천이 증거 기반인지 판단하려면, 그 효과를 입증한 연구의 방법론적 타당성을 면밀히 검토해야 한다. 우리는 연구 방법론이 내적 타당도, 외적 타당도, 구인 타당도, 통계적 결론 타당도를 위협하는 요소들을 얼마나 잘 통제하고 있는지를 평가해야 한다(Shadish, Cook, & Campbell, 2002).

:: 증거기반중재 대 증거기반실천

임상 현장에서의 의사결정을 위한 접근 방식인 증거기반실천EBP은 1992년경 '증거기반의학evidence-based medicine'이라는 개념으로 의학 분야에서 처음 도입되었다. 그 후 언어치료, 청각학, 간호, 심리, 교육, 사회복지 등 다양한 분야에 증거기반실천이 도입되어 활용되고 있다. 증거기반실천은 바람직한 결과를 이끌어내기 위해, 이용 가능한 최상의 과학적 증거에 실무자의 전문성과 기관의 자원을 통합하여 의사결정을 내리는 접근 방식이다. 증거기반실천은 전통적인 방식과 철학적으로 충돌하기도 한다. 예를 들어 어떤 외과의사는 사망률이 10%인 시술보다 더 높은 사망률(20%)을 가진 시술을 선택할 수 있다. 이는 그가 해당 시술에 익숙하고, 다른 시술보다 수행하기 쉬우며, 개인적으로 더 선호하기 때문일 수 있다. 이는 분명히 비윤리적인 행위로, 의학윤리위원회가 결코 허용하지 않을 것이다.

증거기반실천은 전통이나 단편적인 관찰, 규칙에 의존하는 대신, 엄밀한 연구에서 얻은 정보를 바탕으로 치료에 대한 임상적 결정을 내리는 방식이다. 이러한 치료 접근 방식은 30년 이상 대학에서 사용되어 왔으며, 점차 일상적인 임상 실천으로 확산되고 있다. 증거기반실천은 "X 질병을 앓고 있으니 Y 약을 복용하라"는 논리에 기반한 '기존의' 의학 모델에서 벗어난다. 증거기반실천의 핵심은 연구에 기반한 증거를 바탕으로 질문을 구성하고, 어떤 종류의 증거가 어느 수준에서 고려되는지를 검토하며, 과학적이고 엄정한 방법을 통해 치료 효과를 평가하는 데 있다.

연구자들은 **증거기반중재**evidence-based treatments와 **증거기반실천** evidence-based practices이라는 용어를 구분한다. 증거기반중재란 내적 타당도가 우수한 엄격한 연구 방법을 통해 효과가 입증된 중재를 의미한다. 이러한 중재들은 매우 통제된 실험 조건에서 효과를 나타낸다. 반면, 증거기반실천은 특정 개인에게 적용되는 개별 중재가 아니라, 중재 접근 방식 전반을 의미한다. 개인이 해당 중재에 효과를 보이는지 여부, 즉 반응자 또는 비반응자인지를 판단하는 데 활용된다. 증거기반실천은 다양한 연구와 집단, 환경, 연구자, 상황에서 일관되게 효과가 입증된 중재 접근 방식에 대한 과학적 근거를 바탕으로 하며, 내적 타당도보다 다양한 실제 상황에서의 적용 가능성, 즉 외적 타당도를 중시하는 연구에 의존한다.

연구자들은 또한 효능 연구efficacy research와 효과성 연구effectiveness research를 구분하여 사용한다(Nathan, Stuart, & Dolan, 2000). **효능 연구**는 특정 중재의 측정 가능한 효과에 초점을 맞추며, 무작위통제실험 Randomized Controlled Trial, RCT이 그 대표적인 예이다. 효능 연구는 실험적 처치를 무처치, 지연처치, 위약처치와 같은 다양한 통제 조건과 비교하여 그 효과를 검증한다. 다시 말해, 효능 연구는 높은 내적 타당도를 가지며, 이는 매우 엄격한 실험 조건에서 수행되었음을 의미한다.

효과성 연구는 중재가 실제 환경에서 광범위한 인구 집단에 대해 측정 가능한 유익한 효과를 지니는지를 확인하고자 한다(Nathan et al., 2000). 효과성 연구는 높은 외적 타당도를 가지며, 다양한 환경, 개인, 중재, 결과의 변화에도 불구하고 인과관계가 성립되고 유지되는 정도를 검토한다(Shadish et al., 2002). 효과성 연구는 일반적으로 효능 연구에서 사용되는 구체적이고 좁게 정의된 결과 지표보다는, 폭넓게 정의된 결과 지표를 사용한다. 일반적으로 효과성 연구에서의 효과 크기effect size는 효능 연구에 비해 더 작게 나타난다. 그 이유는 ① 중재가 때로는 혼란스러운 실제 환경 조건에서 실행되며, ② 효능 평가에서 개발자가 제공하는 지원, 기술적 도움, 문제 해결 등이 없는 상태에서 실행되기 때문이다. 대체로 현장에서 중재를 실행하는 사람들은 효과성 연구를 선호하는데, 이는 효과성 연구를 통해 그들의 중재가 '현실 세계'에서 잘 작동한다는 것을 보였기 때문이다. 안타깝게도, 특정 문제에 대해 효과성을 입증한 중재를 항상 적용할 수 있는 것은 아니어서, 덜 견고한 중재를 적용해야 할 수도 있다.

:: 연구 증거의 유형

최고의 연구 근거를 수집하고 종합하는 것은 증거기반실천의 기초이다. 앞서 말했듯이, 나는 다양한 연구 방법에서 나온 여러 유형의 증거를 포괄할 수 있다는 점에서 계층적 해석 방식을 선호한다. 증거기반실천은 수준과 특성이 서로 다른 다양한 연구 증거들을 바탕으로 뒷받침된다. 여기에는 ① 효능 연구, ② 효과성 연구, ③ 비용–효과성 연구, ④ 종단적 중재 결과 연구, ⑤ 역학 연구가 포함된다. 연구 질문에 따라 어떤 방법론은 다른 방법론보다 더 적절할 수 있다. 예를 들어, 다음과 같은 연구 방법들이 있다.

- 사례연구처럼 실제 환경에서 아동과 청소년을 관찰하는 것은, 그들이 겪는 사회적·행동적 문제에 대한 연구 가설을 세우는 데 가치 있는 자료가 될 수 있다.
- 질적 연구 및 혼합 방법 연구는 중재를 받는 개인의 주관적 경험이나 실제 세계에서 겪는 경험을 평가하는 데 적합하다. 이러한 방법은 아직 잘 밝혀지지 않은 과정을 설명하기 위해, 가설 개발에 중점을 두는 근거 이론을 활용한다(Sabornie & Weiss, 2014).
- 단일사례 실험설계는 중재가 개인에게 효과가 있는지를 엄격하게 통제된 조건에서 확인하고, 인과관계를 밝혀내는 데 효과적인 방법이다(Horner et al., 2005b).
- 역학 연구 epidemiological research는 어떤 중재가 얼마나 이용 가능하고, 실제로 사용되며, 사람들이 얼마나 받아들이는지를 파악하는 데 활용된다(Vidair et al., 2014).
- 조절변수–매개변수 연구 moderator-mediator research는 중재 결과와 관련된 상관 요인 및 원인을 규명하고, 특정 중재가 어떻게 효과를 내는지 그 작동 원리를 설명하는 데 활용될 수 있다(Baron & Kenny, 1986).

- 무작위통제실험RCT 또는 효능 연구는 연구 결과를 왜곡시킬 수 있는 여러 위험을 잘 통제해, 가장 신뢰할 수 있는 형태의 연구 증거를 제공한다(Shadish et al., 2002).
- 효과성 연구는 덜 통제된 실제 환경에서 중재가 어떤 결과를 나타내는지 살펴보고, 그 인과관계가 개인, 중재 제공자, 참여자 사이에서 꾸준히 나타나는지를 판단하는 데 사용될 수 있다.
- 연구 문헌에 대한 메타분석은 다양한 대상 집단, 연령대, 성별, 환경, 결과 측정 유형에 대한 여러 연구들의 효과를 정량적으로 나타내는 지표 또는 지수를 제공한다.

:: 미국 교육과학연구소의 연구 수행 기준

미국 교육과학연구소Institute of Education Sciences, IES는 다양한 주제와 여러 목적의 연구들을 폭넓게 지원한다. 연구 주제는 유아의 학교 준비 상태, 읽기·수학·쓰기와 같은 주요 과목에서의 학업 성취, 그리고 학습 지원 행동 등을 아우른다. IES는 이론을 실제로 적용하는 중개 연구부터, 대규모로 시행되는 중재의 영향을 평가하는 연구(효과성 연구)에 이르기까지 다양한 범주의 연구를 지원한다. 또한 학습을 돕는 사회적·행동적 측면을 다루는 별도의 연구 주제 영역을 운영하고 있다. 이를 통해 IES는 사회성, 또래나 성인에 대한 폭력, 자해, 반항, 괴롭힘, 위축 등 다양한 행동 및 반사회적 문제를 관리, 통제, 예방하기 위한 행동 중재 연구에 자금을 지원한다. 이러한 연구 지원의 장기적 성과는 행동 문제를 예방하고, 유·초·중·고의 장애가 있거나 장애 위험이 있는 학생들의 행동 기술, 정서 기술, 사회적 기술 및 학업 성취를 향상시키는 데 효과가 입증된 다양한 도구와 전략이 될 것이다.

IES는 이 주제와 관련된 연구에 대해 다섯 가지 주요 목표를 제시하고 있다. 첫째는 문제나 관계를 탐색하는 것이고, 둘째는 새로운 전략이나 프로그램을 개발하는 것, 셋째는 중재의 효과를 실험하고 반복 검증하는 것(효능 연구), 넷째는 현장에 널리 적용해 효과를 검토하는 것(효과성 연구), 다섯째는 관련 변인을 정확히 측정할 수 있는 도구를 개발하는 것이다.

목표 1 - 탐색

IES는 아동의 행동, 교육 프로그램, 실천, 정책 등 변화 가능한 요인들과 교육 성과 간의 관계뿐 아니라, 이러한 관계에 영향을 미치는 매개변수와 조절변수들을 탐색하는 연구 과제에 자금을 지원한다. 변화 가능한 요인들과 교육 성과 간의 관계를 탐색하는 연구는 **중개 연구**translational research라 불리며, 이는 교육 성과를 향상시킬 수 있는 중재, 프로그램, 실천, 정책의 개발에 정보를 제공하는 것을 목적으로 한다. 사회적 기술과 관련된 목표 1 탐색 연구는 초등학생의 사회적 기술 수준, 성별, 나이가 표준 학업 성취도에 어떤 영향을 미치는지를 살피는 데 활용된다.

목표 2 - 개발 및 혁신

목표 2 과제는 기존의 교육 중재를 개선하기 위해 설계된 교육 중재, 프로그램, 실천, 정책을 개발하는 데 중점을 둔다. 이러한 지원 과제는 설계, 시험, 수정, 재시험의 반복적인 과정을 거쳐서, 개발자가 의도한 방식으로 작동하고 실제 교육 현장에서 적용 가능한 프로그램이나 시스템을 개발해야 한다. 무작위 할당이나 준실험적 연구 방법론을 사용하지 않고 몇몇 학교를 대상으로 보편적, 선택적, 집중적인 사회정서학습 프로그램을 개발하여 적용하는 것은 목표 2의 사회적 기술 영역 과제가 될 수 있다. 목표 2 연구의 초점은 고도로 통제된 효능 연구를 수행하는 것이 아니라, 실제 교육 환경에서 효과적으로 작동하는지를 보여줄 수 있는 절차나 실천 방안을 개발하고 실행하는 데 있다.

목표 3 - 효능 및 반복 검증

목표 3 연구는 실험 및 준실험 연구 설계를 활용한 효능 연구 또는 반복 연구를 포함한다. 이 연구들은 새로 만든 교육 프로그램이나 기존 정책이 정말 효과가 있는지를, 통제된 환경에서 엄밀하게 검증하는 데 목적이 있다. 효능 연구는 중재가 목표한 성과를 얼마나 잘 산출하는지를 추정할 수 있는 근거를 제공한다. IES는 효과성potent으로 그 효과 크기를 나타내며, 이는 다양한 추정치로 표현될 수 있다. 사회적 기술에 대한 목표 3 연구의 예로, 다층지원체계의 2단계 또는 선택적인 사회정서학습 중재의 효과성을 평가하기 위해, 절반의 학생은 중재를 나중에 받도록 무작위로 나누어 효과를 검증하는 무작위통제실험RCT이 있다.

목표 4 - 확대 평가

목표 4 연구 과제는 목표 3 연구에서 효능이 입증된 중재를 훨씬 더 큰 규모에서 검증하기 위해 설계한다. 확대 평가scale-up evaluations는 중재가 개발자나 연구팀의 특별한 지원 없이, 학교나 교육청이 독자적으로 다양한 조건에서 이를 시행할 경우에도 효과가 있는지를 판단하기 위해 수행한다. 확대 평가는 중재가 얼마나 일관되게 효과적인지를 추정할 수 있는 근거를 제공한다. 즉, 이는 서로 다른 중재 실행자들이 서로 다른 학생 집단이나 다양한 유형의 학교를 대상으로 중재를 적용하여도 유사한 효과를 낼 수 있는지를 의미한다. 목표 4 중재의 예로는, 한 교육구 내 학교의 절반을 사회적 기술 교육과정에 무작위로 배정하고, 나머지 절반을 중재 미실시 통제 집단에 배정하여, 다층지원체계의 1단계 또는 보편적인 사회적 기술 교육과정의 효과를 검증하는 것을 들 수 있다.

목표 5 - 측정

목표 5 과제는 현장에서 선별, 변화 과정 모니터링, 성과 평가를 위해 사용할 수 있도록 측정 도구를 개발하고 타당화하는 연구를 포함한다. 측정 관련 과제는 다양한 측정 도구의 신뢰도와 타당도를 확립하는 것을 목적으로 한다. 목표 5 과제의 예로는, 기존의 행동 평정척도를 활용하여 교사, 부모, 학생이 바라보는 사회적 기술과 문제행동에 대한 인식 차이를 조사하는 일련의 연구를 수행하는 것을 들 수 있다. 이 연구들은 누가 평가하느냐에 따라 생기는 차이에 영향을 주는 요인들을 분석하고, 이러한 차이가 실제 교육 성과를 예측하는지를 분석함으로써, 평가자 간 차이에 대한 이해를 더욱 구체화할 수 있다.

요약

IES 연구 프로그램은 학습, 교수, 교육 시스템과 관련된 새로운 지식과 이론의 생성에 기여하는 데 목표를 둔다. IES 연구 프로그램의 목표 체계는 전체 연구 과정을 단계별로 나누어 체계적으로 진행할 수 있게 설계되어 있다. 목표 1 과제는 학습과 교수, 교육 시스템이 어떻게 작동하는지에 대한 가설들을 세운다. 목표 2 과제는 이전의 이론 및 실증 연구를 바탕으로, 특정 교육 중재가 어떻게 효과를 내는지를 설명하는 '변화 이론'을 제안한다. 목표 3과 4 연구는 특정 중재가 실제로 효과가 있는지를 평가하고, 목표 2 과제에서 개발된 변화 이론을 효능 연구 또는 확대 평가 연구를 통해 검증한다. 마지막으로, 목표 5 과제는 선별, 변화 과정 모니터링, 결과 측정 도구의 기술적 우선성을 평가한다. 이 다섯 가지 목표에 따라 수행되는 연구들은, 중재가 교육에 어떤 효과를 주는지를 실용적으로 보여줄 뿐만 아니라, 학습과 교수, 교육 시스템 전반에 대한 과학적 이해와 이론 발전에도 중요한 기여를 한다.

:: 타당한 추론 도출에 대한 위협 요인들

증거기반중재에 대한 평가의 타당성은 연구 대상 현상에 대해 도출되는 추론의 타당성에 달려있다. **타당성**이란 어떤 추론이 사실에 부합하는지, 또는 그 추론이 옳다고 판단할 수 있는 근거가 얼마나 충분한지를 의미한다(Shadish et al., 2002). 과학 철학은 어떤 주장이 참인지 설명하기 위해, 그 주장이 실제 세계에 대한 우리의 지식과 일치해야 한다는 대응 이론correspondence theory을 사용한다. 하지만 현실에 대한 우리의 인식은 각자가 어떤 이론적 틀을 가지고 있느냐에 따라 다르게 해석될 수 있다. 예를 들어 양자역학에는, 무언가를 관찰하는 순간 그 행위 때문에 관찰 결과가 달라질 수 있다는 **불확정성 원리**가 있다. 불확정성 원리가 내포하는 바는, 우리가 현실을 관찰하는 행위와는 무관하게 존재하는 객관적 실재는 없다는 것이다. 불확정성 원리는 우리가 그것을 측정할 수 있는 능력과는 무관하게 객관적 실재가 존재한다고 보는 고전 물리학의 전제를 반박한다(Issacson, 2007). 양자물리학과 고전물리학이 우주를 바라보는 방식에서 근본적으로 충돌하면서, 1920~30년대 아인슈타인Albert Einstein과 닐스 보어Niels Bohr는 '우주는 어떤 본질을 지니는가'를 놓고 치열한 논쟁을 벌였다.

연구 방법론을 활용하여 증거기반중재를 결정하는 목적은, 일상적인 관찰만으로는 드러나지 않을 수 있는 변수들 간의 관계를 밝혀내는 연구를 설계하는 데 있다. 연구 설계는 복잡한 현실을 단순화하여 핵심 변인을 통제하고 분리함으로써, 다른 가능한 설명들을 배제하고 더 명확한 해석을 가능하게 한다. 연구 설계가 타당한 경쟁 가설들을 배제하는 데 성공하는 정도는 절대적인 것이 아니라, 정도의 차이에 따라 달라진다. 이와 관련해 보통 네 가지 종류의 타당도가 중요하게 다뤄진다. 바로 내적 타당도, 외적 타당도, 구인 타당도, 그리고 통계적 결론 타당도이다 (Shadish et al., 2002).

내적 타당도

내적 타당도internal validity는 종속변수 또는 결과 변수의 변화가 독립변수(중재 변수)의 체계적이고 조작된 변화에 기인한다고 연구자가 판단할 수 있는 정도, 동시에 다른 대안적 설명들을 배제할 수 있는 정도를 의미한다. 내적 타당도를 해칠 수 있는 요인으로는, 역사, 성숙, 측정 도구의 변화, 통계적 회귀, 선택 편향, 그리고 선택 편향과 다른 내적 타당도 위협 요인 간의 상호작용 등이 있다(Shadish et al., 2002). 무작위통제실험 RCT은 연구 결과의 신뢰성을 해칠 수 있는 대부분의 위험 요소를 통제할 수 있는 "가장 확실한 연구 방법gold standard"으로 여겨진다. 단일사례 실험설계도 내적 타당도를 해칠 수 있는 여러 요인을 효과적으로 통제할 수 있지만, 모든 위험 요소를 완전히 배제할 수 있는 것은 아니다. 무작위로 집단을 나누지 않는 준실험설계quasi-experimental designs는 내적 타당도를 보장하기에 한계가 있어, 결과를 잘못 해석할 위험이 있다. 효능 연구처럼 엄격하게 통제된 실험 조건에서 현상을 조사하는 연구에서는, 내적 타당도가 가장 핵심적인 개념이다.

외적 타당도

외적 타당도external validity는 연구 조사 결과의 일반화 가능성을 나타내는 개념으로, 연구에서 얻은 결과가 다른 사람이나 집단, 다른 교사나 실험자, 다른 장소나 조건, 다른 중재나 측정 변인에서도 똑같이 나타날 수 있는지를 따지는 것이다. 외적 타당도는 연구 결과가 어디까지 적용될 수 있는지, 다시 말해 그 결과의 한계나 적용 범위를 따지는 개념이다. 내적 타당도가 종속변수의 변화를 독립변수에 귀속시킬 수 있는지에 초점을 맞추는 반면, 외적 타당도는 동일한 효과가 다른 집단, 참여자, 실험자, 환경, 그리고 다양한 결과 측정 방법을 사용하더라도 재현될 수 있는 정도에 초점을 둔다. 외적 타당도는 현실 세계에서의 현상을 연구하는 **효과성 연구**의 핵심이다. 외적 타당도를 해칠 수 있는 요인은 '연구에 참여한 사람들의 특성, 제시된 자극이나 중재의 특성, 연구가 이루어진 환

경이나 상황, 사용된 평가 방법의 특성'과 같은 네 가지 범주로 나뉜다
(Shadish et al., 2002).

구인 타당도

구인 타당도construct validity란, 독립변수와 종속변수 사이의 인과관계
를 얼마나 타당하게 해석할 수 있는지를 말한다. 즉, 연구에서 사용된 조
작이나 절차를 통해 실제로 우리가 말하고자 하는 개념을 얼마나 잘 대
표하고 일반화할 수 있는지를 다룬다. 구인 타당도에는 여러 가지 위협
요인이 존재하며, 여기에는 구성 개념의 불충분한 설명, 구성 간 혼재, 단
일 조작 편향, 단일 방법 편향, 그리고 중재 확산이 포함된다. 이러한 위
협 요인들은 연구 결과를 어떻게 해석해야 할지 혼란을 줄 수 있으며, 그
결과 어떤 중재가 효과가 있었는지 혹은 없었는지에 대한 이유를 명확히
파악하기 어렵게 만든다. 내적 타당도는 '변화를 일으킨 변인이 무엇인
가'를 따지는 개념이라면, 구인 타당도는 '왜 그런 변화가 일어났는가'에
대한 설명이 타당한지를 보는 개념이다. 구인 타당도를 확보하기 위해서
는 다음 두 가지 질문이 중요하다. "어떤 중재를 실시하였는가?", "어떻게
변화가 일어났는가?"

통계적 결론 타당도

통계적 결론 타당도statistical conclusion validity란, 우연한 오차나 잘못된
통계 방법을 선택해서 연구 결과를 제대로 해석하지 못할 수 있는 위험
을 말한다. 이 타당도는 원인과 결과로 생각되는 두 변수가 실제로 함께
움직이는지를, 그리고 그 관계가 얼마나 강한지를 살펴보는 것이다. 첫

번째로, 효과가 없는데 있다고 착각하는 **제1종 오류**(즉, 위양성 오류), 또는 효과가 있는데도 없다고 판단하는 **제2종 오류**(즉, 위음성 오류)와 관련이 있다. 두 번째로는, 독립변수가 종속변수에 미치는 영향을 실제보다 크게 잘못 판단할 위험이 있다.

통계적 결론 타당도를 해칠 수 있는 요인으로는, 표본이 작아 통계적 검정력이 낮거나, 분석에서 가정이 지켜지지 않은 경우, 측정 도구나 중재 실행이 일관되지 못한 경우, 그리고 효과 크기를 부정확하게 계산한 경우 등이 있다. 이러한 위협 요인들은 모두 중요하지만, 사회정서학습 중재에 대한 많은 집단 연구에서는 참여자 수가 부족하거나 조건 간 차이를 제대로 조절하지 못해, 통계적으로 의미 있는 결과를 내기 어려운 경우가 많다.

∷ 증거 기반의 기준

전문 기관들은 특정 중재가 증거기반중재인지 여부를 판단하기 위해 요구되는 과학적 근거 수준에 대해 서로 다르지만 관련된 기준과 명칭을 제안한다. 미국심리학회American Psychological Association 산하의 여러 분과—임상심리, 학교 심리, 상담심리, 아동·청소년 임상심리, 소아 심리 등—는 중재 방법을 어떻게 분류할 것인지에 대해, 연구의 질을 바탕으로 한 자체 기준을 담은 공식 입장문을 발표해 왔다. 각 분과의 문서에는 약간의 차이는 있지만, 과학적 증거를 어떻게 분류할 것인지에 대해서는 공통된 기준에 동의한다.

- 기준 1: 충분히 입증된 처치well-established treatment

  다음 요건을 충족하는 두 개 이상의 양질의 집단 설계 실험이 서로 독립된 두 개 이상의 연구 환경에서, 독립적인 연구팀에 의해 수행되어야 한다.

  - 그 처치가 위약이나 다른 처치보다 효과가 더 크다는 것이 통계적으로 입증되었거나,

  - 이미 효과가 입증된 처치와 차이가 없다는 결과가 충분한 검정력을 가진 연구에서 나타나야 하며,

  - 처치는 매뉴얼이나 그에 준하는 절차에 따라 실행되었고, 문제를 명확히 정의한 대상 집단에 적용되었으며, 신뢰성과 타당성을 갖춘 측정 도구를 사용하고, 적절한 분석이 수행된 경우

- 기준 2: 효과 가능성이 높은 처치probably efficacious treatment

  이 처치는 다음 기준 중 하나 이상을 충족해야 한다.

  - 해당 처치가 대기자 통제 집단보다 통계적으로 유의미하게 우수하다는 것을 보여주는 양질의 실험이 두 개 이상 존재하거나,

  - 충분히 입증된 처치의 기준을 대부분 충족하지만, 서로 다른 연구 환경과 연구팀에서 실시되지는 않은 양질의 연구가 하나 이상 있을 경우

- 기준 3: 효과 가능성이 있는 처치possibly efficacious treatment

  상충되는 근거가 없는 상황에서, 해당 처치가 효과적임을 보여주는 양질의 연구가 최소한 한 편 이상 존재해야 한다.

- 기준 4: 실험 처치experimental treatment

  입증된 연구 방법론 기준을 충족하는 실험을 통해 아직 검증되지 않

은 경우

　나단Nathan과 골먼Gorman(2002)은 중재 효과를 뒷받침하는 증거의 수준에 따라 달라지는 여섯 가지 유형의 중재 연구 목록을 개발하였다. 이 분류 체계에서 **1형 연구**Type 1 study는 가장 엄격한 방법론을 적용한 것으로, 무작위 배정과 전향적 임상 시험을 포함한다. 이러한 연구는 무작위로 집단을 나눈 비교 설계, 블라인드 평가, 명확한 참가 기준과 제외 기준, 최신 진단 기법, 통계적으로 신뢰할 수 있는 충분한 표본 규모, 명료하게 기술된 통계 방법 등을 갖추고 있다. **2형 연구**Type 2 study는 1형 연구처럼 중재를 검증하지만, 1형 연구의 필수 요소 중 일부가 빠져있는 임상 시험이다. 예를 들어, 2형 연구에서는 블라인드 평가가 생략됐거나, 중간 수준의 효과를 통계적으로 검출하기에 표본 수가 부족할 수 있다. **3형 연구**Type 3 study는 방법론적으로 한계가 있는 경우로, 참가자를 자유롭게 모집하거나 향후 더 엄밀한 연구가 필요한지를 평가하기 위해 예비 데이터를 수집하는 시범 연구 형태로 진행된다. **4형 연구**Type 4 study는 메타분석처럼 기존 자료를 활용해 분석하는 문헌 고찰이며, **5형 연구**Type 5 study는 이러한 분석 없이 이루어진 문헌 검토이다. **6형 연구**Type 6 study는 개별 사례 분석, 논설문, 또는 특정 입장을 제시하는 글을 포함한다.

단일사례 실험설계

미국심리학회 여러 분과에서 정한 '충분히 입증된 처치', '효과 가능성이 높은 처치', '효과 가능성이 있는 처치', '실험 처치'에 대한 기준은 모두 집단 실험 설계에만 근거하고 있으며, 단일사례 실험설계를 사용하는 연구에 대해서는 어떤 기준으로 질을 평가해야 하는지에 대한 언급이 없었다. 이는 단일사례 실험설계를 통해 이루어진 수많은 뛰어난 사회정서학습 중재 연구들을 간과한 명백한 누락이다. 예를 들어, 자폐스펙트럼장애ASD 아동을 대상으로 한 대부분의 사회정서학습 중재 연구는 단일 사례연구 설계를 활용해 이루어졌다.

단일사례설계는 중단 시계열 설계로, 중재 효과를 정밀하게 검증할 수 있는 엄격한 실험 연구 방법이다(Horner et al., 2005a; Kratochwill et al., 2010). 단일사례설계는 다양한 변형이 존재하지만, 공통적으로 독립변인(즉, 처치)을 적용하기 전과 도중, 그리고 후에 종속변인을 반복적이고 체계적으로 측정하는 과정을 포함한다. 이러한 연구 설계는 인과관계를 입증하는 데 매우 유용하며, 임상심리학, 학교 심리학, 특수교육, 그리고 응용행동분석 분야에서 폭넓게 활용되고 있다. 단일사례연구에서 실험적 통제는 중재를 반복 적용하는 방식으로 이루어지며, 그 방법은 다음 중 하나를 통해 구현된다. ① 독립변인의 도입, 철회 또는 반전(예: ABAB 설계), ② 서로 다른 관찰 단계에서 독립변인을 반복적으로 조작하는 것(예: 다요소 설계multielement 또는 교대 처치 설계alternating treatment designs), 또는 ③ 오전, 정오, 오후 쉬는 시간과 같이 서로 다른 시점이나 상황에 독립변인을 순차적으로 도입하는 방식(예: 중다 기초선 설계multiple baseline design)이다(Horner et al., 2005a).

단일사례설계는 다양한 실험 설계 방식들을 활용하여 다음과 같은 핵심 질문에 답을 제공한다.

- 철회 설계, 다요소 설계, 중다 기초선 설계, 기준 변경 설계와 같은

중재 방식이 실제로 효과를 내는가?

- 하나의 중재(단순한 단계 변화가 포함된 반전 설계, 다요소 설계, 중다 기초선 설계)가 다른 중재보다 더 효과적인가?

- 복잡한 단계 변화가 포함된 반전 설계, 다요소 설계, 서로 다른 조건을 비교하는 중다 기초선 설계와 같은 다양한 중재 요소들이 상호작용하여 행동 변화를 유도하는가?

- 처치를 중단한 이후에도 그 효과가 지속되는가? (순차적 철회 설계, 부분 철회 설계, 부분 순차적 철회 설계, 중재 철회를 포함한 중다 기초선 설계)

단일사례연구에서 **반복 검증**은 내적 **타당성**의 위협을 통제하는 데 있어 핵심적인 역할을 한다. 호너Horner 등(2005a)에 따르면, 단일사례연구에서 실험 효과가 **서로 다른 세 시점**에서 **세 차례 확인되면**, 해당 중재의 효과가 반복적으로 검증되었다고 볼 수 있다. 종속변인의 변화가 독립변인의 조작과 함께 일관되게 나타날 때, 중재에 대한 실험적 통제가 확보되었다고 본다.

실험 효과를 확립하기 위해 사용되는 세 가지 주요 기준은 기준점level, 경향trend, 변산성variability이다. '기준점'은 특정 단계에서의 평균적인 반응값을 나타내며, '경향'은 그 단계의 데이터 분포를 가장 잘 설명하는 직선의 기울기를 뜻한다. '변산성'은 평균값을 기준으로 데이터가 얼마나 흔들리는지를 나타내며, 범위나 표준편차SD 등을 통해 측정할 수 있다. 이 세 가지 기준 외에도, 실험 효과를 판단하기 위해 네 가지 추가 기준이 사용된다. 효과의 즉각성, 데이터 간 중첩 비율, 단계 간 데이터의 일관성, 그리고 결과 변인의 실제 관찰 패턴과 예측 패턴의 일치 정도 비교이다.

크래터크윌Kratochwill 등(2010)은 연구 설계가 '증거 기준을 충족하는 경우', '일부 제한을 두고 충족하는 경우', 혹은 '기준을 충족하지 않는 경우'인지 평가하기 위해 다음과 같은 기준을 마련하였다. 증거 기준을 충족하기 위해서는 다음의 설계 기준들이 반드시 포함되어야 한다.

- 중재로 사용된 독립변인은 연구자가 언제, 어떻게 조건을 바꿀지를 명확히 통제하며 체계적으로 조작되어야 한다. 이 기준이 충족되지 않으면, 해당 연구는 증거 기준을 충족하지 않는 것으로 간주한다.
- 모든 결과 변인은 둘 이상의 관찰자가 일정 기간에 걸쳐 체계적으로 측정해야 하며, 연구는 각 단계마다, 그리고 각 조건별 데이터의 최소 20%에 대해 관찰자 간 합치도IOA를 수집해야 한다. 관찰자 간 합치도는 백분율 일치 기준에서는 최소 80%, 코헨Cohen의 카파 계수를 사용할 경우, 최소 .60을 충족해야 한다. 이러한 기준을 충족하지 못할 경우, 해당 연구는 증거 기준을 만족하지 못한 것으로 간주한다.

연구는 세 가지 서로 다른 시점 또는 세 번의 단계 반복을 통해 중재 효과를 입증하려는 시도가 최소한 세 차례 포함되어야 한다. 이 기준을 충족하지 않으면, 해당 연구는 증거 기준을 만족하지 못한 것으로 간주한다. 어떤 단계가 중재 효과를 보여주기 위한 시도로 인정되려면, 그 단계에는 최소한 세 개 이상의 데이터가 포함되어야 한다.

단일사례연구에서 연구자들은 그래프를 통한 시각적 분석을 가장 일반적인 자료 해석 방법으로 활용한다(Horner et al., 2005a; Kratochwill et al., 2010). 시작점에서의 수행 수준과 중재 도중 또는 이후의 수행 수준을 비교하여 실험적 효과가 나타났는지를 판단함으로써 중재의 효과를 평가한다. 통계분석과 달리, 단일사례연구에서는 효과가 명확히 보일 때 사용하는 '눈으로 보이는interocular 유의성 검정'을 활용한다. 시각적 분석은 보통 네 가지 절차로 진행된다. 첫째, 예측 가능한 시작점의 패턴을 확인한다. 둘째, 각 단계 내부의 데이터 흐름을 분석하여 일관된 반응 양상을 살핀다. 셋째, 한 단계의 데이터를 바로 이전이나 이후 단계와 비교하여 중재가 효과를 가져왔는지 확인한다. 넷째, 모든 단계의 정보를 종합해 서로 다른 세 시점에서 효과가 최소 세 번 나타났는지를 평가한다.

크래터크월Kratochwill 등(2010)은 단일사례연구들을 종합적으로 분석할 때 고려해야 할 사항들을 다음과 같이 제안하였다.

- 특정 중재의 효과를 검토한 단일사례연구가 최소 다섯 편 이상이어야 하며, 각 연구는 '증거 기준을 충족'하거나 '제한적으로 충족'한 것으로 인정되어야 한다. 또한, 모든 연구는 학술지에 정식으로 게재된 논문이어야 한다.
- 최소한 세 개의 서로 다른 연구팀이, 세 개의 서로 다른 지역에서 이 단일사례설계SCD 연구들을 수행해야 한다.
- 이 논문들에 포함된 모든 단일사례 실험의 수를 합쳤을 때, 총 20개 이상이어야 한다.

:: 메타분석 결과의 가치

1970년대 이전까지만 해도 사회과학에서는 메타분석과 같은 양적 종합 기법이 널리 알려져있지 않았다. 세 편의 획기적인 메타분석 연구는 심리학에서 양적 종합을 표준적 방법으로 정착시키는 데 결정적인 역할을 했다. 여기에는 심리 치료 효과를 다룬 스미스Smith와 글래스Glass(1977)의 연구, 고용 검사에서 타당도의 일반화를 분석한 슈미트Schmidt와 헌터Hunter(1977)의 연구, 그리고 사회심리학에서 대인 기대 효과를 검토한 로젠털Rosenthal과 루빈Rubin(1978)의 연구가 포함된다(Glass, McCaw, & Smith, 1981; Hedges & Olkin, 1985; Rosenthal, 1984).

과학 연구의 핵심 목적 중 하나는 무엇이 원인인지 밝혀내는 것이다. 예를 들어, 특정한 수준의 사회정서학습 개입이 아동의 사회적 기술 발달에 실제로 영향을 미치는지를 알아보고자 할 수 있다. 만약 해당 주제에 대한 연구 대부분이 무선 할당random assignment과 같은 높은 내적 타당도를 갖춘 경우라면, 메타분석자는 인과관계에 대해 질문할 수 있다. 예를 들어, 개입의 강도가 높을수록 아동의 사회적 행동에 더 큰 변화가 나타나는지를 살펴볼 수 있다.

반면, 포함된 연구들이 기존에 형성된 집단 간의 차이를 비교하는 등 내적 타당도가 낮다면, 메타분석은 변수들 간의 연관성(공변성)은 파악할 수 있지만, 무엇이 원인인지에 대한 인과적 해석은 어렵다. 즉, 단순한 상관은 볼 수 있어도 인과를 밝힐 수는 없다.

여러 개의 1차 연구를 체계적으로 양적으로 통합하면, 특정 효과가 다양한 상황과 집단에서 얼마나 일반화될 수 있는지, 즉 외적 타당성을 파악할 수 있다. 예를 들어, 연구자가 ADHD 진단을 받은 아동에게 사회정서학습 프로그램이 얼마나 효과적인지를 알고 싶어 할 수 있다. 이러한 질문은 사회정서학습이 ADHD, 자폐스펙트럼장애 ASD, 품행장애CD, 반항성 장애ODD 등 여러 진단 집단에 걸쳐 전반적으로 효과가 있는지를 묻는 것보다 개념적으로 더 좁은 범위의 탐색이다.

메타분석의 큰 강점 중 하나는, 분석 대상이 되는 1차 연구들이 독립변인과 종속변인 모두에 대해 다양한 조작적 정의를 포함하고 있다는 점이다. 다양한 연구 결과를 종합함으로써, 메타분석자는 하나의 개념을 구성하는 여러 측면을 더 풍부하게 파악할 수 있다. 예를 들어, 사회적 기술에 대한 결과를 다룬 연구들은 종속변인을 여러 방식으로, 그리고 서로 다르게 조작화하는 경우가 많다. 일부 연구는 사회적 기술에 대한 체계적인 직접 관찰을 사용하고, 다른 연구들은 또래 사회측정peer socio-metrics이나 수용도 평가acceptance ratings를 활용하며, 또 다른 연구들은 교사나 부모의 평가를 사용한다. 이처럼 서로 다른 방법을 사용한 연구들에서 유사한 결과가 나올 경우, 그 효과의 실제적 타당성에 대한 신뢰가 높아진다.

1차 연구와 메타분석은 서로를 보완하는 연구 방법이다. 1차 연구가 없다면 메타분석은 이루어질 수 없고, 개별 연구들이 체계적으로 통합되고 정량화되지 않는다면 이론 발전이나 실제 적용에도 도움이 되기 어렵다. 1차 연구와 메타분석은 모두 앞으로의 연구 방향을 제시하고, 현상에 대한 이해를 심화시키는 데 중요한 역할을 한다. 이 책의 다음 장들에서는 보편적, 선택적, 그리고 집중적 사회정서학습 개입에 대한 메타분석 결과를 살펴보고, 그에 기반한 실질적인 제안을 독자들에게 제공할 것이다.

- 연구 방법론의 주요 목적은, 그럴듯한 대립 가설들에 의해 문제시되거나 반박되지 않는 통제된 연구로부터 전문가들이 타당한 추론을 이끌어낼 수 있도록 하는 것이다.

- 일부 전문가들은 자신의 기존 신념이나 관점, 지금까지 해온 익숙한 방식에 맞는 과학적 개념과 방법만을 선택적으로 수용하고, 이에 부합하지 않는 과학적 근거는 외면하기도 한다.

- 학문 분야에 따라 과학적인 근거로 인정받기 위한 기준과 표준은 서로 다르다.

- 연구 근거는 이분법적으로 나뉘기보다, 증거 기반과 비증거 기반이라는 양극 사이의 연속선 위에 존재하는 것으로 보는 것이 가장 타당하다.

- 과학적 근거를 평가할 때 계층적 접근을 권장하는 이유는, 서로 다른 연구 방법에서 나온 다양한 수준의 증거를 종합적으로 고려하기 때문이다.

- 증거기반실천이란, 신뢰도 높은 연구 결과를 바탕으로 처치 방법에 대한 임상적 판단을 내리는 것을 의미한다.

- 증거기반중재란, 내적 타당도가 확보된 엄밀한 연구를 통해 효과가 검증된 중재이며, 일반적으로 효능 기반 연구에 해당한다.

- 증거기반실천은 개인에게 적용되는 특정한 중재가 아니라 전반적인 중재 접근 방식을 의미하며, 실제 현장에서의 효과를 중시하는 효과성 기반 연구로 볼 수 있다.

- 증거기반실천을 뒷받침하기 위해 다양한 질적 수준의 여러 유형의 연구 근거가 사용된다. 여기에는 관찰 연구, 질적 연구 및 혼합 방법 연구, 단일

사례설계, 역학 연구, 조절 및 매개 분석, 무작위통제실험, 효과성 연구, 메타분석이 포함된다.

- 미국 교육과학연구소IES는 번역 연구에서부터 대규모로 시행된 중재의 평가에 이르기까지 다양한 범주의 연구를 지원한다.
- 목표 1 연구는 탐색 연구라고 불리는데, 이는 교육 성과에 영향을 미치는 변화 가능한 요인들을 찾아 그들 간의 관계를 살펴보는 데 목적이 있기 때문이다.
- 목표 2 연구는 기존 교육 중재의 효과를 높이기 위해 새로운 교육 프로그램, 교수 방법, 실천 전략, 교육 자료 등을 개발하는 데 초점을 맞춘다.
- 목표 3 연구는 실험적 설계 및 준실험적 설계를 활용한 효능 연구 또는 기존 연구 결과를 재현하는 연구를 포함한다.
- 목표 4 연구는 이미 효능이 입증된 중재를 대규모로 시행하여 그 효과를 검증하기 위해 설계한다.
- 목표 5 연구는 선별, 변화 과정 모니터링, 결과 평가를 위해 실무자들이 사용할 수 있는 측정 도구를 개발하고 타당화하기 위해 설계한다.
- 연구에는 일반적으로 네 가지 타당도, 즉 내적 타당도, 외적 타당도, 구인 타당도, 그리고 통계적 결론 타당도를 고려한다.
- 미국심리학회APA의 여러 분과는 과학적 근거의 수준에 따라 연구 기반 중재를 다음과 같이 네 가지로 분류하고 있다: ① 충분히 입증된 처치, ② 효과적일 가능성이 높은 처치, ③ 효과적일 가능성이 있는 처치, ④ 실험 처치.
- 나단Nathan과 골먼Gorman(2002)은 연구 근거를 다음과 같이 여섯 가지 유형으로 구분하였다: ① 무작위통제실험과 같은 엄격한 실험 연구, ② 이

>>>>>

보다 다소 덜 엄격한 실험 연구, ③ 준실험설계에 기반한 연구, ④ 여러 연구 결과를 통합한 메타분석, ⑤ 문헌을 서술적으로 정리한 문헌 고찰, ⑥ 사례연구나 특정 입장을 제시한 논문 등이다.

- 단일사례설계SCD는 소수의 개인을 대상으로 정밀하게 통제된 연구를 수행하는 방식으로, 주로 저빈도 집단을 대상으로 할 때 활용된다.

- 메타분석은 독립변인과 종속변인을 다양한 방식으로 정의하고 통합함으로써, 방대한 연구 문헌을 체계적이고 정량적으로 분석하는 데 효과적인 방법이다.

3

사회정서기술에 대한 평가

이 장에서는 아동과 청소년의 사회적 기술 부족을 이해하고, 이를 효과적으로 다루는 데 중요한 다양한 유형의 평가 전략들을 살펴볼 것이다. 사회정서학습을 효과적으로 실행하려면, 신뢰할 수 있는 사회적 기술평가 도구와 전략에 기반해야 한다. 사회적 기술평가는 대상 아동이나 청소년에 대해 적절한 판단과 개입 결정을 내릴 수 있도록 정보를 수집하는 것이 주된 목적이다. 이 평가 과정을 통해 이뤄지는 결정은 보통 다섯 가지 유형으로 나눌 수 있다. 즉, ① 지원이 필요한 아동을 가려내는 선별, ② 문제행동의 유형이나 진단을 위한 확인과 분류, ③ 적절한 개입 방법을 선택하는 중재 계획 수립, ④ 개입 효과를 주기적으로 점검하는 과정 평가, ⑤ 전체적인 개입 효과를 종합적으로 평가하는 결과 평가와 같은 다섯 가지이다.

이러한 여러 가지 결정 유형은 각각 다른 종류의 '검사'로 이해할 수 있다. 예를 들어, **선별 검사** screening test 는 특정 문제나 질병이 있을 가능성을 확인하기 위한 초기 검사이다. 청력 선별 검사의 경우, 청력 손실 가능성을 조기에 감지하는 데 목적이 있다. **진단 검사**diagnostic test 는 실제로 문제나 질병이 있는지를 확인하는 데 목적이 있다. HIV 혈액 검사는 감염 여부를 진단하는 데 사용된다. **치료 결정 검사**treatment decision test 는 어떤 중재나 치료가 필요한지를 판단하는 데 도움을 준다. 고혈압 환자에게는 상태 조절을 위해 약물 치료가 처방되기도 한다. 또한, **모니터링 검사** monitoring test 는 질병의 경과나 치료 효과를 지속적으로 추적하는 데 활용된다. 콜레스테롤 수치를 확인하는 연례 혈액검사는 항스타틴 약물에 대한 환자의 반응을 살피는 데 활용된다. 이와 비슷하게, 아동과 청소년의 사회성 측정 기술을 평가할 때에도 다양한 판단과 결정이 내려진다.

:: 선별 결정

선별 결정은 전체 아동 집단을 대상으로 하며, 더 정밀하고 비용이 많이 드는 평가가 필요한 아동을 조기에 가려내기 위한 것이다. 선별 도구는 짧고 간편하며 저비용으로 시행과 채점이 가능하다는 장점이 있다. 특히 학령 초기에 사회정서기술 부족을 발견하는 것은, 아동이 성장하며 겪게 될 심각한 사회적 문제를 예방하는 데 핵심이 된다. 아동이 사회정서학습을 배운 경험 없이 오랜 시간 방치될수록, 이후 학교생활에서 사회적 행동을 바꾸는 것이 점점 더 어려워진다(Bierman & Greenberg, 1996).

선별 도구는 사회정서기술 부족 여부를 정확하게 가려내기 위해, 신뢰도와 타당도가 확보된 기준 점수(컷오프 점수)를 갖추고 있어야 한다. 그림 3.1은 선별 도구를 통해 내릴 수 있는 다양한 유형의 판단을 시각적으로 제시하고 있다. 진양성 True positive 은 사회정서기술이 부족한 아동을 선별 도구가 정확히 가려낸 경우를 말하며, 이는 도구의 **민감도** sensitivity 를 보여준다. 반면, 위양성 False positive 은 실제로는 부족하지 않지만, 선별 결과에서는 부족함이 있는 것으로 잘못 판단된 경우를 말한다. 위음성 False negative 은 실제로는 사회정서기술이 부족함에도 불구하고, 선별 결과에서는 문제가 없는 것으로 나타난 경우이다. 반대로, 진음성 True negative 은 실제로도 문제가 없고, 선별 결과도 이를 정확히 반영한 경우이다. 이러한 진음성 비율은 선별 도구의 **특이도** specificity 를 나타낸다. 선별에서는 잘못된 판단을 피하는 것이 중요하지만, 일반적으로 위음성 (문제가 있는 아동을 놓치는 것)보다는 위양성(문제가 없는 아동을 잠시 문제가 있다고 판단하는 것)을 더 용인할 수 있는 것으로 간주한다. 왜냐하면, 실제로 사회적 기술에 문제가 있는 아동을 놓치는 것은, 도움이 필요하지 않은 학생에게 추가적인 지원을 제공하는 것보다 더 심각한 결과를 초래하기 때문이다(Lane, Oakes, Menzies, & Germer, 2014).

	사회적 기술 부족 존재	사회적 기술 부족 없음
선별+	진양성 (민감도)	위양성 (거짓된 경고)
선별-	위음성 (무용한 경고)	진음성 (특이도)

그림 3.1 사회정서학습을 위한 선별 결정

사회정서학습 평가를 위한 SSIS 시스템

'사회적 기술 향상 체계 기반 사회정서학습 평가 도구Social Skills Improvement System Social-Emotional Learning Assessment System, SSIS SELA'는 CASEL의 사회정서학습 역량 모델을 기반으로 만들어졌으며, 교사들이 사회정서학습 중재가 필요한 학생을 체계적으로 식별할 수 있도록 다양한 수준의 성취 루브릭을 제공한다. 이 평가 도구는 중재를 받은 학생들이 자기 행동이나 대인관계, 그리고 관련된 학업 기술에 개선이 있었는지 여부를 판단하는 데에도 도움을 줄 수 있다. SSIS SELA는 보편적 선별 도구로서, 수업 프로그램이 시작되기 전이나 초기에 학생의 초기 수준을 파악하는 데 활용될 수 있다. 또한, 수업이 진행되는 동안이나 종료 후에 학생들을 다시 선별하고, 학습 진행 상황을 효율적으로 모니터링하는 데 사용될 수 있다. 이를 통해 수업에서 목표로 한 사회정서기술의 향상 정도를 체계적으로 확인할 수 있다.

SSIS SELA는 유아부터 중고등학생까지를 대상으로 하며, 연령에 맞는 기대 수준에 따라 다음 여덟 개 영역의 역량을 평가한다. 자기 인식, 자기 조절, 사회적 인식, 관계 형성 능력, 책임 있는 의사결정, 학습 동기, 읽기 능력, 수학 능력. SELA 종합 점수의 내적 신뢰도 추정치(크론바흐알파 계수)는 .93, 검사-재검사 신뢰도는 .89였다. 수신자 조작 특성 곡선 receiver operator curve, ROC 분석을 통해 SELA는 사회적으로 위험에 처한 집단과 그렇지 않은 집단을 .92의 정확도로 구별하였다. 또한 사회적 기술이 부족한 아동을 제대로 가려낸 비율(민감도, 진양성율)은 60.5%, 사회적 기술이 부족하지 않은 아동을 정확히 식별한 비율(특이도, 진음성율)은 92.4%였다.

아동·청소년 대상 BASC-3 행동·정서 발달 선별 도구

'BASC-3 행동·정서 발달 선별 시스템Behavioral and Emotional Screening System, BESS'(Kamphaus & Reynolds, 2015)은 2세부터 19세까지의 아동·청소년을 대상으로, 행동 및 정서 영역에서의 강점과 취약점을 간편하게 평가할 수 있는 보편적 선별 도구이다. 이 도구는 학교나 정신건강 기관, 소아과 진료 현장, 또는 연구 환경에서 아동이 적응하는 데에 어려움을 줄 수 있는 행동·정서적 문제를 조기에 발견하고자 할 때 활용된다. 이 선별 도구는 교사, 부모, 학생(3~12학년)이 각각 단독 또는 함께 활용할 수 있도록 구성된 세 가지 평정지로 이루어져 있다. 각 설문지는 25~30개의 문항으로 구성되어 있으며, 별도의 전문 교육 없이도 쉽게 사용할 수 있고, 5~10분 정도면 작성이 완료될 정도로 간편하다. BASC-3 BESS는 행동적 어려움뿐 아니라 사회정서적 강점까지 폭넓게 평가할 수 있는 도구로, 평가 영역에는 내면화 문제(불안, 우울 등), 외현화 문제(공격성, 충동성 등), 학교생활 문제, 그리고 사회적 기술과 같은 적응 능력이 포함된다. 또한, 부모용과 학생용 자기 보고식 설문지는 스페인어 버전으로도 제공된다.

BASC-3 BESS는 표준화된 규준에 기반한 평가 도구로, 학생의 위험 수준을 판단할 수 있도록 백분위 점수와 T점수(평균 50, 표준편차 10)를 제공한다. 결과 보고서는 학생의 상태를 **정상, 위험 경계, 고위험**의 세 가지 위험 수준으로 구분하여 보여준다. 이 척도는 심리측정학적으로 매우 신뢰할 수 있는 도구이며, 검사-재검사 신뢰도는 교사, 부모, 학생 보고 모두에서 .80~.91 수준으로 높게 나타났다. 어머니와 아버지 간 평가 일치도는 약 .83, 교사 간 평가 일치도는 .80으로 안정적이었다. 또한, BASC-

3 BESS와 전체 BASC-3 척도 간의 상관 분석 결과는 외현화 문제 .76, 내면화 문제 .52, 학교 문제 .82, 사회적 적응 기술 .82로 나타나 BESS가 전체 척도의 핵심 영역을 잘 반영하고 있음을 보여준다. 이러한 결과는 BASC-3 BESS가 행동 문제뿐 아니라 사회적 강점까지 동시에 선별할 수 있는 효과적인 도구임을 입증한다.

:: 문제 확인 및 분류 결정

학생의 문제를 정확히 확인하고 유형을 분류하기 위한 평가 도구는, 단순한 선별 도구에 비해 더 많은 시간과 비용이 드는 것이 일반적이다. 이러한 진단적 판단을 위해 가장 널리 사용되는 도구는 행동 평정척도 behavior rating scales이다. 현재 다양한 사회성 측정 기술 평정척도가 사용되고 있지만, 그중에서도 신뢰할 수 있는 표준화 자료, 검증된 심리측정 특성, 그리고 공신력 있는 출판사를 통한 접근성을 모두 갖춘 도구는 단 네 가지에 불과하다. SSIS 사회정서학습용 평정척도 SSIS-SEL Edition-RS(Gresham & Elliott, 2008), 워커-맥코넬 Walker & McConnell 사회적 유능성 및 학교 적응 척도(1995), 학교 사회 행동척도(Merrell, 1993), 유아 및 유치원생 행동척도(Merrell, 1994) 네 가지이다.

아동의 사회적 기능 측정 도구에 대한 보다 포괄적인 검토를 원한다면, 크로우 Crowe 등(2011)과 험프리 Humphrey 등(2011)의 두 가지 최근 논문을 추천한다. 크로우 등은 아동 및 청소년의 사회적 기능 평가 도구를 다룬 선행 연구들을 분석해 총 86개의 도구를 확인했으며, 험프리 등은

189개의 도구 중에서 엄격한 심리측정 기준을 충족하는 12개의 도구에 초점을 맞추어 분석했다.

사회정서학습용 SSIS-RS

'사회정서학습용 사회적 기술 향상 체계 평정척도Social Skills Improvement System SEL Edition Rating Scales, SSIS-SEL Edition RS'(Gresham & Elliott, 2017)는 이전에 개발된 SSIS-RS(2008)를 개정하여, CASEL의 다섯 가지 사회정서역량을 측정하도록 새롭게 설계된 도구이다. 교사, 부모, 학생이 각각 응답할 수 있도록 구성된 다중 평가 체계이며, 미국 전역에서 3세~18세 아동·청소년 4,700명을 대상으로 한 국가 표준화 표본을 바탕으로 개발되었다. 이 척도는 자기 인식, 자기 조절, 사회적 인식, 관계 맺기, 책임 있는 의사결정이라는 CASEL이 정의한 핵심 사회정서역량을 정량적으로 평가할 수 있도록 설계되어 있다.

교사, 부모, 학생용 각 평정지는 10분 이내에 작성할 수 있다. 교사용 평정지는 CASEL의 다섯 가지 영역에 걸친 51개의 SEL 문항과 학생의 학업 역량을 측정하는 7개의 문항으로 구성되어 있다. 부모용 평정지는 51개의 SEL 문항, 학생용 평정지는 46개의 SEL 문항으로 구성되어 있다. 각 문항은 사회정서학습 행동의 빈도를 측정하는 4점 리커트 척도로 평가되며, 점수는 "0 = 전혀 그렇지 않다, 1 = 가끔 그렇다, 2 = 자주 그렇다, 3 = 항상 그렇다"로 구분된다. CASEL의 5개 하위 척도 점수는 표준점수(평균 = 100, 표준편차 = 15)로 산출된다. 교사용 평정지는 영어로 제공되며, 부모용과 학생용 평정지는 영어와 스페인어 버전이 제공된다.

사회정서학습용 SSIS-RS(교사·부모·학생용)는 응답자의 집중력 부족이나 무성의한 응답을 식별하기 위한 반응 양식 지표Response Pattern Index를 함께 제공한다. 이 지표는 각 문항의 평정이 바로 앞 문항과 얼마나 자주 달라졌는지를 집계한 것이다. 지표 수치가 지나치게 낮으면 거의 모든 문항에 같은 응답을 반복했을 가능성을 의미하고, 지표 수치가 너무 높으면 패턴 없이 번갈아 점수를 매긴 흔적이 있어 주의가 필요하다. 이러한 극단적인 점수는 비정상적인 반응 양식을 나타내며, 평정의 신뢰성에 문제가 있을 수 있음을 시사한다.

또한, 사회정서학습용 SSIS-RS는 내적 일관성과 검사-재검사 신뢰도 측면에서 매우 우수한 심리측정학적 특성을 가지고 있다. 사회성 측정 기술과 학업 역량에 대한 하위 척도 신뢰도 중앙값은 모든 연령대, 모든 평정 양식에서 .90 중반에서 상위 수준을 나타낸다. 하위 척도 신뢰도의 중앙값은 교사용 평정지에서 .80 후반, 부모용에서 .80 중반, 학생용에서 .80 수준이다. 종합 척도의 검사-재검사 신뢰도는 교사용 .82, 부모용 .84, 학생용 .81이다.

사회정서학습용 SSIS-RS 매뉴얼은 타당도를 입증하는 풍부한 근거 자료를 제시하며, 여기에는 BASC-2, 비네랜드Vineland 적응행동척도, 워커-맥코넬 사회적 유능성 및 학교 적응척도, 그리고 가정·지역사회 사회적 행동척도(Gresham & Elliott, 2017)와 같은 기존 도구들과의 높은 상관성이 포함되어 있다. 또한, 이 매뉴얼은 척도의 구조적 타당성에 대한 근거뿐만 아니라, 표준화 표본과 특수 집단(예: ADHD, 정서장애, 지적장애, 언어장애, 특정 학습장애) 간의 변별력을 입증하는 자료도 광범위하게 제시하고 있다.

사회정서학습용 SSIS-RS 활용 시 고려 사항

1장에서 나는 사회적 기술 습득 결손과 사회적 기술 수행 결손 사이의 중요한 구분을 제시하였다. 그중 습득 결손은 "할 줄 몰라서 못하는 문제"로 이해할 수 있으며, 이는 주로 사회적·인지적 기술 결손에서 기인한다. 사회적 기술 습득 결손은, 어떤 기술을 어떻게 해야 하는지를 잘 모르는 경우, 즉 지식 결손으로 인한 문제이다. 반대로, 수행 결손은 '할 줄은 알지만 하려 하지 않는 경우', 즉 기술 수행에 대한 동기가 부족해서 생기는 문제라고 볼 수 있다. SSRS(Gresham & Elliott, 1990) 개발자들은 이후 SSIS-RS(2008) 개발 과정에서도, 두 유형을 구분하기 위해 행동의 '빈도'와 그 행동의 '중요성'에 대한 평정을 함께 사용할 것을 제안해 왔다.

사회정서학습용 SSIS-RS는 CASEL 5대 역량에 대한 표준 점수와 문항 평정값을 함께 분석하여, 학생이 가진 사회정서기술의 강점, 혹은 습득 결손인지, 수행 결손인지를 구분해 낸다. CASEL 영역 표준 점수가 115점을 초과하고 해당 문항 평정이 3점("항상 그렇다")이면, 사회정서역량에 강점이 있는 것으로 본다. 그러나 CASEL 영역 표준 점수가 85 미만이고, 해당 문항 평정이 1점("가끔 그렇다")인 경우에는 사회적 기술 수행 결손으로 식별된다. 또한, CASEL 영역 표준 점수가 85 미만이고, 해당 문항 평정이 0점("전혀 아니다")인 경우, 사회정서역량 습득 결손으로 해석된다.

학교 내 사회적 행동 평가 도구 SSBS-2

'학교 내 사회적 행동 평가 도구 제2판School Social Behavior Scales-2, SSBS-2'(Merrell & Candarella, 2008)은 교사가 학생의 사회적 행동을 평가할 수

있도록 개발된 65문항의 평정척도로, 사회적 유능성과 반사회적 행동이라는 두 가지 주요 영역을 측정한다. 이 도구는 5세부터 18세까지의 아동·청소년 2,280명을 대상으로 표준화되었으며, 모든 문항은 1점(전혀 해당 없음)부터 5점(매우 자주 해당됨)까지의 5점 척도로 응답하게 되어있다. 결과는 표준 점수(평균 100, 표준편차 15)와 백분위 점수로 제공되어, 학생의 사회적 행동 특성을 비교적 명확히 해석할 수 있도록 한다.

SSBS-2는 신뢰도와 일관성 면에서 매우 우수한 평가 도구이다. 내적 신뢰도(문항 간 일관성)는 .91~.98로 매우 높았으며, 3주 간격의 검사-재검사 신뢰도 또한 .76~.83으로 시간이 지나도 안정적인 측정 결과를 보여준다. 또한, 특수교사와 보조교사 간의 평가 일치도는 사회적 유능성 척도에서 .72~.83, 반사회적 행동척도에서는 .53~.71로 나타났다. SSBS 는 여러 사회적 기술 행동 평정척도들과 상관관계가 있는 것으로 나타났다. 이에는 사회적 기술 평정 시스템Social Skills Rating System(Gresham & Elliott, 1990), 그리고 워커-맥코넬Walker & McConnell 사회적 유능성 및 학교 적응 척도(1995)가 포함된다. 이 척도의 구조 타당성은 확인적 요인 분석을 통해 입증되었다.

유아 및 유치원생 행동척도 PKBS-2

'유아 및 유치원생 행동척도 제2판 Preschool and Kindergarten Behavior Scales-2, PKBS-2'(Merrell, 2003)은 3~6세 아동의 사회적 기술과 문제행동을 평가하기 위해 개발된 교사 또는 부모용 규준 기반 평정척도이다. 이 척도는 3,315명의 유아를 표준화 표본으로 하여 제작되었으며, 사회적 기술과 사회적 행동, 두 개의 주요 영역을 중심으로 구성되어 있다. 사회적 기술 척도는 사회적 유능성, 상호작용, 독립성이라는 세 가지 하위 영역을 포함한다. 사회적 행동척도는 공격성, 주의력 문제, 불안, 사회적 위축, 외현화 및 내재화 문제 등 총 일곱 개 하위 척도로 구성되어, 행동 문제의 다양한 양상을 평가할 수 있도록 설계되었다. 점수는 평균 100, 표준편차 15의 표준 점수와 백분위로 제공된다. 척도의 내적 일관성 추정치는 사회적 기술 및 사회적 행동척도 전체에서 .96~.97, 하위 척도에서는 .81~.95로 나타났다. 검사 – 재검사 신뢰도는 .62~.87, 평정자 간 신뢰도는 .36~.63의 범위였다. 척도의 타당도 근거는 다른 사회적 기술 측정 도구들과의 상관관계 및 척도에 대한 요인 분석을 통해 확보되었다.

사회성 측정 평가 Sociometric Assessment

또래 관계에서 어려움을 보이는 아동을 조기에 발견하고 개입하는 일은 매우 중요하다. 왜냐하면 또래로부터의 낮은 수용도는 장기적으로 사회적, 정서적 문제를 예측하는 중요한 지표가 되기 때문이다(Prinstein et al., 2009). 상당수의 연구들이 또래에게 강하게 거부당하는 아동은 중등교육을 마칠 가능성이 낮고, 오래 연애를 하거나, 성인이 되었을 때 직업적 유능성을 발휘할 가능성도 낮다는 것을 보여준다(Coie, Lochman, Terry, & Hyman, 1992; Connolly & Johnson, 1996; Nelson & Dishion, 2004). 종단 연구들은 또한, 또래에게 거부당한 아동들이 외현화 행동(공격성, 비행, 반항 행동)과 내면화 행동(사회적 위축, 우울, 불안)의 발생률이 훨씬 높다는 사실을 보여준다(Hoza, Molina, Bukowski, & Sippola, 1995; Coie et al., 1990). 또래 지위 sociometric status의 중요성을 보여주는 확고한 연구 근거가 있음에도 불구하고, 또래 관계에 어려움을 겪는 아동을 선별하기 위해 사회성 측정 평가 절차를 사용하는 데에는 여러 가지 실제적, 윤리적 우려 사항이 존재한다(Landau & Milich, 1990; Merrell, 1999; Walker et al., 2004).

사회성 측정 평가에서는 일반적으로 또래 평정법peer ratings과 또래 지명법peer nominations 두 가지 방법이 사용된다. 이 중 **또래 평정법**은 학생들이 같은 반 친구들을 3점, 5점, 7점 척도로 얼마나 수용하는지를 평가하는 방식이며, 사용되는 척도의 세부 구성은 아동의 연령 수준에 맞추어 조정된다(Asher & McDonald, 2009). 일반적으로 아동들은 같은 반 친구들과 얼마나 함께 놀고 싶거나 협력하고 싶은지를 기준으로 친구들을 평정척도를 사용해 평가하게 된다. 이러한 평정 점수는 이후 학급 또는 학년 내에서 평균을 내고 z점수(평균 = 0, 표준편차 = 1)로 표준화된다. 이 점수는 연속형 변수로 표현될 수도 있고, 아동들을 수용 수준에 따라 '낮음', '보통', '높음'의 세 집단으로 나누는 데 활용될 수도 있다.

또래 지명법은 아동이 가장 호감을 느끼는 친구들과 가장 비호감을 느끼는 친구들을 직접 지목하게 하는 방식이다. 보통은 좋아하는 친구 3명, 싫어하는 친구 3명을 지명하도록 하나, 일부 연구에서는 지명 인원에 제한을 두지 않고 자유롭게 응답하도록 허용하기도 한다. 또래 지명법을 가장 혁신적으로 활용한 대표적 사례는 코이Coie 등의 연구로, 이들은 아동의 사회적 지위를 다섯 가지 유형으로 나누는 사회성 측정 분류 모형을 고안하였다(Coie, Dodge, Coppotelli, 1982). 이 분류는 사회적 지위에 따라 아동을 인기 있는 아동, 거부당하는 아동, 무시당하는 아동, 논란이 많은 아동, 평균 수준의 아동으로 나눈다. 이 체계는 피어리Peery의 선행 연구에서 제안된 틀을 바탕으로 더욱 발전된 것이다(Peery, 1979).

이 사회성 측정 분류 방식은 또래 관계 평가의 정확성과 실용성을 크게 향상시킨 접근법이다. 이 방법에서 학생들은 학급 친구들 중 가장 좋아하는 친구 3명과 가장 싫어하는 친구 3명을 지목하도록 요청받는다. 각 학생에 대해 가장 좋아하는 지명 횟수Liked Most, LM와 가장 싫어하는 지명 횟수Liked Least, LL를 합산하여 LM과 LL의 원점수를 산출한다. 이 원점수는 이후 z점수로 표준화되며, 이를 바탕으로 사회적 선호도social preference = LM−LL, 사회적 영향력social impact = LM+LL 점수를 계산한다. 다섯 가지 사회성 측정 지위 집단은 인기 있는 아동(높은 사회적 선호도, 높은 사회적 영향력), 거부당하는 아동(낮은 사회적 선호도, 높은 사회적 영향력), 무시당하는 아동(낮은 사회적 선호도, 낮은 사회적 영향력), 논란이 많은 아동(혼재된 사회적 선호도, 높은 사회적 영향력), 평균 아동(평균 수준의 사회적 선호도와 사회적 영향력) 집단으로 분류된다. 그림 3.2는 일반적으로 각 사회성 측정 집단에 분류되는 아동의 비율을 보여준다.

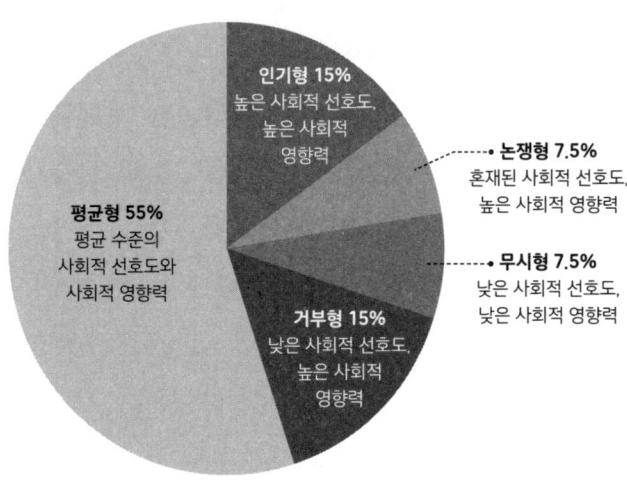

그림 3.2 사회적 수용 유형에 따른 학생 분류

분명히, 아동의 사회적 발달에서 낮은 또래 수용도 또는 또래 거부의 중요성과 예측 타당성을 입증한 방대한 연구 문헌이 존재한다. 그럼에도 불구하고, 사회성 측정 자료에는 몇 가지 한계가 있어, 사회적 기술이 부족한 아동을 정기적으로 선별하는 데에는 제한점이 존재한다. 무엇보다 중요한 것은, 또래가 선호하는 사회적 기술과 교사가 선호하는 사회적 기술을 구분해야 한다는 점이다. 워커Walker 등(1992)은 또래 관련 적응peer-related adjustment과 교사 관련 적응teacher-related adjustment에 관련된 특정 적응 행동 및 부적응 행동의 상관관계에 대한 경험적 자료를 제시하였다. 예를 들어, 또래 적응에 긍정적인 영향을 미치는 행동은 친구를 옹호하거나 이끄는 행동, 칭찬하기, 친근하게 어울리기와 같은 사회적 상호작용 중심의 행동이며, 이는 일반적으로 높은 또래 수용도와 사회적 지위와 연관된다. 반면, 교사에게 긍정적으로 평가받는 행동 특성은 이와 전혀 다른 모습을 보이며, 그 결과 역시 또래 관계와는 다른 방향으로 나타날 수 있다. 교사 관련 적응 행동에는 교사의 지시를 잘 따르기, 교실 규칙 준수, 수업에 집중하는 태도, 어른에게 적절히 도움을 요청하는 행동 등이 포함된다. 그레셤Gresham과 엘리엇Elliott(2008)은 교사 수용도와 학생의 학업 성과를 가장 잘 예측하는 열 가지 핵심 사회적 기술을 제시한 바 있다. 이들은 모두 교사가 중요하게 여기는 행동 특성에 해당한다.

둘째, 사회적 기술 훈련에 대한 여러 메타분석들은 사회성 측정값을 재는 것이 단기 개입 효과를 감지하는 데 매우 둔감하다는 사실을 보여준다. 빌만 등(Beelmann, Pfingsten, & Lösel, 1994)은 사회정서학습 중재에서 사회성 측정 지위 지표의 효과 크기가 d = .13으로, 매우 약한 수준임을 보고하였다. 또한, 지앙Jiang과 실레센Cillessen(2005)은 18,339명의 참여자를 포함한 77개 연구를 메타분석한 결과, 수용, 거절, 사회적 선호, 또래 평정과 같은 사회측정 차원이 중간에서 높은 수준의 안정성을 나타낸다고 보고하였다. 이러한 결과는, 사회성 측정 지표가 단기간의 사회정서학습으로 쉽게 변화하지 않으며, 그 변화 민감도가 낮다는 점을 시사한다.

셋째, 사회적 기술 부족이 낮은 사회성 측정 지위(특히 또래가 선호하는 사회 기술 측면에서)와 관련이 있을 수는 있으나, 또래에게 인기가 없는 것을 설명하는 유일한 요인은 결코 아니다. 예를 들어, 신체적 매력 여부, 긍정적 또는 부정적 평판 편향, 결정적으로 부정적인 행동 사건, 이성 친구들에게 혐오나 놀림 대상으로 지목되는 경우 등이 또래에게 인기가 없는 것의 다른 가능한 설명 요인이다. 게다가, 뉴콤 등(Newcomb, Bukow-ski, & Pattee, 1993)은 메타분석을 통해 사회성 측정 지위와 교사 평정, 자기 보고, 체계적 직접 관찰 등으로 측정된 특정 행동 간의 상관관계가 평균 r = .20~30으로 상대적으로 약한 수준임을 보여주었다. 요컨대, 지난 35년간의 사회정서학습 중재에 대한 연구는 사회성 측정 지위는 단기 개입을 통해 쉽게 변화되지 않으며, 다른 방식(예: 교사 평정, 자기 보고 등)으로 측정된 친사회적 행동 지표들과도 높은 관련성을 보이지 않는다는 점을 일관되게 보여주고 있다(Beelmann et al., 1994; Bierman & Powers, 2009; Cook, Browning-Wright, Gresham, & Burns, 2010; Gresham et al., 2004; Schneider, 1992).

넷째, 전적으로 실용적인 차원에서 볼 때, 대부분의 기관생명윤리위원회IRBs는 사회성 측정 도구를 활용하기 전에 학급 내 모든 아동에 대해 학부모 동의를 받도록 요구할 가능성이 높다. 그러나 이러한 학부모 동의 절차는 비현실적이며, 비용이 많이 들고, 자원을 신중하게 사용하는 방식이라고 보기 어렵다. 실제로 학급 내 최대 25%의 학생들이 사회성 측정 평가 활동에 참여하는 데 필요한 학부모 동의를 받지 못할 수 있다. 이러한 상황이 사회성 측정 평가의 정확성에 어떤 영향을 미칠지는 불분명하다.

:: 중재 결정

선별 도구나 행동 평정척도, 사회성 측정 평가와 같은 방법들은 사회적 기술이 부족한 아동을 식별하는 데는 유용하지만, 어떤 중재 전략을 사용해야 하는지를 결정하는 데에는 한계가 있다. 즉, 이런 도구들은 **누가** 문제를 가지고 있는지는 알려주지만, **왜** 그런 문제가 생겼는지는 설명해 주지 않는다. 사회적 기술 부족을 이해하기 위해서는, 그 아동이 어떤 **경쟁적인 문제행동**competing problem behaviors을 **동시에** 보이고 있는지, 그리고 그 행동이 사회적 기술 발현을 방해하고 있는지 여부를 함께 고려하는 것이 중요하다. 1장에서 언급했듯이, 나는 일부 문제행동들이 학업 기술의 습득과 수행을 방해하기 때문에 이를 학업 장애 요인으로 정의한 바 있다. 이와 마찬가지로, 사회적 기술 발현을 가로막거나 경쟁하는 행동들 역시 사회적 장애 요인으로 볼 수 있다. 이들은 사회적 기술을 제대로 표현하거나 연습할 기회를 차단하거나 방해하는 행동들이다. 이러한 경쟁 문제행동은 일반적으로 외현화 행동(예: 지시를 따르지 않음, 공격성, 충동성)이나 내면화 행동(예: 사회적 위축, 불안, 우울감)으로 나눌 수 있다.

예를 들어, 항상 반항적이고 충동적인 행동을 보이며 지시에 따르지 않는 아이는 이런 외현화 문제행동이 지속적으로 친사회적 행동과 **충돌하기 때문에**, '나누기', '협동하기', '자기 조절하기'와 같은 긍정적 사회 행동을 배울 기회를 잃을 수 있다. 즉, 문제행동이 먼저 자리 잡으면, 건강한 사회적 기술은 아예 학습조차 되지 않는 경우도 생긴다(Eddy, Reid, & Curry, 2002). 마찬가지로, 사회적 불안이나 위축, 수줍음이 있는 아동은 또래 집단을 피하려는 경향 때문에 또래와 어울리며 사회적 기술을 배울 기회를 놓치게 되고, 결국 적절한 사회적 행동을 익히지 못할 수 있다(Gresham, Van, & Cook, 2006).

1장에서 나는 사회적 기술의 **습득 결손**과 **수행 결손** 사이의 구분에 대해서도 논의하였다. 습득 결손은 특정 사회적 기술을 어떻게 사용해야 하는지에 대한 지식이나 학습의 부족으로 인해 발생하는, 일종의 **할 수 없음**can't do의 문제이다. 앞서 설명했듯이, 사회적 기술의 결핍은 평정 척도 점수가 하위 10% 이하일 때 확인할 수 있다. 반면 수행 결손은 동기 부족으로 인한 '**하지 않음**won't do' 유형의 문제로, 하위 11%에서 16% 수준의 점수를 보이는 경우 해당 유형으로 분류할 수 있다.

사회적 기술 수행 결손과 경쟁적 문제행동 사이의 관계를 설명하는 데 사용할 수 있는 가장 개념적으로 강력한 학습 원리 중 하나는 1장에서 소개한 **매칭 법칙**이다(Herrnstein, 1961, 1970). 이 법칙에 따르면, 어떤 행동이 얼마나 자주 일어나는지는 그 행동이 얼마나 자주 보상(강화)을 받느냐에 따라 결정된다. 즉, 행동 빈도는 보상 빈도에 비례한다는 것이다.

매그Maag(2005)는 경쟁적 문제행동을 감소시키는 한 가지 방법으로

문제행동	대체행동
• 타인을 자주 괴롭히거나 위협하거나 겁줌 • 신체적 싸움을 자주 걸음 • 사람들에게 신체적 학대를 가함 • 고의로 타인의 물건을 망가뜨림 • 자주 폭발함 • 자주 예민하게 굴거나 쉽게 짜증 냄 • 고의로 타인을 성가시게 함 • 성인(부모님과 교사)과 언쟁함 • 타인의 실수를 비난함 • 자주 화를 내거나 억울해함	• 다른 사람과 있을 때 책임감 있게 행동함 • 갈등을 차분하게 해결함 • 기분이 나쁠 때도 다른 사람에게 친절히 대함 • 타인의 물건을 사용할 때 조심함 • 갈등을 조율함 • 화내지 않고 비판함 • 자신의 행동에 책임감을 지님 • 적절한 어조로 말함 • 자신의 실수에 대해 책임감을 지님 • 친구 및 성인과 원만한 관계를 유지함

표 3.1 문제행동에 대한 대체행동

긍정적 대체행동Replacement Behavior Training, RBT을 가르치는 것을 제안하였다. RBT는 '일반화와 유지의 어려움, 때로는 효과 크기의 미미함, 목표 행동 선택의 사회적 부적절성'과 같이 사회적 기술 훈련에서 흔히 지적되는 문제들을 개선하는 데 도움을 줄 수 있다. RBT의 핵심은 문제행동을 대신할 수 있는 긍정적이고 사회적으로 적절한 행동을 찾아내는 데 있으며, 이를 위해서는 반드시 기능적으로 동일한 행동을 식별해야한다. 즉, 환경으로부터 비슷한 보상을 얻을 수 있는 행동이 RBT의 대체행동이 될 수 있으며, 이는 매칭 법칙의 원리를 따르는 것이다. 표 3.1은 이러한 문제행동과 그에 적합한 긍정적 대체행동의 사례들을 제시하고 있다.

기능적 행동 평가

연구자들과 현장 전문가들은 개입 효과를 높이기 위해 행동이 발생하는 이유에 맞춰 전략을 세우는 기능적 행동 평가functional behavioral assessment, FBA 방법을 점점 더 많이 사용하고 있다. 지난 30년 동안 응용행동분석 분야에서 이루어진 연구들은 이 평가 방법이 아동과 청소년에게 긍정적인 결과를 가져온다는 것을 보여준다(Cooper, Heron, & Heward, 2007).

FBA는 어떤 행동을 일으키고 지속시키는 요인을 체계적으로 파악하는 과정이다. 이 과정에서는 행동 이전에 발생해 행동을 유발하는 사건들(선행 사건)과, 행동 이후에 그 행동을 계속하게 만드는 사건들(결과 사건)에 대한 정보를 다양한 방법으로 수집한다. 이렇게 문제행동을 유지시키는 조건을 알면, 그 행동을 강화하는 원인을 차단하거나 조절할 수 있고, 대신 적응적이고 동일한 기능을 하는 새로운 행동을 가르칠 수 있다(Cooper et al., 2007). FBA는 단일한 검사나 관찰이 아니라, 선행 사건, 행동, 결과를 파악하기 위한 다양한 평가 방법들의 집합이라는 점을 강조할 필요가 있다. FBA의 핵심 목표는 행동이 일어날 때와 일어나지 않을 때 각각 어떤 환경 조건이 작용하는지를 밝혀내는 것이다.

행동의 기능이란 특정한 환경이나 상황에서 개인에게 그 행동이 수행하는 **목적**을 의미한다. 기본적으로 행동은 두 가지 기능 중 하나를 가진다. 하나는 '긍정적 강화'로, 어떤 행동을 통해 좋아하는 무언가를 얻는 경우이고, 다른 하나는 '부정적 강화'로, 싫어하는 것을 피하거나 줄이기 위해 행동하는 경우이다. 즉, 긍정적 강화 기능을 가진 행동은 사람이 '좋아하는 것을 얻기 위해' 하고, 부정적 강화 기능을 가진 행동은 '싫어하는 것에서 벗어나기 위해' 한다. 예를 들어, 아이가 수업 중에 말썽을 부리고 그로 인해 친구들의 관심을 자주 받는다면, 그 행동은 또래의 관심이라는 긍정적인 자극으로 강화되고 있을 가능성이 있다. 반면, 아이가 수학 문제지를 풀어야 하는 시간에 방해 행동을 보인다면, 그 행동은 수학 활동을 피하려는 의도에서 나오는 것으로, 부정적 강화의 기능을 가질 수 있다.

앞서 말한 행동의 두 가지 주요 기능은 구체적으로 다음 다섯 가지 유형으로 나눌 수 있다.

- 구체적인 물건이나 선호하는 활동에 대한 접근(긍정적 유형 강화)
- 타인에 대한 관심이나 의사소통(긍정적 사회 강화)
- 싫어하는 과제나 활동을 피하거나 줄이기 위한 행동(부정적 강화)
- 특정 인물 회피 또는 회피 유지(부정적 사회 강화)
- 내적인 자극(자동적 또는 감각적 긍정 강화)

기능적 행동 평가 과정과 절차

기능적 행동 평가는 다음과 같은 순서로 진행된다.

- 체계적인 직접 관찰을 유도하기 위한 기능적 행동 평가 면담
- 교사, 행동 전문가 또는 학교 심리학자가 수행할 수 있는 체계적인 직접 관찰
- 문제행동을 유발할 가능성이 있는 조건, 문제행동의 구체적 기술, 긍정적 대체행동의 확인
- 행동을 유지시키는 결과 사건 등을 포함한 행동 가설 진술의 수립
- 이러한 정보를 바탕으로 한 행동 중재의 구체화

이러한 중재는 문제행동을 유발하는 조건의 변경, 긍정적 대체행동의 지도, 문제행동을 유지시키는 결과의 수정 등을 포함할 수 있다.

기능적 행동 평가 방법은 행동의 기능을 파악하기 위한 간접적 절차 또는 직접적 절차로 구분될 수 있다. 간접적 방법은 행동이 실제로 일어난 시간이나 장소와는 떨어진 상황에서 정보를 수집하는 방식이다. 예를 들어, 교사나 부모, 학생과의 면담, 과거 기록 검토, 행동 체크리스트나 평정척도 등이 이에 해당한다. 반면, 직접적 방법은 행동이 실제로 일어나는 현장에서, 그 순간에 관찰을 통해 선행 사건, 행동, 결과를 체계적으로 기록하는 방식이다.

직접 관찰은 간접적인 방법으로 얻은 정보를 실제로 확인하는 데 사용된다. 직접적인 FBA를 효과적으로 수행하는 한 가지 방법은, A-B-C 분석이라고 불리는 선행 사건Antecedent – 행동Behavior – 결과Conse-

시간	선행 사건	행동	결과
오전 9:30	교사가 학생에게 수학 문제지를 조용히 풀라고 지시함	학생이 교실 여기저기를 돌아다니면서 다른 친구들을 구경함	교사가 "다른 친구들은 다 하고 있는데, 너만 안 하고 있구나. 얼른 앉아서 수학 문제 풀어야지"라고 함
오전 11:30	교사가 급식을 먹기 위해 줄을 서라고 함	한 학생이 줄 서있는 중에 다른 두 친구와 심하게 장난치며 떠듦	교사는 학생에게 거친 장난을 멈추라고 함
오후 1:15	교사가 학생에게 국어 활동지를 조용히 풀라고 지시함	학생이 자리에서 일어나 교실 여기저기를 돌아다님	교사는 학생에게 자리로 돌아가 활동지를 작성하라고 함
오후 2:45	교사가 학생들에게 버스 타러 줄을 서라고 함	학생이 자리에 앉은 채로 교실 이곳저곳을 둘러봄	교사가 학생에게 버스 타러 줄 서라고 말함

그림 3.3 A-B-C 기록 양식

quence 기록지를 활용하는 것이다(그림 3.3 참조). 이 방법에서는 교실이나 운동장처럼 아이가 실제로 생활하는 자연스러운 환경에서 행동을 관찰하고, 그 행동이 일어나기 직전과 직후에 어떤 일이 있었는지를 기록한다. 단, 이 방식은 행동 직전에 있었던 사건들만 확인할 수 있다는 점에 주의해야 한다.

행동에 영향을 주는 선행 사건 중에서 설정 사건setting events이라고 불리는 중요한 유형이 있다. 이 설정 사건은 행동이 일어나는 순간과 시간·장소적으로는 떨어져있지만, 그 행동과 깊은 관련이 있는 경우로, 보통은 간접적인 평가 방법을 통해서만 파악된다. 이러한 설정 사건은 행동에 매우 강력한 영향을 줄 수 있다. 예를 들어, 학교 버스에서 또래와 다툰 경험, 집에서의 신체적 학대, 잠을 충분히 자지 못한 상태, 가족 간의 부정적이고 강압적인 관계 등이 설정 사건이 될 수 있다.

행동 가설과 기능적 행동 평가

행동 가설은 문제행동이 왜 발생하는지를 설명하기 위한 검증 가능한 추론 문장으로, 기능적 행동 평가에서 얻은 정보를 바탕으로 작성된다. 하나의 문제행동에 대해 둘 이상의 가설을 세울 수도 있다. 기본적으로 행동 가설에는 ① 행동에 영향을 줄 수 있는 배경적 요인(설정 사건), ② 행동 직전에 있었던 자극이나 상황(선행 사건), ③ 문제행동 그 자체, ④ 그 행동을 지속시키는 결과와 같은 요소들이 포함되어야 한다. 이러한 가설은 관찰 가능하고, 검증할 수 있으며, 실제로 받아들여지거나 반박할 수 있는 형태로 작성되어야 한다. 아래는 아동의 행동에 대해 검증 가능한 행동 가설의 예시들이다.

- **행동 가설**: 프랭크는 아침을 먹지 않고 학교에 왔을 때(설정 사건), 어려운 수학 문제를 풀라는 요구를 받으면(선행 사건), 산만하거나 지시를 따르지 않는 행동을 보일 가능성이 높다.

  예상되는 행동의 기능: 어렵고 하기 싫은 과제를 피하려는 것.

- **행동 가설**: 프랭크는 학교 오기 전에 친구들과 다툰 일이 있으면(설정 사건), 단체 수업 시간에(선행 사건) 산만하거나 지시를 따르지 않는 행동을 더 자주 보인다.

  예상되는 행동의 기능: 방해나 불응 행동은 다른 친구들의 관심을 끌기 위한 것.

- **행동 가설**: 프랭크는 잠을 충분히 자지 못한 날(설정 사건), 협동 학습 활동에서 과제를 하라는 요구를 받으면(선행 사건), 산만하거나 지시를 따르지 않는 행동을 할 가능성이 높다.

  예상되는 행동의 기능: 협동이 요구되는 하기 싫은 활동을 피하려는 것.

:: 변화 과정 모니터링에 따른 의사결정

사회정서학습 중재의 효과성을 판단하려면, 진행 상황을 측정할 수 있는 신뢰할 수 있고 타당한 자료를 수집해야 한다. **변화 과정 모니터링**progress monitoring은 행동 수행을 평가하고 개입의 효과를 검토하기 위해 사용되는 과학적 근거 기반의 실천으로 정의할 수 있다(Sprague, Cook, Browning-Wright, & Sadler, 2008). 이 과정에서는 행동 변화에 민감하게 반응하는 도구를 활용하여 자주 자료를 수집해야 하며, 그 도구는 신뢰도와 타당도가 확보되어야 하고, 행동의 변화를 잘 포착할 수 있어야 하며, 전문가들이 일주일에 1~2회 정도 쉽게 사용할 수 있을 만큼 간편하고 효율적이어야 한다.

변화 과정 모니터링이 제대로 이루어진다면 ① 데이터에 근거한 의사결정이 가능해지고, ② 학생의 사회적 행동이 개선되며, ③ 개인의 변화 과정을 문서화함으로써 책무성이 강화되고, ④ 교사, 부모, 아이 간의 소통이 더 효율적으로 이루어지는 것과 같은 긍정적인 효과를 기대할 수 있다.

사회적 기술 및 문제행동 중재에서 아동의 변화 과정을 모니터링하기 위해 자주 사용되는 방법은 ① 체계적인 직접 관찰, ② 직접 행동 평정, ③ 간략 행동 평정, ④ 징계 기록 확인과 같은 네 가지이다. 이들 각각의 방법에는 고유한 강점과 약점이 있으며, 이에 대해서는 이후 절에서 다룰 것이다.

체계적인 직접 관찰

체계적인 직접 관찰systematic direct observations, SDO은 자연스러운 환경(예: 교실이나 운동장)에서 개인의 실제 행동을 직접 측정할 수 있기 때문에, 많은 전문가들이 사회적 기술평가의 황금률로 간주한다. 이 방법은 행동이 얼마나 자주 일어나는지(빈도), 얼마나 오래 지속되는지나 반응하는 데 걸리는 시간(시간적 특성), 얼마나 강하게 나타나는지(강도), 또는 행동의 결과물과 같은 다양한 행동의 측면을 측정하는 데 사용할 수 있다(Cooper et al., 2007). 체계적인 직접 관찰의 가장 큰 장점은, 짧은 사회정서학습 프로그램 투입 기간 동안 나타나는 행동의 변화를 잘 감지할 수 있다는 것이다.

체계적인 직접 관찰은 세 가지 핵심적인 전제를 바탕으로 한다. 첫 번째는, 어떤 특정한 상황에서 한 개인이 보이는 행동을 일종의 행동 표본으로 본다는 것이다. 두 번째는, 시간에 따라 행동을 여러 번 반복해서 관찰함으로써 개인 내면의 변화 양상을 파악하고, 이를 통해 사회정서학습 프로그램 전후의 차이를 평가할 수 있다는 점이다. 세 번째는, 이 방법이 여러 사람에 대한 평균적인 정보가 아니라 한 사람의 행동에 대해 깊이 있는 맞춤형 자료를 제공한다는 것이다.

체계적인 직접 관찰을 통해 사회적 기술을 측정하는 방법은 많지만, 전문가들이 사용할 때는 다음과 같은 친사회적 행동의 개념을 참고하길 권장한다. 친사회적 행동이란 다른 사람을 향해 나타나는 행동으로서, 효과적인 의사소통 기술, 협력적인 행동, 어려운 상황에서의 자기 조절, 문제를 겪는 타인을 향한 공감적 또는 지지적인 반응을 포함하는 행동이다(Gresham & Elliott, 2008).

이 친사회적 행동의 정의는 미국 연방 정부의 연구비 지원을 받은 연구 프로젝트(R324A08113, 연구책임자: Frank M. Gresham)에서 사용되었고, 관찰자들 간의 일치율도 평균 .90으로 매우 높게 나타났다. 이 정의에 따라 친사회적 행동은 15초 단위로 구간기록법을 사용해 측정할 수 있다. 이 방법은 약 15분간 행동을 관찰하면서, 각 구간 동안 단 한 번이라도 행동이 나타나면 그 구간은 행동 발생으로 기록하는 방식이다. 즉, 15분 동안 관찰하면 15초씩 총 60개의 구간이 생기며, 학생의 점수는 이 중 행동이 나타난 구간의 백분율로 표현된다. 그림 3.4는 이러한 부분 구간기록법의 실제 예시를 보여준다.

체계적인 직접 관찰은 분명 여러 장점을 지니지만, 그에 못지않게 몇 가지 단점도 있다. 첫째, 이 방식은 전문적으로 훈련된 관찰자가 필요하고, 시간과 비용이 많이 드는 평가 방식이다. 둘째, 행동을 대표할 수 있

친사회적 행동의 조작적 정의: 친사회적 행동은 타인을 대상으로 하는 행동으로서, 효과적인 의사소통 기술, 협력적 행위, 어려운 상황에서의 자기 조절, 문제를 겪고 있는 타인에 대한 공감적 또는 지지적인 반응을 포함하는 것으로 정의된다. 친사회적 행동의 예시로는 갈등 상황에서의 타협, 또래와의 적절한 상호작용, 학급 규칙 준수, 타인에 대한 배려 표현, 의견이 다를 때 침착함을 유지하는 행동 등이 있다.

15초	30초	45초	60초
○	×	×	○
×	×	×	○
○	○	○	×
×	○	×	×
○	×	○	×
×	×	×	×
○	○	○	×
○	×	×	×
×	×	○	×
×	×	○	○
○	×	×	×
×	○	○	×
×	○	×	×
○	○	×	×
×	×	○	×

총 관찰 구간 수: 60

코딩: ○(해당 관찰 구간에서 행동이 일어남), ×(해당 관찰 구간에서 행동이 일어나지 않음)

점수 범위: 0~100%　**점수:** 20/60 = 33.3%

그림 3.4 15분 구간기록 양식: 체계적인 직접 관찰

을 만큼 관찰을 얼마나 자주, 얼마나 길게 해야 하는지에 대한 과학적 기준이 부족하다. 셋째, 학생이 자신이 관찰 받고 있다는 것을 알아차릴 경우, 행동이 평소와 달라져 정확한 평가가 어려울 수 있다.

직접 행동 평정

직접 행동 평정direct behavior ratings, DBR은 체계적인 직접 관찰과 행동 평정척도의 특성을 결합한 혼합형 평가 도구로, 학생의 변화 과정을 살피는 데 있어 체계적인 직접 관찰보다 더 실용적이라는 평가를 받고 있다 (Cook, Volpe, & Delport, 2014). 직접 행동 평정은 관찰 기반 평가 도구로 다음 기준을 충족한다. ① 표적 행동을 명확히 정의하고, ② 하루에 최소 한 번 이상 행동을 평정하며, ③ 교사, 부모, 학생 등 여러 사람 간에 평정 정

학생 이름:_____ 학년 :_____ 교사:_____

학교:_____ 날짜:_____

아래에 있는 행동들을 하나씩 살펴본 뒤, 해당 학생이 오늘 수업 중에 그 행동을 얼마나 보였는지를 평정하십시오. 오늘 하루 동안의 행동만을 기준으로 평가해 주시기 바랍니다.

	거의 나타내지 않음			때때로 나타냄			자주 나타냄		
1. 오늘 수학 시간에 선생님의 지시를 잘 따랐다	1	2	3	4	5	6	7	8	9
2. 수업 시간에 적절한 어조로 예의 바르게 말했다	1	2	3	4	5	6	7	8	9
3. 오늘 급우들과 잘 지냈다	1	2	3	4	5	6	7	8	9

그림 3.5 사회적 기술에 대한 직접 행동 평정

보를 공유하고, ④ 중재의 효과를 지속적으로 모니터링한다(Chafouleas, McDougal, Riley-Tilman, Panahon, & Hilt, 2005; Chafouleas, Riley-Tilman, & McDougal, 2002). 직접 행동 평정은 행동의 변화를 빠르고 효율적으로 측정할 수 있는 방법이기 때문에, 학생의 변화 과정을 살피는 도구로 점점 더 많이 활용되고 있다.

직접 행동 평정은 상황에 맞게 쉽게 조정할 수 있는 유연한 평가 도구로, 누구를 평가하느냐, 어떤 행동을 보느냐, 하루에 몇 번 평가하느냐(예: 1~2회), 그리고 누가 평가하느냐(교사, 부모, 학생)에 따라 다양하게 활용할 수 있다. 그림 3.5는 학생의 사회적 기술을 평가하기 위한 직접 행동 평정 양식의 예시이다.

간략 행동 평정

SSIS-RS, SSBS, PKBS와 같은 사회적 기술 행동 평정척도만 사용하는 경우, 중재 효과가 단기간에 나타나는지 알아보는 데 한계가 있을 수 있다. 이러한 도구들은 보통 광범위한 특성을 측정하는 데 집중되어 있어, 짧은 시간 안에 일어나는 변화를 민감하게 포착하기 어렵다. 이를 보완하기 위해 행동 변화에 민감한 간략 행동 평정brief behavior ratings, BBR 도구를 활용해 학생이 중재에 어떻게 반응하는지를 추적하는 방식을 활용할 수 있다. 이 방법은 그레셤Gresham 등(2010)이 실행한 것으로 미국 연방 정부의 연구 과제(R324A090098, 연구책임자: Frank Gresham)에서 성공적으로 실행되었다. 워커Walker 등(2009)이 수행한 무작위통제실험에서 수집된 데이터를 바탕으로 총 12문항으로 구성된 변화 민감형 간략 행동 평정 도구가 개발되었고, 분석 결과, SSRS 기반으로 도출된 네 가지 변화 민감도 지표 중 3개 지표가 동일한 문항을 변화 민감 항목으로 식별하는 데 일치를 보였다(Gresham & Elliott, 1990).

교사용 SSRS 척도의 전체 56개 문항 중 가장 변화에 민감한 12개 문항이 선정되었으며, 이 문항들은 내적 일관성(α = .70)과 재검사 신뢰도(r = .71)가 모두 적정한 수준으로 유지되었다. 또한, 이 12개 항목은 교사 평정 척도Teacher Rating Form(Achenbach & Rescorla, 2001)와 보통 수준의 상관관계(r = .51)를 나타냈다. 각 항목은 4점 척도(0 = 전혀 그렇지 않다, 1 = 거의 그렇지 않다, 2 = 종종 그렇다, 3 = 대체로 그렇다)로 평가되며, 모든 점수를 합산하여 총점(간략 행동 평정 점수)을 계산한다. 이러한 연구 결과에 기반하여,

	전혀 그렇지 않다	거의 그렇지 않다	종종 그렇다	대체로 그렇다
누군가가 때리거나 밀었을 때 침착하고 바람직하게 대응한다	0	1	2	3
교사의 지시를 따른다	0	1	2	3
친구가 산만한 행동을 해도 집중한다	0	1	2	3
급우와 협력한다	0	1	2	3
친구를 칭찬한다	0	1	2	3
친구를 자발적으로 돕는다	0	1	2	3

점수 범위: 0~18점

그림 3.6 간단한 행동 평정척도

이 12문항 간략 행동 평정 도구는 사회정서학습 프로그램의 효과를 측정하는 실용적인 일반 결과 측정 도구GOM로 활용될 수 있다(Gresham et al., 2010). 그림 3.6은 이 도구의 실제 예시를 보여준다.

징계 기록 확인

징계 기록Office Discipline Referrals, ODR은 학생이 교장실에 징계 사유로 보내졌을 때 작성되는 기록으로, 어떤 이유로 조치가 이루어졌는지를 문서화한 것이다. 학교에 따라 컴퓨터 시스템으로 기록하기도 하고, 정해진 양식을 사용하는 곳도 있으며, 간단한 서술로만 비공식적으로 남기는 경우도 있다. 이러한 징계 기록은 사회정서학습 프로그램에 참여한 학생이 얼마나 행동이 달라졌는지를 확인하는 데 유용한 도구가 될 수 있고, 행동 변화 정도를 보여주는 하나의 지표로 활용될 수 있다.

많은 학교에서 징계 기록은 전체 학생 중 10%도 안 되는 소수를 대상으로 작성되는 경우가 흔하다. 이는 징계 기록이 있는 학생들 중 많은 수가 문제행동을 반복하는 단골이라는 의미다. 보통 초등학생은 1년에 0~1건 정도 징계 기록이 발생하지만, 중학생은 평균적으로 1인당 연 3.5건 정도로 훨씬 더 높은 수치를 보인다. 맥킨토시McIntosh 등이 2500개 학교, 약 99만 명의 학생 데이터를 분석한 결과 징계 기록의 평균 발생 건수는 0.59건(SD = 2.24)이었으며, 0건에서 154건에 이르는 것으로 나타났다(McIntosh, Frank, Spaulding, 2010). 그림 3.7은 학생의 행동을 모니터링하기 위한 징계 기록 양식의 예시를 보여준다.

| 학생 이름:_____ | 학년 :_____ | 교사:_____ |

날짜:_____ 시간:_____ 의뢰한 교직원:_____

사건 발생 장소: □운동장 □급식실 □도서관 □화장실 □복도 □교실 □기타

가벼운 수준의 문제행동	중대한 문제행동	행동 사유
□부적절한 언행	□모욕적인 언어 사용	□또래의 관심을 끌기 위해
□신체적 접촉	□싸움이나 신체적 공격	□성인의 관심을 끌기 위해
□반항	□노골적인 반항	□또래를 피하기 위해
□복장 위반	□폭력이나 괴롭힘	□성인을 피하기 위해
□잘못된 물건 사용	□태만	□어떤 일이나 활동을
□전자기기 사용 규정 위반	□거짓말이나 부정행위	피하기 위해
□기타	□기타	□문제로 인지하지 못해서
		□기타

최종 결정

□권리 제한   □개인적 지도
□교무실에 있기   □교내 격리: (   )시간/일
□학생 면담   □정학: (   )시간/일
□학부모 면담   □기타:

사건에 연루된 사람: □없음 □다른 학생 □직원 □교사 □대체 교사 □기타

기타 사항:

※ 해당 사항에 ☑ 체크하시오.

그림 3.7 징계 기록 양식

:: 중재 결과 판단

어떤 사회정서학습 프로그램이 실제로 바람직한 결과를 산출하는지를

확인하는 방법으로는 여러 가지 평가 방법이 있다. 그중에서도 가장 효과적인 방법 중 하나는, 교사, 부모, 학생의 관점을 함께 반영하여 학생의 사회적 기술을 다각도로 살펴보는 것이다. 현재까지 이 세 주체를 모두 포함하는 사회성 측정 기술평가 도구는 SSIS-RS(Gresham & Elliott, 2008) 하나뿐이다. 이 도구는 사회적 기술뿐 아니라 문제행동도 함께 평가할 수 있으며, 여러 사람의 시각을 종합적으로 반영할 수 있다는 점에서 매우 유용하다. 또한 교사용 평정척도에는 학생의 학업 수행 관련 정보도 포함되어 있다. SSIS-RS의 기술적 특징은 앞에서 이미 다루었으므로 여기서는 반복하지 않겠다.

SSIS-RS는 학생의 구체적인 행동을 직접 보고 기록하는 데 매우 잘 맞는 도구이다. 이 척도는 평가자가 아동의 사고, 감정, 동기, 성격 특성을 해석하도록 요구하지 않는다. 그렇기 때문에, SSIS-RS와 같은 행동 평정척도는 고차원적 해석이 필요한 투사 기법이나 주관적인 임상적 판단보다 훨씬 더 객관적이고 신뢰할 수 있는 결과를 제공한다. 또한, 개별로 실시해야 하는 검사나 직접 관찰 방식보다 시간과 비용 측면에서도 효율적이다.

SSIS-RS는 아동의 사회적 행동이 어떤 환경에 있는지에 따라 달라질 수 있고, 부모, 교사, 학생이 어떤 행동을 중요하게 여기는지도 서로 다르다는 점을 반영해 만들어졌다. 이 도구는 교사용, 부모용, 학생용 설문지를 통해 다양한 환경에 있는 아동의 행동을 여러 관점에서 포괄적으로 파악할 수 있도록 한다.

요약 >>>>>

- 사회적 기술을 평가하고 가르치는 과정에서 보통 ① 지원이 필요한 학생을 걸러내는 선별을 위한 결정, ② 문제행동이나 기술 부족을 구체적으로 진단하고 분류하기 위한 결정, ③ 어떤 프로그램과 전략을 사용할지에 대한 결정, ④ 프로그램 적용 도중 변화 여부를 살펴보는 결정, ⑤ 프로그램이 실제로 효과가 있었는지를 평가하는 결정과 같은 다섯 가지 핵심적인 결정이 이뤄진다.
- 선별을 위한 결정은 전체 집단을 평가하여, 보다 전문적이고, 비용이 많이 들며, 포괄적인 평가가 필요한지를 판단하는 과정을 포함한다.
- 진양성 판별은 선별 도구의 민감도를 의미하며, 이는 사회적 기술이 부족한 것으로 선별된 개인이 실제로도 사회적 기술이 부족함을 나타낸다.
- 진음성 판별은 선별 도구의 특이도를 의미하며, 이는 사회적 기술이 부족하지 않다고 선별된 개인이 실제로도 사회적 기술이 부족하지 않음을 나타낸다.
- 위양성은 사회적 기술이 부족한 것으로 선별되었지만, 실제로는 사회적 기술이 부족하지 않은 경우를 나타난다.
- 위음성은 사회적 기술이 부족하지 않다고 선별되었지만, 실제로는 사회적 기술이 부족한 경우를 나타난다.
- 충분한 심리측정학적 타당성을 지닌 선별 도구로 SELA와 BASC-3 BESS를 살펴보았다.
- 충분한 기술적 특성과 표준화 표집 자료를 갖춘 네 가지 사회성 측정 기술 평정척도로 사회정서학습용 SSIS-RS, 워커-맥코넬 사회적 유능성 및 학

교 적응척도, SSBS-2, PKBS-2를 소개하였다.

- SSIS-RS를 활용한 평가에서, 백분위 10 이하인 아동과 청소년은 사회적 기술에 대한 지식이나 학습이 부족한 것으로 판별되며, 11~16 백분위에 해당하는 학생은 사회적 기술을 수행하는 데 어려움이 있는 것으로 판별된다.

- 사회성 측정 평가에는 또래 평정법과 또래 지명법 두 가지 방법이 기본적으로 사용된다.

- 코이Coie 등(1982)이 개발한 사회성 측정 분류 체계는 사회적 선호도와 사회적 영향력 점수를 활용하여 아동을 인기형, 거부형, 무시형, 논쟁형, 평균형 다섯 가지 사회성 측정 지위 집단 중 하나로 분류한다.

- 또래가 선호하는 사회적 기술은 또래 수용도 및 적응과 관련이 있는 반면, 교사가 선호하는 사회적 기술은 사회성 측정 지위와는 높은 관련성을 보이지 않는다.

- 비록 낮은 사회성 측정 지위가 장기적인 적응 결과를 예측할 수는 있지만, 그 평가 과정은 비용이 많이 들고, 시간이 오래 걸리며, 자원을 신중하게 사용하는 방식이라 보기 어렵다. 한편, 사회적 기술의 습득 결손은 지식이나 학습 부족으로 인한 '할 수 없음'의 문제를 의미하고, 수행 결손은 주로 동기와 관련된 '하지 않음'의 문제를 나타낸다.

- 사회적 기술 결손과 경쟁적 문제행동 간의 관계를 이해하는 데 도움이 되는 개념으로 매칭 법칙이 있다. 이 법칙에 따르면, 행동은 그 행동에 보상이 주어지는 빈도에 맞춰 더 자주 일어난다.

- 기능적 행동 평가는 특정 행동을 일으키고 유지시키는 환경적 원인을 찾아내는 체계적인 과정이다.

>>>>>

- 행동은 크게 두 가지 기능을 한다. 첫째는 정적 강화로, 이는 원하는 것을 얻기 위해 행동하는 경우이다(예: 물건을 얻기, 관심 끌기, 감각 자극 추구). 둘째는 부적 강화로, 이는 싫은 상황을 피하거나 벗어나기 위해 행동하는 경우이다(예: 어려운 과제 피하기, 싫은 사람 회피하기 등).
- 기능적 행동 평가를 수행하는 효과적인 방법 중 하나는 A-B-C 분석을 활용하는 것이다.
- 행동 가설이란 기능적 행동 평가 정보에 근거하여 행동의 기능에 대해 설정된 검증 가능한 진술이다.
- 네 가지 유형의 과정 모니터링 방법으로 체계적인 직접 관찰, 직접 행동 평정, 간략 행동 평정, 징계 기록 확인을 소개하였다.
- SSIS-RS는 사회적 기술 및 문제행동에 대한 프로그램의 효과를 판단 내리는 데 권장되는 도구이다. 그 이유는 교사, 부모, 학생 등 다양한 정보 제공자의 평가를 모두 활용할 수 있는 유일한 측정 도구이기 때문이다.

4

보편적
사회정서학습 중재

사회정서학습 중재는 개인마다 '필요한 정도와 기간'이 다르기 때문에, 그 방식도 다양할 수밖에 없다. 미 공중보건국은 다양한 개입 수준을 분류하기 위한 유용한 체계를 개발하였다. 이 체계는 개입의 강도를 **1차, 2차, 3차 예방**과 같이 세 수준으로 분류한다. 첫째, 1차 예방은 문제가 생기기 전에 이를 미연에 방지하는 방식으로, 해가 발생하지 않도록 막는 데 목적이 있다. 둘째, 2차 예방은 이미 사회적 기술 부족 등의 어려움을 겪고 있는 학생들을 대상으로 하며, 이들에게 나타난 문제를 되돌리는 것을 목표로 한다. 셋째, 3차 예방은 가장 높은 위험군에 속하는 아동과 청소년에게 적용되며, 이미 발생한 손상을 줄이는 것이 목적이다.

세 단계로 이루어진 이 개입 분류 체계는 현재 널리 사용되고 있는 **반응 중심 중재**response to intervention, RTI 개념의 기초가 된 체계이다 (Gresham, 2002, 2007). 반응 중심 중재는 근거 기반 개입을 실시한 결과로서 적절한 행동 변화가 있었는지 혹은 개입이 부적절했는지를 판단하는 개념에 기반한다. 반응 중심 중재 접근에서는 전문가들이 개입이 충실하게 실행된 상황에서 개인이 얼마나 잘 반응했는지에 따라 개입을 변경하거나 강화할지 여부를 결정한다. 즉, 반응 중심 중재는 개입의 적절성과 효과성을 실제 반응을 통해 검증하고, 그에 따라 개입을 선택, 변경, 조정하는 도구이다. 반응 중심 중재의 핵심 전제는 현재 가능한 최선의 개입에도 불구하고 개인이 충분한 반응을 보이지 않는다면, 그 개인은 좀 더 강도 높은 개입을 받을 상황에 있으며, 실제로 그렇게 해야 한다는 것이다.

보편적 개입은 모든 학생에게 동일한 조건과 방식으로 제공되는 개입을 의미한다. 즉, 모든 학생에게 같은 '강도'로 동일한 내용을, 공통된 형식으로, 매일 또는 매주 정기적으로 반복해 개입하는 것이다. 이러한 방식은 학급 단위 또는 학교 전체를 대상으로 하는 전면적 적용에 적합하다. 보편적 개입의 대표적인 예로는 예방접종(홍역, 백일해, 볼거리, 소아마비 등), 학교 차원의 생활지도 계획(예: 긍정적 행동 지원), 모든 학생을 대상으로 하는 사회정서학습 프로그램 등이 있다. 사회적 기술 훈련을 기준으로 볼 때 1단계Tier 1 학교 기반 개입의 경우, 전체 학생의 약80%가 이러한 보편적 개입에 효과적으로 반응하는 것으로 알려져있다.

이에 비해 **선택적 개입**, 즉 2단계Tier 2 개입은 개별 학생의 필요에 맞춰 조정된 맞춤형 지원 방식이다. 예를 들어, 반항적이거나 도전적인 행동을 보이는 학생을 위한 개별 교정 프로그램, 혹은 비슷한 사회적 기술 부족을 보이는 학생들을 위한 소규모 사회정서학습 프로그램 등이 이에 해당한다. 전체 학생의 약 15%가 이러한 선택적 개입을 필요로 하는 것으로 추정된다.

끝으로, 가장 **높은 강도의 집중적 개입**, 즉 3단계 개입Tier 3이 필요한 학생들도 있다. 이 단계의 개입은 매우 강도 높고, 시간과 비용이 많이 드는 방식으로, 고위험군 학생들 중에서도 가장 중대한 문제를 가진 경우에 한해 적용되어야 한다. 대표적인 예로는, 기능적 행동 평가FBA를 바탕으로 한 기능 기반 사회정서학습 중재function-based SEL interventions가 있다(자세한 내용은 6장 참고). 이러한 수준의 개입이 필요한 학생 비율은 전체의 약 5%로 추정된다.

앞서 언급된 각 개입 수준별 비율은 확정된 사실이라기보다 휴리스틱 heuristic으로 사용되는 것이다. 즉, 개입 수준의 비율은 고정된 사실이 아니라, 개입을 설계하고 이해하는 데 도움이 되는 일종의 추정 기준(휴리스틱)이다. 휴리스틱은 사고를 돕는 도구일 뿐, 그대로 실행 방안을 제시하는 설계도는 아니다(Walker et al., 2004). 세 단계 또는 층위와 각 비율로 구성된 이 휴리스틱은, 자원 배분, 대상자 구분, 개입 유형의 차별화 및 연계 방식을 이해하기 위한 개념적 지도 역할을 한다. 이 논리를 바탕으로 다음과 같은 세 가지 핵심 결론을 도출할 수 있다.

- 어느 한 단계만으로는 모든 문제를 해결할 수 없다.
- 잘 설계된 다층 체계는 점차적으로 강도가 높아지는 구조를 가진다.
- 하위 단계에서 개입이 효과적으로 이루어지면, 더 높은 단계의 개입이 필요한 경우가 줄어든다.

다층적 개입 체계를 하나의 휴리스틱으로 이해하려면, 여기에 사용되는 두 가지 단어들의 집합 체계를 염두에 둘 필요가 있다. 첫 번째는 '대

다수', '일부', '소수'라는 표현이 80%, 15%, 5%라는 비율과 연결되어 있다는 점이다. 이 수치는 정확한 값이라기보다는 개념적 가이드라인에 가깝다. 개입이 잘 설계되고 운영된다면, 1단계 개입만으로도 대부분의 학생 요구를 충족할 수 있다. 그러나 아무리 효과적인 보편적 개입이 이루어지더라도, 일부 학생은 추가적이고 집중적인 지원(2단계)을 필요로 한다. 마찬가지로, 1단계와 2단계가 충실히 운영되더라도, 소수의 학생은 여전히 3단계 개입이 필요하다. 이 수치를 절대적·경험적 기준이 아니라 하나의 사고 틀(휴리스틱)로 간주하는 것의 장점은, 다층지원체계를 어떻게 구성할지, 그 구조가 어떤 결과를 가져올지를 유연하게 사고할 수 있게 해준다는 점이다.

두 번째는, '최소', '더 많은', '가장 많은'이라는 개념은 개입 강도의 차이를 구분하여 사고하는 방식과 관련된다. 1단계 개입은 과학적 근거에 기반하고, 적절한 정도로 이루어지며, 긍정적 발달을 촉진하고 문제를 예방하는 것을 목표로 해야 한다.

이 장에서 다루는 사회정서학습 개입은 바로 이 1단계 개입으로, 개입 강도 면에서 가장 낮은 수준에 해당한다. 2단계 개입은 그보다 더 강도 높은 지원을 의미하며, 이는 5장에서 중점적으로 살펴볼 것이다. 3단계 개입은 세 단계 중 가장 강도가 높은 방식으로, 6장에서 자세히 다룰 것이다.

:: 증거 기반 보편적 중재

'사회정서학습 중재'는 '사회정서학습'을 적용한다. 사회정서학습은 아동과 청소년이 긍정적인 관계를 형성하고, 책임 있는 결정을 내리는 데 필요한 지식, 기술, 태도를 습득하고 효과적으로 실행하는 과정을 의미한다. 2013년, CASEL^{Collaborative for Academic, Social, and Emotional Learning}은 유아부터 초등학생을 대상으로 한 증거 기반 보편적 사회정서학습 프로그램에 관한 가이드를 발간하였다. 이어 2015년에는 중·고등학생 대상의 개입 가이드를 출판하였으나, 해당 가이드에 포함된 연구들은 대부분 학업 성취에만 초점을 두고 있어 본 장에서는 검토하지 않는다.

CASEL 가이드는 교실 기반 사회정서학습 프로그램의 질을 평가하기 위한 체계적인 틀을 제공한다. 이 가이드의 목적은 학교 전문가들이 증거 기반 사회정서학습 프로그램을 선택하고 실행할 수 있도록 정보를 제공하는 것이다. 이 가이드에 수록되기 위해 프로그램은 다음 세 가지 조건을 충족해야 한다. 첫째, 학생의 사회정서역량을 증진하고, 연습 기회를 포함하며, 장기간 운영 가능한 잘 설계된 교실 중심의 프로그램이어야 한다. 둘째, 교사들이 효과적으로 실행할 수 있도록 체계적인 연수와 지원 체계를 갖추어야 한다. 셋째, 학생의 행동 변화나 학업 성과 향상에 긍정적 영향을 미쳤다는 연구 결과가 있어야 한다. 즉 신중하게 설계된 최소 한 건 이상의 효과성 평가를 통해 근거가 입증된 프로그램이어야 한다(CASEL, 2013, 2015).

사회정서학습의 개념 정의

사회정서학습은 아동과 청소년이 긍정적인 대인관계를 형성하고 유지하기 위해 필요한 지식과 기술을 습득하고 이를 효과적으로 실행하는 과정을 의미한다. 1장에서 다룬 바와 같이, 사회정서학습은 CASEL이 제시한 인지적·정서적·행동적 역량의 다섯 가지 영역을 중심으로 구성되어 있다. 다섯 가지는 다음과 같다.

- **자기 인식**: 자신의 감정과 사고를 인식하고, 그것이 사회적 행동에 어떤 영향을 미치는지 이해하는 능력
- **자기 관리**: 다양한 상황에서 자신의 감정과 행동을 스스로 조절하는 능력
- **사회적 인식**: 다른 사람의 입장을 이해하고 공감하는 능력
- **관계 기술**: 다양한 사람들과 건강하고 의미 있는 관계를 맺고 유지하는 능력
- **책임 있는 의사결정**: 자신의 행동과 타인과의 관계에 있어 건설적이고 존중하는 결정을 내릴 수 있는 능력

CASEL의 다섯 가지 핵심 역량은 개인의 내면적 역량과 타인과의 관계를 조율하는 대인적 역량 모두를 아우른다. 자기 인식과 자기 관리는 자신을 이해하고 통제하는 내면적 영역에 속하며, 사회적 인식과 관계 기술은 타인과의 관계에 초점을 둔 대인적 영역에 해당한다. 한편, 책임 있는 의사결정은 자신에 대한 성찰과 타인에 대한 고려를 동시에 요구하는 역량으로, 두 영역을 모두 포괄한다.

CASEL이 제시한 다섯 가지 핵심 역량 중 네 가지는 SSIS-RS 척도 (Gresham & Elliott, 2008)를 통해 측정 가능하다. 이 척도는 사회정서학습 프로그램의 효과를 평가하는 도구로서 3장에서 상세히 소개된 바 있다. 표 4.1은 SSIS-RS의 측정 영역과 CASEL의 역량 중 네 가지가 어떻게 대응되는지를 보여준다. 우선 CASEL의 자기 관리는 SSIS-RS에서 자기 조절로 명명되며, 자기 조절에 해당하는 사회적 기술의 예로는 갈등 상황에서 차분히 대처하기, 놀림을 받아도 침착함 유지하기, 타협하기 등이 있다. 사회적 인식은 SSIS-RS에서는 공감으로 측정되며, 타인의 감정을 이해하려 노력하기, 상대를 위로하고 기분 좋게 해주려 하기와 같은 행동들이 포함된다. 관계 기술은 SSIS-RS의 의사소통과 참여 영역을 통해 평가되며, 말할 때 눈을 마주치기, 적절한 말투 사용하기, 다른 사람들과 잘 어울리기 등의 행동이 이에 포함된다. 마지막으로, CASEL의 책임 있는 의사결정은 SSIS-RS의 책임 영역과 대응되며, 다른 사람의 물건을 소중히 다루기, 타인의 재산을 존중하기, 자신의 실수에 책임지기와 같은 행동들이 포함된다.

표 4.1은 CASEL과 SSIS-RS의 영역 간에 최소 80% 이상의 중복성이 존재함을 명확히 보여준다(CASEL의 사회정서기술 프레임워크는 2020년에 개정되어, 현재는 이 글에 제시된 것보다 중복률이 낮다. —옮긴이). SSIS-RS에서 유일하게 평가되지 않는 영역은 자기 인식이며, 이 영역은 자신의 감정과 사고가 자신의 행동에 어떤 영향을 미치는지를 인식하는 행동을 포함한다. 증거 기반 사회정서학습 프로그램을 실행하는 전문가들은 SSIS-RS가 CASEL의 역량 대부분을 충분히 평가할 수 있다는 점에 신뢰감을 가지고 이 도구를 활용할 수 있다.

CASEL 역량	SSIS-RS 영역
자기 관리	**자기 조절** • 갈등을 차분하게 해결함 • 놀림을 받아도 침착함 • 갈등을 조율함 • 누군가가 밀거나 쳤을 때 적절하게 대응함 • 화내지 않고 비난을 들음
사회적 인식	**공감** • 타인의 감정을 이해하기 위해 노력함 • 다른 사람의 기분을 낫게 하기 위해 노력함 • 타인을 용서함 • 타인을 편안하게 해주기 위해 노력함 • 타인을 걱정하는 모습을 보임
관계 기술	**의사소통/참여** • 말할 때 눈을 마주침 • 적절한 어조로 말함 • 친구를 쉽게 사귐 • 타인과 원만하게 상호작용함 • 다른 사람과 함께 활동하자고 권함
책임 있는 의사결정	**책임** • 다른 사람의 물건을 조심히 다룸 • 보는 사람이 없어도 바르게 행동함 • 타인의 것을 존중함 • 자신의 행동에 대해서 책임짐 • 약속을 지킴 • 자신의 실수에 책임짐

표 4.1 CASEL 역량과 SSIS-RS 영역 비교

증거 기반 보편적 사회정서학습 프로그램을 위한 기준

CASEL이 제시한 보편적 사회정서학습 프로그램의 선정 가이드라인은 다음과 같은 네 가지 목적을 갖고 있다. 첫째, 교실에서 실행되는 사회정서학습 프로그램의 질을 평가하기 위한 체계적인 기준을 제공하는 것, 둘째, 이 기준을 적용하여 잘 설계된 증거 기반 사회정서학습 프로그램을 평가하고, 미국 전역에서 적용 가능한 프로그램을 선정하는 것, 셋째,

교육청과 학교가 사회정서학습 프로그램을 선택하고 실행하는 데 참고할 수 있는 모범 사례 지침을 공유하는 것, 넷째, 향후 사회정서학습 연구와 실천, 정책 발전을 위한 방향과 우선 과제를 제시하는 것이다(CASEL, 2013). 최근 연구들은 사회정서학습 개입이 학교생활에 대한 긍정적 태도 형성, 친사회적 행동 증가, 학업 성취 향상, 공격성 감소, 정신건강 문제와 약물 남용 감소와 같은 긍정적 효과와 관련이 있음을 보여준다(Durlak et al., 2011; Zins, Weissberg, Wang, & Walberg, 2004). CASEL은 증거 기반 사회정서학습 프로그램 선정 시 고려해야 할 세 가지 기준으로 첫째, 학생의 사회정서역량을 체계적으로 개발하고 연습할 기회를 제공하며, 장기적으로 실행 가능하도록 설계된 교실 기반 프로그램일 것, 둘째, 프로그램의 효과적 실행을 위해 교사에게 양질의 연수와 실행 지원을 제공할 것, 셋째, 학생의 행동 변화나 학업 성과 향상을 입증한 신뢰도 높은 평가 결과가 포함되어 있을 것을 제시하고 있다.

CASEL 가이드는 어떤 사회정서학습 프로그램이 증거 기반임을 입증하려면, 통제 집단과 비교하여 사전·사후 행동 변화를 측정한 연구 결과가 있어야 한다고 명시하고 있다. 참여자를 무작위로 배정한 무작위통제실험[RCT] 연구나, 혹은 기존 학급이나 집단을 그대로 사용한 양질의 준실험설계 연구가 이에 해당한다. 2013년판 CASEL 가이드에는 총 23개의 사회정서학습 프로그램 정보가 수록되어 있으며, 이 중 4개는 유아를 대상으로, 16개는 초등학생, 3개는 유아와 초등학생 모두를 대상으로 한다. 이들 중 일부는 사회정서기술을 명시적으로 가르치며, 나머지는 약물 오남용 예방, 학교 폭력 예방, 건강 증진, 인성 교육과 같은 주제를 통해 간접적으로 사회정서학습을 다룬다.

이들 프로그램은 공통적으로 다음과 같은 다섯 가지 핵심 요소를 갖추고 있다.

- 학생들이 새로 배운 사회정서기술을 실제 삶의 상황 속에서 **반복적으로 연습**할 수 있는 기회를 제공한다(Durlak et al., 2011).
- 기술 습득을 위해 단계적이고 **계열적인** 학습 구조를 따른다.
- 학생들이 새로운 기술을 실제로 연습해야 하는 **능동적인** 학습 방식을 강조한다.
- 사회정서기술 향상에 집중하여 할애한 일정 시간에 **초점을 맞춘다**.
- 가르치고자 하는 사회정서기술의 목표와 내용을 **명확하게** 제시한다.

증거 기반 사회정서학습 프로그램과 효과

4Rs 프로그램

4Rs Reading, Writing, Respect, and Resolution 프로그램은 학생들이 감정을 이해하고 조절하는 법, 경청과 공감을 실천하는 법, 자기표현과 갈등 해결 능력, 괴롭힘에 당당히 맞서는 자세 등을 기를 수 있도록 그림책 읽기, 책을 활용한 토론, 단계적이고 상호적인 학습 중심의 사회정서기술 수업들로 구성된 프로그램이다. 대상은 Pre-K부터 8학년까지의 아동이며, 연중 매주 1회씩 총 35회 수업이 국어 수업과 연계되어 진행된다. 수업에 사용되는 모든 이야기책은 다양한 문화와 인종, 배경을 반영한다. 이 프로그램을 운영하기 위해 교사는 사전에 25~30시간 정도의 연수를 반드시 이수해야 한다. 또한 이 프로그램은 장기적인 실행을 지원하기 위한 동료 연수 방식의 시스템도 제공하며, 앞서 설명한 효과적인 사회정

서학습 프로그램의 다섯 가지 요건을 충족하는 실증적 근거도 풍부하게 갖추고 있다.

4Rs 프로그램은 3~4학년 아동 1,184명을 대상으로 한 대규모 무작위 통제실험을 통해 그 효과가 검증되었으며, 3년에 걸친 추적 조사가 수행되었다. 그 결과, 행동 문제 위험이 있는 학생들의 학업 성취가 향상되었고, 친사회적 행동이 증가했으며, 품행 문제와 정서적 스트레스가 감소하는 긍정적인 효과가 나타났다(Brown, Jones, LaRusso, & Aber, 2010; Jones, Brown, & Aber, 2011).

배려 학교 공동체 프로그램

배려 학교 공동체Caring School Community 프로그램은 유치원부터 초등학생까지를 대상으로 하며, '학급회의(학년별 30~35회 수업), 선후배 친구 활동, 가정 연계 활동, 학교 공동체 활동'과 같은 네 가지 핵심 교육 실천을 기반으로 한다. 학급회의는 학년 초부터 연중 지속적으로 진행되는 수업과 활동으로 구성되며, 다양한 교과 학습 주제와 연계된 40가지의 선후배 친구 활동은 상호 존중과 협력을 바탕으로 연령이 다른 학생 간의 유대감 형성을 돕는다. 가정 연계 활동은 월 1~2회 진행되며, 가정에서 보호자와 함께 수행하고, 이후 수업 시간에 이를 성찰하는 방식으로 구성된다. 학교 공동체 활동은 전교생이 함께 참여하는 활동으로, 관계 형성, 학습 공유, 학교에 대한 소속감과 자긍심을 기르는 데 목적이 있다. 배려 학교 공동체 프로그램은 영어 학습자를 위한 안내 자료를 포함하며, 가정 연계 활동지는 영어와 스페인어로 제공된다. 교사 연수는 반나절에서 이틀 정도 소요되며 필수는 아니나, 동료 연수 방식을 통해 지속 가능한 실행이 가능하도록 지원한다.

배려 학교 공동체 프로그램은 총 세 건의 무작위통제실험과 두 건의 준실험 연구를 통해 효과가 검증되었다(Battistich, 2000; Battistich, Schaps, Watson, & Solomon, 1996; Battistich, Schaps, Watson, Solomon, & Lewis, 2000; Battistich, Solomon, Watson, Solomon, & Schaps, 1989). 가장 대규모의 연구는 40개 학교를 대상으로 하였으며, 참여 학생들을 5년에 걸쳐 장기 추적 조사하였다. 연구 결과, 이 프로그램은 학생들의 학업 성취를 높이고, 친사회적 행동을 증가시키며, 품행 문제와 정서적 어려움을 줄이는 데 긍정적인 효과가 있는 것으로 나타났다.

나는 문제를 해결할 수 있어요 프로그램

나는 문제를 해결할 수 있어요I Can Problem Solve 프로그램은 학생들이 다양한 해결책을 떠올리고, 그에 따른 결과를 예측하며, 효과적으로 문제를 해결하는 능력을 기를 수 있도록 돕는 교육 프로그램이다. 대상은 유아부터 초등학생까지이며, 수준에 따라 유아 59차시, 유치원 및 초등 저학년 83차시, 초등 중학년 77차시로 구성되어 있다. 각 차시는 약 20분 분량의 대본 형식으로 진행되며, 문제 해결에 앞서 필요한 기초 기술과 실제 문제 해결 기술 모두를 함께 다룬다.

대화는 이 프로그램의 핵심 요소로, 교사들은 정규 수업안에서도 이 방식들을 적용하여 긍정적인 교사 – 학생 관계를 형성하도록 권장된다. 프로그램은 대부분의 차시에서 가정과의 연계를 위한 보호자용 안내 자료와 주요 교과와 연계할 수 있는 교수 전략도 함께 제공한다. 필수적인 교사 연수는 1~2일 정도 소요되며, 지속적 확산을 위해 동료 연수 방식의 시스템도 운영된다.

　이 프로그램은 두 건의 무작위통제실험과 한 건의 준실험 연구를 통해 평가되었다. 가장 큰 규모의 연구는 총 655명의 학생을 대상으로 한 것으로, 1년에 걸쳐 추적 조사되었다(Feis & Simmons, 1985; Shure & Spivack, 1979, 1980, 1982).

놀라운 시절 시리즈

놀라운 시절Incredible Years 시리즈는 아동, 교사, 부모를 위한 세 가지 교육 과정으로 구성된 프로그램이다. 이 중 아동 대상 프로그램인 '공룡 교육과정'은, 감정 이해와 인식, 문제 해결, 분노 조절, 우정 형성과 유지 기술을 기르는 데 중점을 둔다. 이 과정은 3~8세 아동을 대상으로 하며, 실행 방식에 따라 약 60차시로 운영된다. 인형극이나 동영상 사례를 활용하여 수업을 시작한 후, 학생 간 모둠 토론과 실습 활동으로 이어진다. 학생들은 활동을 통해 배운 개념을 깊이 이해하고, 실제로 기술을 연습해 볼 기회를 갖는다. 특히 부모의 적극적인 참여가 강조되고, 모든 수업은 가정에서 보호자와 함께하는 활동으로 마무리되며, 진행 중 보호자에게 보내는 편지도 있다. 교사 연수는 교실 내 문제 예방을 위한 학급 운영 전략과 적극적인 교수법, 그리고 학생과의 긍정적 관계 형성과 사회정서기술 지도 방법을 중심으로 구성된다. 또한, 놀라운 시절 시리즈에는 보호자를 위한 별도의 교육 프로그램도 포함되며 보통 3일간 진행된다.

　놀라운 시절 시리즈는 두 차례의 무작위통제실험을 통해 그 효과가 검증되었다(Webster-Stratton, Reid, & Hammond, 2001; Webster-Stratton, Reid, & Stoolmiller, 2008). 가장 규모가 큰 연구는 1,768명의 학생과 153

명의 교사를 대상으로 했으며, 학생들을 1년에 걸쳐 추적 조사한 결과, 친사회적 행동이 증가하고 품행 문제는 감소하는 긍정적인 효과가 나타났다.

대안적 사고 촉진 전략 프로그램

대안적 사고 촉진 전략Promoting Alternate Thinking Strategies, PATHS 프로그램은 갈등을 평화롭게 해결하고, 감정을 조절하며, 타인에 공감하고, 책임 있는 결정을 내릴 수 있도록 돕는 프로그램이다. 대상은 유치원부터 초등학생까지이며, 1~4학년은 학년별로, 유치원과 5~6학년은 통합형 수업 세트로 구성되어 있다. 모든 수업은 대본 형식으로 제공되며, 수업 도입부에는 학습 목표, 실행 가이드, 부모 참여 전략, 예상 질문 및 답변, 확장 활동, 가정 연계 자료 등이 포함되어 있다. 수업 마무리에는 배운 기술을 교실과 일상에서 확장·적용하기 위한 안내와 실천 전략이 제시된다. PATHS 수업은 다양한 문화, 민족, 배경을 반영하며, 학부모용 편지와 정보 자료는 영어와 스페인어로 제공된다. 교사 연수가 2일간 진행되며, 실행 지속성을 위한 동료 연수 체계가 마련되어 있다.

PATHS 프로그램은 유치원생을 대상으로 한 여러 건의 대규모 무작위 통제실험과 한 건의 준실험 연구를 통해 그 효과가 입증되었다(Conduct Problems Prevention Research Group, 1999a, 1999b, 2010; Greenberg & Kusché, 1998; Kam et al., 2004; Domitrovich et al., 2007). 학생들을 최대 3년에 걸쳐 추적 관찰한 연구 결과, 학업 성과 향상, 친사회적 행동 증가, 품행 문제 감소, 정서적 어려움 완화 등 다양한 긍정적 효과가 확인되었다.

긍정적 행동 프로그램

긍정적 행동Positive Action 프로그램은 유아부터 고등학생을 대상으로, 건강한 자아 개념을 형성하고 신체적·정신적으로 긍정적인 행동을 실천하도록 돕기 위해 설계된 프로그램이다. 이 프로그램은 효과적인 자기 관리, 사회적 기술, 인성, 정신건강, 그리고 목표 설정 및 달성 능력 향상에 중점을 둔다. 교실 수업용 커리큘럼은 학년별로 구분된 수업 세트를 포함하며, 각 학년마다 약 140개의 순차적 수업으로 구성되어 있고, 모든 수업은 주제 중심으로 단계별 수업 대본이 마련되어 있다. 이 프로그램은 "긍정적인 행동을 하면 자신에 대해 잘 느낄 수 있고, 모든 일에는 긍정적인 방식이 있다"는 철학을 기반으로 한다. 보조 프로그램 구성 요소는 학급, 학교, 가정, 지역사회 간 연계를 지원하며, 괴롭힘 예방, 약물 교육, 갈등 해결, 긍정적 학교 문화 조성을 위한 별도의 단원들도 핵심 프로그램에 추가하여 운영할 수 있다. 교사 연수는 실행 범위와 계획에 따라 반나절에서 최대 5일간 진행되며, 지속 가능한 실행을 위해 동료 연수 체계를 함께 운영한다.

긍정적 행동 프로그램은 두 차례의 무작위통제실험과 두 건의 준실험 연구를 통해 그 효과가 검증되었으며, 학생들을 최대 3년간 추적 관찰한 결과가 포함되어 있다(Beets et al., 2009; Flay & Allred, 2003; Flay et al., 2001; Li et al., 2011). 주요 효과로는 학업 성취도 향상과 품행 문제의 감소가 나타났다.

창의적인 갈등 해결 프로그램

창의적인 갈등 해결Resolving Conflict Creatively 프로그램은 유아부터 8학년까지 아동을 대상으로, 배려와 평화, 학습이 공존하는 학교 공동체를 조성하도록 사회정서기술을 순차적으로 배우는 교실 수업 프로그램이다. 수업은 '연결과 존중Connected and Respected'이라는 제목의 학년별 16차시 워크숍 형식으로 구성되며, 관계 맺기, 감정 이해, 공감 능력 개발, 정서 조절, 사회적 책임 의식 함양을 중점적으로 다룬다. 각 수업은 시작 활동, 활동 안내, 주요 활동과 토의, 요약, 마무리 활동으로 구성되며, 관련 문학작품과의 연계, 과제, 통합적 적용 방안도 함께 제시된다. 또한 또래 중재 활동과 가족 참여 프로그램이 함께 운영되는데, 이는 교실 수업과 더불어 프로그램의 실천력을 높이는 중요한 요소이다. 이 프로그램은 특히 인종, 민족, 성별 등에 대한 편견과 차별적 언행을 예방하고 줄이는 것을 중요한 목표로 삼으며, 이를 위한 학년별 실천 체크리스트도 함께 제공된다. 교사를 대상으로 24~30시간 동안 진행되는 의무 연수가 제공되며, 장기적 운영을 위해 동료 연수 방식도 갖추고 있다.

이 프로그램은 두 건의 대규모 무작위통제실험을 통해 평가되었으며, 학생들을 2년에 걸쳐 추적 조사하였다(Aber, Jones, Brown, Chaudry, & Samples, 1998; Aber, Brown, & Jones, 2003). 주요 효과로는 품행 문제의 감소와 정서적 어려움의 완화가 확인되었다.

두 번째 발걸음 프로그램

두 번째 발걸음Second Step 프로그램은 학습 준비 기술, 공감, 감정 조절, 또래 관계 형성, 문제 해결력 등을 기르기 위한 사회정서학습 프로그램이다. 유치원생부터 8학년까지 연간 22~28주에 걸쳐 학년별로 구성된 단원을 포함하고 있다. 특히 유아 대상 프로그램에는 유치원 입학을 위한 전환 과정을 지원하는 단원도 포함되어 있다. 이 프로그램은 수행 기능 강화를 위한 두뇌 향상 게임, 매주 이루어지는 주제 기반 활동, 강화 활동, 가정 연계 활동을 포함한다. 교사들은 아동에게 매일 연습 기회를 제공하도록 권장된다.

1일 차에는 대본을 기반으로 한 주요 수업이 진행되고, 2일 차에는 이야기 읽기와 토론이 포함되며, 3~4일 차에는 소그룹 및 전체 모둠 활동이 진행된다. 5일 차에는 주제와 관련된 책을 함께 읽고, 보호자와 함께 기술을 연습할 수 있도록 '가정 연계 활동지'를 제공한다. 프로그램 자료는 문화적 다양성을 반영하며, 가정 연계 자료는 영어와 스페인어로 제공된다. 교사 연수는 1~4시간 정도 소요되며 필수는 아니다.

이 프로그램은 두 건의 무작위통제실험과 두 건의 준실험 연구를 통해 그 효과가 검증되었으며, 학생들을 최대 2년에 걸쳐 추적 관찰한 결과를 포함하고 있다(Frey, Nolen, Edstrom, & Hirschstein, 2005; Grossman et al., 1997; Holsen, Smith, & Frey, 2008; Holsen, Iversen, & Smith 2009). 주요 효과로는 친사회적 행동의 증가, 품행 문제의 감소, 정서적 어려움의 완화가 확인되었다.

존중을 위한 발걸음 프로그램

존중을 위한 발걸음 Steps to Respect 프로그램은 초등학교 3~6학년을 위한 학교 차원의 프로그램이다. 이 프로그램은 학교 관리자가 학교 내 분위기와 따돌림 문제를 점검하고, 모든 교직원이 연수를 통해 프로그램 내용을 숙지하며, 학급에서 사회정서학습 수업을 실행하는 세 단계로 이루어진다. 수업은 총 11개의 핵심 수업과, 다양한 문학작품을 활용하는 여러 수업으로 이루어진 2개의 추가 단원으로 구성되어 있으며, 친구 사귀기, 감정 이해, 따돌림 대응 전략 등을 주제로 한다. 각 수업의 말미에는 사회정서학습 및 학업과 관련된 선택 활동이 포함되어 있으며, 보호자와의 연계를 위한 가정용 자료도 함께 제공된다. 모든 자료는 다양한 문화적 배경을 고려하여 차별성을 줄이고, 시간이 지나도 계속 활용 가능한 보편적인 내용을 담고 있다. 연수는 6~8일 정도 소요되며, 참여는 필수가 아니다.

이 프로그램은 두 건의 대규모 무작위통제실험을 통해 평가되었으며, 가장 큰 연구는 33개 학교를 대상으로 하였고, 학생들은 2년에 걸쳐 추적 조사되었다(Brown, Low, Smith, & Haggerty, 2011; Frey et al., 2005). 행동 변화에 관한 결과로는 친사회적 행동의 증가와 품행 문제의 감소가 보고되었다.

학급 기반 사회적 기술 향상 프로그램

학급 기반 사회적 기술 향상Social Skills Improvement System Classwide Intervention 프로그램은 보편적 사회정서학습 프로그램으로서, 학생들의 친사회적 기술 발달을 촉진하고 교실 내 문제행동을 감소시키기 위해 설계되었다. 이 프로그램은 강화, 모델링, 역할 놀이, 행동 리허설, 문제 해결 등 다양한 교수 전략을 통해 핵심적인 사회적 기술을 가르친다. 전체 커리큘럼은 교사들이 교실에서의 성공에 중요하다고 인식한 열 가지 사회적 행동에 기반하여 구성되어 있다. 주요 기술에는 듣기, 지시 따르기, 규칙 지키기, 또래 방해 무시하기, 도움 요청하기, 대화 중 차례 지키기, 협력하기, 갈등 상황에서 감정 조절하기, 책임감 있게 행동하기, 친절함 나타내기가 포함된다.

이 프로그램은 38개 2학년 학급에서 432명의 학생을 대상으로 미국 내 여러 지역에서 실시된 대규모 클러스터 무작위통제실험을 통해 효과가 검증되었다(DiPerma, Lei, Bellinger, & Cheng, 2015). 연구 결과에 따르면, 이 프로그램은 교사의 평가 기준에 따른 사회성, 의사소통, 협력, 책임감, 공감 능력을 향상시키고, 학생들의 내재화 문제행동을 줄이는 데 효과가 있었다. 다만, 외현화 행동 문제나 관찰을 통한 사회적 기술 측면에서는 뚜렷한 효과가 나타나지 않았다.

보편적 사회정서학습 프로그램 요약

지금까지 살펴본 바를 통해 알 수 있듯이, 보편적 사회정서학습 프로그램이 친사회적 행동 증진, 문제행동 감소, 정서적 어려움 완화, 학업 성과 향상에 효과적이라는 점은 명확하다. 이러한 효과를 입증한 연구들은 대부분 무작위통제실험에 기반한 엄격한 연구 설계로 이루어졌으며, 일부는 준실험설계 연구를 사용하였다. 다만 CASEL(2013) 가이드에 소개된 프로그램들은 실제로 각각의 프로그램이 **얼마나 강력한 효과를 보였는지**에 대한 구체적인 효과 크기 정보는 제공하지 않는다.

이 질문에 대한 답은 더렉Durlak 등이 수행한 213개 학교 기반 사회정서학습 프로그램에 대한 메타분석을 통해 확인할 수 있다(Durlak et al., 2011). 이 연구는 유치원생부터 고등학생까지 총 270,334명을 대상으로 하였으며, 여섯 가지 영역에서의 효과 크기를 분석하였다.

그 결과, 사회정서기술은 d = 0.57로 중간 수준의 효과를 보였고, 태도 (d = 0.23), 친사회적 행동(d = 0.24), 문제행동(d = 0.22), 정서적 고통(d = 0.24), 학업 성과(d = 0.27) 등 나머지 항목은 코헨의 기준에 따르면 효과 크기가 작은 것으로 나타났다(Cohen, 1988). 비록 일부 효과 크기가 작게 나타나긴 했지만, 사회정서학습 프로그램의 효과 크기는 다른 심리사회적 또는 교육적 중재 프로그램들과 유사하거나, 경우에 따라 더 높은 수준을 보이기도 한다는 점은 주목할 필요가 있다.

메타분석에서 효과 크기를 더 쉽게 해석하는 방법 중 하나는, 효과 크기를 이항 효과 크기 표시법BESD(Rosenthal & Rubin, 1982)이라는 척도로 변환하는 것이다. 이 척도는 처치를 받은 집단에서 긍정적인 변화가 나타난 사람의 비율을, 통제를 받은 집단과 비교한다. 이 척도를 사용할 경우, 사회정서기술은 처치 집단의 64%가 향상된 반면, 통제 집단은 36%만 향상되었다. 태도, 친사회적 행동, 정서적 고통 영역에서는 처치 집단의 56%, 통제 집단의 44%가 향상되었다. 문제행동 영역에서는 처치 집단의 53%, 통제 집단의 47%가 향상되었다. 학업 성과는 처치 집단의 57%, 통제 집단의 43%가 향상되었다. 즉, 사회정서학습 프로그램이 목표로 하는 여섯 개 영역 평균 향상률은 BESD 기준 약 57%로 나타난다.

사회정서학습 프로그램이 목표로 하는 여섯 영역 전반에서 더 높은 효과 크기와 BESD 수치를 얻는 것은 분명 바람직한 일이다. 메타분석 결과에 따르면 사회정서학습 프로그램은 행동, 태도, 학업 성과 등 여러 주요 영역에서 긍정적인 영향을 주며, 이는 다른 일반적인 심리사회적 또는 교육 중재와 비교해도 손색이 없는 수준이다(Durlak et al., 2011).

주목할 것은 디펄마DiPerma 등(2015)의 연구를 보면, 프로그램 시행 이

전에 사회적 기술이 부족했던 학생들에게서 가장 큰 향상이 나타났다는 사실이다. 이는 많은 사회정서학습 효과 연구에서 참여 학생들 다수는 이미 높은 수준의 사회정서역량을 갖춘 상태였기 때문에, 그 효과가 충분히 드러나기 어려운 천장 효과가 작용하여, 관측되는 효과 크기가 낮게 나타났을 가능성이 있음을 시사한다.

:: 학급 기반 사회적 기술 향상 프로그램 수업 예시

이 장에서 소개된 다양한 사회정서학습 프로그램 모두를 자세히 설명하기는 불가능하다. 그래서 여기서는 앞서 다룬 학급 기반 사회적 기술 향상 프로그램으로 진행한 수업 예시를 하나 소개하고자 한다. 이 수업은 사회적 기술을 어떻게 단계적으로 가르치는지를 구체적으로 보여준다.

차례 지키기

목표: 학생은 또래 및 성인과의 대화에서 차례를 지키며 말할 수 있어야 한다. 구체적으로, 학생은 1단원에서 학습한 경청 기술에 집중할 수 있어야 한다. 왜냐하면 다른 사람이 무슨 말을 하는지 제대로 듣지 않으면 차례를 지켜 대화할 수 없기 때문이다.

❶ 설명하기

사회정서기술 소개와 질문하기

"오늘은 우리가 서로 대화할 때 어떻게 차례로 말하는지 배울 거예요. 누군가와 대화를 나눌 때는 말만 하는 것이 아니라 잘 듣는 것도 중요해요. 친구와 이야기할 때는 내가 말한 다음, 친구가 하는 이야기를 잘 들어야 하죠. 기억하나요? 우리가 '다른 사람의 말을 듣는 방법'을 배웠던 것을요? 듣기에는 세 가지 단계가 있었어요. 1단계: 바라보기, 2단계: 귀 기울이기, 3단계: 행동으로 보여주기. 보통 우리는 말한 다음 듣고, 그다음 말하죠. 그리고 말한 후에는 다시 듣죠. 상대방도 이렇게 듣고 말하기를 반복할 수 있도록 해주어야 해요."

"우리가 차례를 지키는 일에는 어떤 것들이 있는지 함께 떠올려봅시다."

- 게임하기
- 급수대에서 물 마시기
- 수업 시간에 질문에 대답하기
- 장난감 함께 가지고 놀기

사회정서기술을 정의하고, 핵심 단어에 대해 토의하기

"먼저, 누군가와 얘기하고 싶다는 걸 꼭 알려야 해요. 그 사람이 들을 준비가 되어있어야 하거든요. 그런 다음에 하고 싶은 말을 하면 돼요. 이야기할 땐 그 사람을 바라보는 것도 중요해요. 상대방 차례가

되면, 잘 들어줘야 해요. 말하는 사람을 바라보고, 잘 듣고 있다는 걸 보여줘야 해요. 그리고 미소를 지어서, 그 사람이 '내 얘기를 잘 듣고 있구나' 하고 느낄 수 있게 해주세요."

핵심 단어: 듣다, 반복하다, 말하다, 차례를 지키다, 기다리다

"책 표지를 함께 볼까요? 누가 보이나요?" [남자아이와 여자아이요.]
"남자아이는 지금 무엇을 하고 있죠?" [말하고 있어요.] "그럼 여자아이는요?" [듣고 있어요.] "지금은 남자아이가 이야기하고, 여자아이는 잘 듣고 있어요. 이제 여자아이 차례가 오기를 기다리고 있어요."
"서로 번갈아 이야기하면 친구가 무슨 말을 하는지 잘 들을 수 있어요. 그러면 친구도 여러분의 이야기를 잘 들어줄 거예요. 친구가 이야기할 때 끼어드는 건 예의가 아니에요. 다른 사람이 말할 땐 조용히 듣는 게 중요해요."

기술이 중요한 이유 토의하기

"서로 차례를 지키고 잘 들어주는 건 정말 중요해요. 그렇게 하면 친구들 말을 더 잘 들을 수 있고, 친구들도 기분이 좋아져요."
"이야기하는 친구를 바라보세요."
"이야기를 잘 들어주는 좋은 친구가 되어보세요."
"친구가 말을 다 하면, 이제 내 차례예요."
"여러분이 말을 하면, 친구가 잘 들어줄 거예요."

사회정서기술 단계 설명하기

"이제 2쪽을 펴고, 무지개를 찾아보세요. 선생님 말을 들으세요. 여러분이 이야기할 때 차례를 지키는 방법을 설명할게요."

- **1단계: 듣기** 잘 들어주는 좋은 친구가 되려면 귀를 사용해서 다른 사람이 말하는 것을 잘 들으세요.
- **2단계: 행동하기** 듣고 있다는 걸 보여주려면 웃어주거나 고개를 끄덕여보세요.
- **3단계: 말하기** 여러분이 말할 차례가 되면, 다른 사람이 여러분의 말을 들어줄 거예요.
- **4단계: 기다리기** 말을 다 했으면, 이제 친구가 뭐라고 말하는지 기다리면서 들어봐요.
- **5단계: 반복하기** 이제 방금 한 걸 다시 해봐요. 이게 바로 친구랑 차례대로 이야기하는 거예요!

사회정서기술 단계 요약

"친구와 이야기 나눌 때 차례를 지키려면 어떻게 해야 했는지 기억나나요? 1단계 듣기, 2단계 행동하기, 3단계 말하기, 4단계 기다리기, 5단계 반복하기예요."

"이제 사진이랑 단어를 선으로 이어볼 거예요. '듣기'가 어디에 있을까요?" [학생들이 단어를 가리키도록 한다.]

"1단계는 듣기예요. 귀 사진이 어디 있을까요? 귀 사진에서 '듣기' 글자까지 선을 이어보세요."

"'행동하기' 글자는 어디에 있을까요? 두 번째는 '행동하기'예요. 미소를 짓고 있는 그림이 어디 있나요? 미소를 짓고 있는 사진에서 '행동하기'라는 글자까지 선을 이어보세요."

"'말하기' 글자가 어디 있을까요? 세 번째는 '말하기'예요. 말하고 있는 강아지 사진이 보이나요? 강아지 사진에서 '말하기'까지 선을 이어보세요."

"'기다리기' 사진이 어디 있을까요? 네 번째는 '기다리기'예요. 멈춤 표지판 보이나요? 멈춤 표지판이 있으면 잠깐 기다려야 해요. 멈춤 표지판 사진에서 '기다리기'까지 선을 이어보세요.

"'반복하기' 글자는 어디 있을까요? 다섯 번째는 '반복하기'예요. 빙글빙글 도는 화살표 사진이 보이나요? 이 사진은 '다시 하기', '또 해보기', '반복하기'를 의미해요. 화살표에서 '반복하기' 사진까지 선을 이어보세요.

❷ 보여주기

"2쪽에 있는 비구름 사진을 다시 볼까요? 그 옆에 사진이 있어요. 어떤 모습이 보이나요?" [남자아이랑 여자아이요.] "누가 말하고 있나요?" [남자아이요.] "그럼 여자아이는 뭐 하고 있나요?" [남자아이를 안 보고 있어요.] "남자아이는 이야기하고 있는데, 여자아이는 보지 않고 있어요. 친구랑 이야기할 땐, 서로 말도 하고 귀 기울여서 들어야 해요. 한쪽이 안 들으면 차례대로 이야기할 수 없어요. 말하고 있는 남자아이를 동그라미로 표시해 보세요. 남자아이는 차례를 잘 지키고 있어요. 하지만 여자아이는 아직 아니에요."

"남자아이를 한번 볼까요? 어떤 걸 잘하고 있나요?" [2단계 행동하기, 3단계 말하기요.] "이번에는 친구를 안 보고 있는 여자아이를 볼까요? 뭐가 빠져있을까요? 어떤 걸 안 하고 있나요?" [1단계 듣기, 2단계 말하기요.]

영상을 보여준다. 그런 다음 번갈아가며 말하기 기술 단계들에 대해 설명한다.

"이제 영상을 보며 차례대로 이야기하는 친구들의 예를 찾아봅시다."
"남자아이랑 여자아이가 서로 말도 하고 잘 듣고 있었나요?" [네!]
"어떤 단계들이 있었는지 기억나요?" [1단계 듣기, 2단계 고개를 끄덕이거나 웃기, 3단계 말하기, 4단계 기다리기, 5단계 반복하기요.]

영상을 다시 보여준다.

"남자아이랑 여자아이가 차례로 이야기하고 있어요. 먼저 남자아이가 말하고, 여자아이가 잘 듣고 있네요. 그 다음엔 여자아이가 말하고, 남자아이가 잘 듣고 있군요."
"남자아이랑 여자아이가 이야기하고 있을 때 어떤 일이 있었나요?" [다른 남자아이가 갑자기 끼어들었어요.] "이 친구는 무엇을 안 했나요?

뭐가 빠졌을까요? [1단계 듣기, 3단계 기다리기요.]

"남자아이랑 여자아이들이 차례로 이야기하고 있어요. 그런데 다른 남자아이가 갑자기 끼어들어서 말하죠. 이 친구는 다른 친구들 얘기를 듣지도 않고, 다른 친구들이 말할 기회를 안 주고 있어요."

"장난감을 든 남자아이가 다른 친구들 말을 잘 듣고 있었나요?" [아니요.] "그 친구는 친구들 말을 듣지도 않고, 차례도 안 지켜요. 뭐가 빠졌을까요?" [1단계 듣기, 4단계 기다리기요.]

영상을 다시 보여준다.

"여자아이랑 남자아이가 서로 차례대로 이야기하려고 해요. 그런데 장난감을 가진 남자아이는 차례를 안 지켜요. 친구들 말을 안 듣고 계속 혼자만 말을 해요."

시범을 보이기와 역할 놀이

긍정적인 모델되기 - 다음 상황들 중 하나를 선택해 차례 지키기의 시범을 보인다.

- 세면대나 급수대에서 예의 바르게 줄 서 있는 모습을 보인다. 앞 사람이 다 끝날 때까지 조용히 기다린다. 그런 다음, 자신의 차례에 이용한다.
- 친구와 이야기하는 모습을 보여준다. 눈을 마주치고 고개를 끄덕

이며 듣고 있다는 것을 표현한다. 말하는 사람이 말을 마치면, 듣던 사람이 차례를 바꿔서 말한다. 새로 듣는 사람은 눈을 마주치고, 미소 지으며, 경청한다.

• 역할을 나눈다. 듣는 역할을 하는 학생에게 가능한 많은 기술 단계를 사용하도록 독려한다. 자원한 학생들이 시범을 보이게 한다.

부정적인 모델되기 - 같은 상황들 중 하나에 대해 부정적인 모델을 보여준다. 부정적인 모델에서는 같은 상황을 사용하되, 이번에는 좋은 듣기 기술을 보여주지 않거나, 아무 말도 하지 않거나, 아무 행동도 하지 않거나, 차분히 기다리지 않는 모습을 보여준다.

❸ 해보기

"이번에는 친구들이 차례를 지키지 않을 때 어떤 일이 일어나는지 함께 볼 거예요."

"아까 우리가 어떤 이야기를 나눴는지 다시 한번 같이 생각해 볼까요?"

"우리는 어떨 때 차례를 지켜야 할까요?" [말을 듣거나 게임할 때, 친구랑 이야기할 때요!]

"우리가 잘 듣고 있다는 걸 어떻게 보여줄 수 있을까요?" [웃어주거나 이야기하는 친구 바라보기요!]

"왜 차례를 지키는 것이 중요할까요?" [친구 말도 잘 들을 수 있고, 나눠

쓰는 건 기분 좋은 일이잖아요!]

"친구랑 이야기할 때 차례를 잘 지키기 위한 다섯 단계가 무엇이었지요?" [1단계 귀 기울여 듣기, 2단계 고개 끄덕이기나 웃어주기, 3단계 내 차례에 말하기, 4단계 친구 기다려주기, 5단계 반복하기요!]

❹ 잘하고 있는지 확인하기

"이제 책을 다시 펴볼까요? (〈잘하고 있는지 확인해 보자〉에 있는) 별 그림을 찾아보세요. 이제 친구랑 이야기할 때 차례 지키는 다섯 가지 방법을 알게 됐죠! 그럼 이번엔 내가 얼마나 잘하고 있는지 생각해 봐요. 사다리 그림 보이나요? 차례를 아주 잘 지키면 꼭대기에 도달할 거예요. 연습이 좀 더 필요하면 아래쪽에 있을 거예요."

"친구와 대화할 때, 여러분은 차례를 얼마나 잘 지키나요? 듣기, 고개 끄덕이기(행동하기), 말하기, 기다리기, 반복하기 다섯 가지를 기억하나요? 다섯 가지를 잘 실천하고 있다면, 사다리 맨 위에 숫자 4를 찾아서 동그라미 해보세요. 잘하고 있어요! 아직 잘 모르겠거나 친구랑 이야기할 때 차례 지키는 게 어렵다면, 숫자 1에 동그라미 하세요. 괜찮아요! 가끔은 어려울 수 있어요. 연습하면 점점 나아질 거예요. 중간쯤이라면 숫자 2나 3에 동그라미 하세요. 잘하고 있거나 점점 더 잘하고 있는 중이에요. 우리 모두 연습하면 더 멋지게 차례를 지킬 수 있어요!"

❺ 연습: 이야기하기를 연습하며 차례 지키기

"다시 2쪽에 있는 소년[B-O-Y] 그림을 찾아볼까요? 줄이 보이나요? 선생님이 네 단어를 한 글자씩 말해줄 거예요. 그림 옆에 글자를 써보세요!"

"첫 번째 단어는 T-A-L-K-I-N-G입니다." [각 글자 사이에 3~5초 멈춤] "이건 무슨 단어인가요?" ['말하다'요], "두 번째 단어는 T-O입니다. 이건 무슨 단어인가요?" ['와'요], "세 번째 단어는 T-H-E입니다. 이건 무슨 단어인가요?" ['그'요] "네 번째 단어는 G-I-R-L입니다. 이건 무슨 단어인가요?" ['여자아이'요] "'남자아이가 여자아이와 말하고 있다' 문장을 읽을 수 있는 사람 있나요?"

"이번엔 선생님이 다섯 개 단어를 한 글자씩 말해줄게요! 소녀[G-I-R-L] 그림 옆에 써보세요."

"첫 번째 단어는 N-O-T예요. 어떤 단어일까요?" ['아니다'요!] "두 번째는 L-O-O-K-I-N-G예요. 무슨 단어일까요?" ['보다'요!] "세 번째는 A-T예요. 이 건요?" ['에서'요!] "네 번째는 T-H-E예요. 어떤 단어일까요?" ['그'요!] "다섯 번째는 B-O-Y예요. 이건 무슨 단어일까요?" ['남자아이'요!] "그럼 이 단어들로 된 문장을 누가 읽어볼까요?" [여자아이가 남자아이를 보고 있지 않는다!]"

❻ 일상생활에서 실천하기

"친구와 차례를 지키며 이야기하는 장소를 말해봅시다! 어디에서 친구들과 주로 대화하나요?" 차례를 지키며 대화를 나눌 수 있는 장소들에 대해 브레인스토밍한다.

- 집
- 학교
- 급식실

"책 맨 뒤쪽을 펼쳐봐요. 위쪽에 축구공 사진이 보이나요? 그 옆에 사진들을 볼까요? 이 사진들은 친구들과 차례 지키며 이야기할 수 있는 장소들이에요. 어떤 사진이 있나요?" [교실, 놀이터, 급식실, 집, 차나 버스요.] "오늘 우리도 교실에서 차례 지키기를 잘해봤어요!"

"이번 주에는 친구랑 이야기할 때 차례를 지키기 위한 5단계를 배웠어요. 기억하죠? 1단계 잘 듣기, 2단계 고개를 끄덕이거나 웃어주기, 3단계 내 차례에 말하기, 4단계 기다려주기, 5단계 반복하기! 오늘 우리 모두 교실 연습을 잘했어요! 교실 사진 옆에 있는 '나는 해냈어요!' 상자 그림에 스마일 얼굴을 그려보세요!"

"이번 한 주 동안 물어볼 거예요. 어디에서 차례를 지키기 위한 5단계를 연습했는지! 놀이터에서 해봤나요? 점심 먹을 때 해봤나요? 집에서도 해봤나요? 차나 버스 안에서도 했나요? 이렇게요. '네!'라고 말할 수 있으면, 해당하는 장소 사진 옆 빈칸에 스마일 얼굴을 하나씩 그리세요!"

- 사회정서학습은 적용 강도나 기간에 따라 다르게 실행될 수 있으며, 모든 학생을 위한 일반적인 프로그램부터 일부 학생을 위한 선별적 개입, 그리고 좀 더 심층적인 지원이 필요한 학생을 위한 집중 개입까지 세 가지 수준으로 나눌 수 있다.

- 반응 중심 중재는, 학생이 중재에 얼마나 잘 반응하는지에 따라 중재의 강도를 조정한다.

- 보편적 중재는 모든 학생에게 같은 환경에서 똑같이 적용되도록 만들어진 프로그램이다.

- 선택적 중재는 특정 학생의 요구를 충족시키기 위해 정밀하게 조정된 개별 맞춤형 개입이다.

- 집중적 중재는 강도가 높고, 비용이 많이 들며, 시간이 많이 소요되므로 가장 위험에 처한 학생들에게만 적용되어야 한다.

- 추정에 따르면 약 80%의 학생들은 보편적 중재에 적절히 반응하며, 15%는 선택적 중재에 적절히 반응하고, 나머지 5%의 학생들은 집중적 중재가 필요하다.

- CASEL(2013)은 증거 기반의 보편적 사회정서학습 프로그램에 대한 개입 지침서를 발간하였다.

- CASEL은 인지적, 정서적, 행동적 역량의 다섯 가지 상호 연관된 영역에 초점을 둔다. ① 자기 인식, ② 자기 관리, ③ 사회적 인식, ④ 관계 기술, ⑤ 책임 있는 의사결정.

- CASEL이 제시한 영역과 SSIS-RS의 영역은 약 80% 정도 서로 겹친다.

- CASEL 가이드는 증거 기반 프로그램의 기준으로, 무작위통제실험이나 양질의 준실험설계를 활용하여 비교 집단과 사전–사후 행동 측정을 포함한 연구를 통해 학생 행동의 향상이 입증되어야 함을 명시하고 있다.

- CASEL이 검토한 보편적 사회정서학습 프로그램은 다음과 같은 다섯 가지 핵심적 특성을 지닌다. ① 새롭게 습득한 기술과 행동을 반복적으로 연습할 기회를 제공하고, ② 단계적으로 구성된 순차적인 훈련 방식을 사용하며, ③ 학습자의 능동적인 참여를 강조하고, ④ 기술 발달에 특정한 시간과 주의를 집중하며, ⑤ 증진하고자 하는 사회정서기술을 명확하게 정의한다.

- 이번 장에서는 효과가 입증된 보편적 사회정서학습 프로그램 중에서도 특히 우수한 열 개 프로그램을 살펴보았다. ① 4Rs, ② 배려 학교 공동체 Caring School Community 프로그램, ③ 나는 문제를 해결할 수 있어요I Can Problem Solve 프로그램, ④ 놀라운 시절 시리즈The Incredible Years Series 프로그램, ⑤ 대안적 사고 촉진 전략PATHS 프로그램, ⑥ 긍정적인 행동 Positive Action 프로그램, ⑦ 창의적 갈등 해결Resolving Conflict Creatively 프로그램, ⑧ 두 번째 발걸음Second Step 프로그램, ⑨ 존중을 위한 발걸음Steps to Respect 프로그램, ⑩ 학급 기반 사회적 기술 향상Social Skills Improvement System Classwide Intervention 프로그램이다.

- 이들 대부분의 프로그램은 사회적으로 바람직한 학생 행동을 늘리고, 문제행동을 줄이며, 정서적 불안을 완화하고, 학업 성과를 높이는 데 효과가 있는 것으로 나타났다.

- 유치원부터 고등학교까지의 학생 270,334명을 대상으로 한 213편의 연구에 대한 메타분석 결과, 다음 다섯 가지 영역에서의 효과 크기는 다음과

> > > > >

같다. ① 사회정서기술 0.57, ② 자신·타인·학교에 대한 태도 0.23, ③ 친사회적 행동 0.24, ④ 문제행동 0.22, ⑤ 학업 성취 0.27.

• 이러한 효과 크기는 다음과 같은 결과를 보여준다. 개입 집단의 64%는 사회정서기술이 향상되었고, 56%는 자신·타인·학교에 대한 태도와 친사회적 행동이 개선되었으며, 53%는 문제행동이 감소하였고, 57%는 학업 성취가 향상되었다. 효과 크기가 비교적 작게 나타난 이유 중 하나는, 대부분의 사회정서학습 프로그램 참여자들이 이미 양호한 사회정서기술을 가지고 있어 더 이상 향상될 여지가 크지 않기 때문이다.

• 이 정도의 효과 크기는 다른 심리사회적 중재나 교육 프로그램에서도 흔히 나타나는 수준과 비슷하다.

5

선택적
사회정서학습 중재

이전 장에서는 모든 학생에게 동일하게 실행되는 보편적 사회정서학습 프로그램, 즉 1단계 개입 프로그램 가운데 근거 기반 사례들을 살펴보았다. 필자는 전체 학생의 약 80%가 이런 보편적 중재에 잘 반응하므로 추가적인 사회적 기술 교육이 필요하지 않다고 보았다. 하지만 나머지 20%의 학생들은 사회적 기술을 향상시키기 위해 더 많은 도움과 지도가 필요하다. 이들을 위한 2단계 또는 **선택적** 중재는 1단계보다 더 많은 시간을 들이고, 더 구체적인 기술에 초점을 맞춘 강도 높은 프로그램을 통해 이뤄진다. 이러한 2단계 중재는 일반 교사뿐만 아니라 보충수업 교사, 행동 전문가, 학교 심리사, 상담교사 등 다양한 교육 전문가가 제공할 수 있다.

2단계 선택적 사회정서학습 중재는 1단계 보편적 개입보다 강도가 높은 것이 특징이며, 주로 개입 시간과 내용의 집중도에 따라 1단계와 구분된다. 이 개입은 보편적 프로그램에 충분히 반응하지 않는 일부 학생들을 위해 마련된다. 중재의 강도는 주로 얼마나 오랜 시간 동안, 어떤 내용을 중심으로 이루어지는지를 기준으로 판단한다. 일반적으로 2단계 중재를 설계할 때는 얼마나 추가적인 시간이 필요한지, 그 시간 동안 어떤 활동이나 지도가 이루어질지, 누가 그 지도를 가장 효과적으로 제공할 수 있을지, 그리고 어느 부분에서 진행할지, 이 네 가지 사항을 고려한다.

2단계 수준의 선택적 사회정서학습 중재는 다음과 같은 중요한 특징들을 가진다. 첫째, 학생이 언제든지, 빠르게 개입을 받을 수 있어야 한다. 둘째, 교사나 개입 제공자의 부담은 적으면서도 학생에게는 효과가 크도록 설계되어야 한다. 셋째, 학교 전체의 기대 수준과 일치하며, 학교 구성원 모두가 일관되게 실행할 수 있어야 한다. 넷째, 학생 개개인의 요구와 사회적 기술 결손의 정도에 따라 유연하게 조정할 수 있어야 한다. 마지막으로, 개입이 학생에게 어떤 영향을 주고 있는지를 계속해서 관찰하고, 그 결과를 바탕으로 다음 단계를 결정해야 한다.

:: 2단계 선택적 사회정서학습 중재가 필요한 이유

2단계 수준의 선택적 사회정서학습 중재는 여러 가지 면에서 유용한 특징이 있다. 첫째, 개별 학생이 얼마나 잘 반응하는지에 따라 강도를 조절할 수 있다. 대부분의 학생은 2단계 개입만으로도 적절한 반응을 나타내며, 추가적인 지원을 필요로 하지 않는다. 둘째, 학생의 행동 문제를 조기에 발견하고 지도할 수 있어, 학교생활 후반에 가서야 드러나는 문제를 효과적으로 예방할 수 있다. 만약 이러한 개입이 제공되지 않는다면, 초기의 사회적 어려움이 점차 심화되어 더 심각하고 고착화된 문제행동으로 발전할 가능성이 높다. 셋째, 학생의 긍정적인 변화를 목표로 하며, 사회적 행동과 교실 환경을 구체적으로 측정하고 개선하는 데 초점을 둔다. 즉, 실제로 바뀔 수 있고 개선 가능한 환경요인을 중점적으로 다룬다. 넷째, 바람직한 사회 행동에 대한 칭찬과 보상을 늘리는 방식을 적용하며, 학교 전체에 일관되게 적용할 수 있다. 이후에는 교사의 강화 없이도 학생 스스로 행동을 조절하는 자기 관리 방식으로 전환되어, 이를 통해 교직원의 부담을 줄일 수 있다.

:: 선택적 사회정서학습 중재의 유형

2단계 수준의 선택적 사회정서학습을 실행하는 방법에는 두 가지가 있다. 하나는 학생 개개인의 상황에 맞게 조정하는 문제 해결 중심 접근이고, 다른 하나는 검증된 절차를 따르는 표준화된 개입 방식이다 (Gresham, 2007).

문제 해결 중심 접근

문제 해결 중심 접근은 버건Bergan(1977)이 제시하고, 버건과 크래토크윌Kratochwill(1990)이 수정·보완한 행동 상담 모델에서 발전했다. 행동 상담 모델은 첫째, 문제를 정확히 확인하고, 둘째, 그 원인을 분석하며, 셋째, 해결 계획을 실행하고, 넷째, 그 결과를 평가하는 단계로 구성된다.

이 접근은 '지금 문제가 무엇인가? 그 문제가 생긴 이유는 무엇인가? 무엇을 해야 하는가? 그리고 문제가 해결되었는가?', 이 네 가지 질문에 답하는 것을 목표로 한다.

행동 상담의 목적은 문제를 모호하지 않도록 명확하게 조작적으로 정의하고, 그 문제와 관련된 환경요인을 찾아내며, 개입 계획을 충실하게 설계·실행하며, 그 개입이 실제로 효과가 있었는지를 평가하는 데 있다. 문제 해결 중심 접근에서는 '문제'를 현재의 행동 수준과 기대 행동 사이의 차이로 보며, 이 차이가 클수록 문제가 크다고 해석한다. 예를 들어, 어떤 아동이 교실에서 또래와 협력하는 행동을 하루에 한 번만 하고, 기대 행동 수준이 하루에 다섯 번이라면, 현재와 기대 수준 사이에는 80%의 차이가 존재한다고 볼 수 있다.

문제 해결 중심 접근에서 또 하나 중요한 요소는, 왜 그 문제가 생겼는지를 파악하는 것이다. 이때 중요한 것은 '못 하는 문제'와 '안 하는 문제'를 구분하는 일이다. '못 하는 문제', 즉 기술 습득의 결손은 학생이 필요한 기술이나 행동을 자신의 행동 레퍼토리 내에 가지고 있지 않기 때문에 발생한다. 예를 들어, 한 아동이 운동장에서 또래들과 전혀 어울리지 않는다면, 이는 그 아동이 또래 집단에 자연스럽게 들어가는 방법을 모르기 때문일 수 있다. 이런 경우에는, 해당 아동에게 어떻게 또래와 어울릴 수 있는지를 직접 가르쳐야 한다. 그래야 기술 결손이 보완될 수 있다.

'안 하는 문제'는 수행 결손으로 본다. 즉, 아이가 그 행동이나 기술을 어떻게 하는지는 알고 있지만, 실제로는 잘 하지 않거나 기대에 미치지 못하는 수준으로 수행하는 경우이다. 아이가 행동을 하지 않는 이유는 그 행동을 할 기회가 거의 없거나, 혹은 그 행동을 해도 칭찬이나 보상을 거의 받지 못하기 때문일 수 있다. 이런 경우에는, 그 행동을 할 수 있는 기회를 자주 제공하고, 행동이 일어날 때마다 적절한 보상이나 긍정적 피드백을 자주 주는 것이 효과적인 개입 방법이 된다.

문제 해결 모형의 마지막 단계는 개입이 행동을 기대 수준으로 변화시키는 데 효과적이었는지를 판단하는 것이다. 이때 중요한 것은 데이터에 근거해 개입의 결과를 직접 측정해서 경험적으로 효과를 판단하는 것이다. 예를 들어, 한 아동의 사회적 기술이 개입 전에는 교사 평정에서 10 백분위 수준이었고, 개입 후에는 25백분위까지 올랐다면, 이는 개입이 효과적이었다고 볼 수 있다. 이런 경우에는 개입을 계속 유지하면서, 최종적으로 그 아동의 사회적 수준을 50백분위 이상으로 끌어올리는 것을 목표로 하는 것이 바람직하다.

표준적인 절차 개입

표준적인 절차 개입 접근은, 개입의 구성 요소가 구체적으로 명시된 매뉴얼화된 프로그램을 사용하는 방식이다. 이 방식을 활용하는 대표적인 2 단계 선택적 사회정서학습 개입의 사례로는 SSIS 중재 가이드SSIS-Intervention Guide, SSIS-IG(Elliott & Gresham, 2008)가 있다. SSIS-IG는 기본적인 사회적 기술을 향상시키고, 친사회적 행동을 장려하는 데 초점을 둔 연구 기반의 교수학습 프로그램이다. 이 프로그램은 4장에서 살펴본 보편적 사회정서학습에 충분히 반응하지 못하고 사회적 기술에 어려움을 보이는 학생들을 위해 설계된 것이다. 특히 사회적 기술을 배우지 못한(습득 결손) 학생들에게 가장 효과적이다. 물론, 사회적 기술은 알고 있지만 잘 실행하지 못하는(수행 결손) 학생을 위한 전략도 포함하고 있어,

습득 결손이 해결된 이후에는 수행 결손에 맞춘 개입도 가능하다. 이 전략들은 교실이나 학교 내에서 학생의 친사회적 행동을 늘리는 데 초점을 두며, 앞서 설명한 문제 해결 모형을 통해 활용될 수 있도록 구성되어 있다. 더 자세한 설명은 이 장의 후반부에 제시할 것이다.

:: 2단계 사회정서학습 중재 계획 시 고려 사항

2단계 수준의 선택적 중재는 학생 개개인의 다양한 요구에 따라 달라질 가능성이 높다. 그러므로 3장에서 다룬 것처럼 과학적 근거에 기반한 사회적 기술평가 도구들을 활용해 다음과 같은 구체적인 질문들에 답할 수 있어야 한다.

- 현재 수행 수준을 1단계의 수준과 비교 분석했을 때, 추가적인 사회적 기술 지도나 연습이 필요한 학생은 누구인가?
- 추가적인 사회적 기술 지도가 필요한 학생들을 위해 어떻게 소집단을 구성하는 것이 효과적인가?
- 반복적이고 일반적인 문제를 해결하기 위해 이미 증거 기반 중재 방법이 충분히 마련된, 표준화된 사회적 기술 프로그램은 어떤 학생들에게 제공되는가?
- 어떤 학생에게 수정된 사회정서학습 프로그램이나 좀 더 심층적인 문제 해결(특히 문제 분석)이 필요한가?
- 추가적인 사회정서학습 중재에 잘 반응하며 변화를 나타내는 학생

은 누구인가?

- 추가적인 사회정서학습 중재에 중간 정도에서 낮은 수준의 반응을 보이는 학생은 누구인가?

- 추가적으로 사회적 기술을 배우는 대부분의 학생들이 개입에 긍정적인 반응을 보이고 있는가?

- 2단계 수준 개입에서 학생들의 긍정적인 반응을 높이기 위해 어떤 점을 수정해야 하며, 개입 시간을 늘리는 것이 필요한가?

- 보다 강도 높은 사회정서학습 중재, 즉 3단계 개입이 필요해 보이는 학생은 누구인가?

- 1단계 수업만으로도 충분한 학생은 누구인가?

- 진행 상황 점검 자료에 근거할 때, 2단계 중재에서 진전을 보이는 학생들이 1단계 평가에서도 동일한 진전을 보이고 있는가? 그렇다면 그 이유는 무엇이며, 그렇지 않다면 그 원인은 무엇인가?

∷ 2단계의 중재 충실도 평가

사회정서학습 프로그램이 계획한 대로, 의도한 대로, 또는 프로그래밍된 대로 정확하게 실행되는 정도를 **중재 충실도**treatment integrity라고 한다. 증거 기반 사회정서학습 중재의 실행은, 사회적 행동(종속변인)의 명확한 변화가 체계적으로 조작된 환경적 변화(독립변인)와 관련이 있으며, 외부 변수에 의한 것이 아니라는 전제를 기반으로 한다. 조작적으로 정의된 독립변인(즉, 개입)에 대한 객관적이고 측정 가능한 명시가 없고, 실제 교실이나 상담 장면에서 그 개입이 제대로 실행되었는지 측정하지 않았다면, 개입이 행동 변화를 일으켰다고 단정 지을 수 없다. 즉, 중재와 결과 간의 인과관계를 뒷받침할 근거가 부족하다는 것이다(Gresham, 1989; McIntyre, Gresham, DeGennaro, & Reed, 2007).

중재 실행의 정확성을 확보하는 것은 행동 변화 전략의 과학적 적용과 실제적 적용 모두에 핵심적인 요소이다. 많은 사회적·행동적 개입이 별 효과가 없는 것처럼 보이는 이유는, 중재 자체의 힘이 약해서라기보다는 그것이 제대로 실행되지 않거나 들쭉날쭉하게 적용되었기 때문인 경우가 많다. 특히 중재 전문가가 아닌 교사나 부모 같은 제3자가 사회정서학습 중재를 실행할 때, 이러한 문제는 더욱 심각해진다.

중재 충실도라는 개념은 과거에는 단순한 하나의 요소로만 여겨졌지만, 현재는 여러 측면을 지닌 복합적인 개념으로 이해하고 있다(Gresham, 1989). 그중에서도 **중재 일관성**treatment adherence은 전체 개입 과정에서 핵심 개입 요소들이 몇 번 또는 몇 퍼센트 실행되었는지를 정량적으로 나타낸다. 즉, 중재 일관성은 개입이 계획된 대로 얼마나 정확하고 일관되게 이루어졌는지를 보여준다. 이 개념은 다시 두 가지로 나뉘는데, 첫째는, 무엇을 얼마나 실행했는지를 평가하는 요소별 준수도이고 둘째는, 매 회기나 매일 얼마나 일관되게 실행되었는지를 평가하는 시간 기반 준수도이다.

그림 5.1은 사회정서학습 중재가 실시되었을 때, 중재 일관성의 두 가지 측면을 어떻게 시각적으로 보여줄 수 있는지를 예시한 것이다. 이 그림에 따르면, 세 가지 요소는 절반 정도만 실행되었다. 또한 일별로 보면 중재 실행 수준이 들쭉날쭉했음을 확인할 수 있다. 이러한 두 가지 준수

	월요일	화요일	수요일	목요일	금요일	
사회적 기술을 소개하고 그것에 대해 질문한다.	○	○	○	○	○	100%
기술에 대해 정의하고 핵심 단어에 대해 토의한다	○	×	○	○	○	80%
기술의 중요성을 토의한다	○	○	×	○	×	60%
기술의 단계들을 확인하고 학생들이 반복하도록 한다.	○	○	○	×	×	60%
기술 단계들을 따른다	○	×	○	×	×	40%
	100%	60%	80%	60%	40%	

일별 충실도 = 68%; 요소별 충실도 = 68%

○ 수행함 × 수행하지 않음

그림 5.1 '다른 사람과 잘 지내기'라는 사회정서기술을 가르칠 때,
개입이 제대로 이뤄졌는지를 평가하는 두 가지 차원

차원을 함께 측정하면, 어떤 요소가 언제, 어떤 날에 불규칙하게 실행되고 있는지를 구체적으로 파악할 수 있다.

최근에는 중재 충실도에 관한 연구에서 개입자의 역량interventionist competence과 중재 구분treatment differentiation이라는 새로운 차원이 추가되고 있다. 여기서 **개입자의 역량**이란, 개입을 실행하는 사람이 지닌 기술과 경험을 의미한다. 이 개념은 개입을 얼마나 잘 수행했는지를 질적으로 평가하기 위한 것이므로, 중재 충실도의 질적 측면을 나타내는 개념으로 이해할 수 있다. 그림 5.2는 사회적 기술 지도자가 사회정서학습을 얼마나 효과적으로 수행했는지를 객관적인 평정 기준을 사용해 평가하는 예를 보여준다.

중재 구분이란, 둘 이상의 개입이 어떤 이론적 차이를 가지며, 그 차이

새로운 기술을 설명한 뒤, 그 기술에 대해 궁금한 점이 있는지 묻는다	0	1	2	3
기술을 정의하고 핵심 단어에 대해 토의한다	0	1	2	3
왜 그 기술이 중요한지 토의한다	0	1	2	3
기술 단계들을 확인하고 학생들이 따라 하도록 한다	0	1	2	3
시범을 보이고 기술을 적용하는 역할 놀이를 한다	0	1	2	3
수업 시간 동안 학생이 그 기술을 사용할 때마다 이를 칭찬하거나 강화한다	0	1	2	3
부적절한 기술 실행을 교정한다	0	1	2	3

평정 기준

0-실행하지 않음 1- 제한적으로 수행함 2- 부분적으로 수행함 3- 항상 수행함

점수 범위: 0~21점

그림 5.2 중재자 역량 평가 척도

가 실제 개입 과정에서 어떻게 구체적으로 드러나는지를 보여주는 개념이다. 예를 들어, 인지행동이론은 공격성이 줄어들고 사회적으로 바람직한 행동이 늘어나는 이유를, 개인이 갈등 상황이나 또래의 의도를 어떻게 생각하고 해석하느냐에 있다고 본다. 이 이론에 기반한 대표적인 기법은, 갈등 상황에서 부정적인 결과를 과장되게 해석하는 생각을 바로잡고, 그 대신 현실적이고 효과적인 생각으로 바꾸는 것이다. 반면, 사회학습이론은 사람들이 모델의 행동을 관찰함으로써 사회적 기술을 배운다고 본다. 그래서 이 이론에 기반한 개입에서는, 먼저 공격적인 반응을 보

인 모델이 점차 친사회적인 대처 방식을 사용하는 모습을 보여주는 대처 모델링이 자주 사용된다.

중재 충실도를 평가할 때 고려해야 할 또 하나의 측면은 **중재 수용도** treatment receipt 이다. 이는 참여자가 얼마나 많이 중재를 받았는지(**개입 또는 노출 정도**), 그 내용을 얼마나 이해했는지, 그리고 어떻게 반응했는지를 포함하는 개념이다. 중재의 노출 또는 정도는 참여자가 실제로 경험한 처치의 양을 의미한다. 예를 들어, 하루에 혹은 일주일에 몇 번 중재를 받았는지가 '투입량'이 된다. 또한 특정 문제에 대해 중재가 얼마나 오랜 **기간** 동안 지속되었는지도 중요하다. 어떤 문제는 3주간의 중재로 충분할 수 있지만, 다른 문제는 10~15주 이상 장기적인 개입이 필요할 수 있다.

참여자의 이해도 participant comprehension 란 참여자가 개입이 왜 필요한지, 어떤 내용을 담고 있는지를 얼마나 잘 이해했는지를 나타내는 정도이다. 예를 들어, 문제행동을 대체하는 전략을 사용하는 개입에서 교사가 '관심을 끌기 위한 행동'과 '회피하려는 행동'의 차이를 이해하고 있다면, 이는 참여자의 이해도가 높다는 의미이다. 반면, **참여자의 반응도** participant responsiveness 는 참여자가 그 개입 활동에 얼마나 몰입하고 있고, 그 중재를 얼마나 자신의 상황과 관련 있다고 느끼는지를 의미한다.

:: 문제 해결형 사회정서학습

문제 해결형 사회정서학습은 앞서 설명된 행동 상담 모형을 바탕으로 한다. 이 모형은 ① 문제를 확인하고, ② 원인을 분석하며, ③ 계획을 실행하고, ④ 결과를 평가하는 네 가지 단계로 구성되어 있다는 점을 떠올려 보자. 이러한 접근에 기반한 사회정서학습은 매우 다양하게 구성될 수 있으며, 여러 가지 전략을 포함할 수 있다. 그러나 중요한 점은, 문제 해결형 사회정서학습이 주로 '하지 않는' 유형의 사회적 기술 문제, 즉 **수행 결손**을 개선하는 데 목적이 있다는 점이다. 이런 유형의 문제는 일반적으로 사회적 행동을 할 수는 있지만 동기가 부족하거나, 문제행동이 그 자리를 대신하고 있는 경우에 해당한다. 이때 흔히 사용하는 개입 방법은 **대체행동 훈련**이며, 이는 문제행동을 줄이고 친사회적 행동으로 '대체' 하기 위해 각각의 행동에 주어지는 보상의 빈도나 방식을 조정하는 방식이다. 이 방법은 1장에서 소개된 매칭 법칙에 기반한 것으로, 행동은 그 행동에 주어지는 보상의 양이나 빈도에 비례하여 발생한다는 원리이다.

문제 확인

문제 해결 과정에서 가장 먼저 수행하는 단계는 문제 확인이며, 이는 개입을 효과적으로 설계하는 데 핵심적인 역할을 한다. 일반적으로 문제를 명확히 정의할 수 있다면, 그에 따른 개입도 성공할 가능성이 크다. 문제를 확인하는 과정은 ① 목표를 설정하고, ② 목표 달성 여부를 어떻게 측정할지 정하며, ③ 자료를 수집할 절차를 계획하고 실행하며, ④ 수집한 자료를 분석해 보여주고, ⑤ 현재 수행 수준과 기대 수행 수준 간의 격차를 바탕으로 문제를 정의하는 다섯 단계로 이루어진다(Bergan & Kratochwill, 1990).

목표 설정

수행 목표는 몇 가지 중요한 요소를 갖추어야 한다. 첫째, 목표는 학생이 어떤 행동을 해야 하는지를 구체적으로 설명해야 한다. 예를 들어, 교사가 학생에게 '친구들과 더 잘 지내기'라는 목표를 세운다고 할 때, 이 표현은 다소 모호하지만 행동을 늘리는 방향이라는 의도는 담고 있다. 둘째, 목표는 그 행동이 어느 정도 수준으로 이루어져야 목표가 달성된 것으로 볼 수 있는지 수행 수준을 분명히 해야 한다. 예를 들어, "더 잘 지낸다"는 것은 친구들과의 긍정적 상호작용이 50% 증가하는 것으로 정의될 수 있다. 셋째, 그 행동이 어떤 상황에서 일어나야 하는지, 즉 수행 조건을 명확히 해야 한다. 예를 들어, 교사는 학생이 '친구들과 더 잘 지내는 행동'이 자율 활동 시간이나 비구조화된 교실 상황에서 발생하기를 기대할 수 있다.

목표 달성을 위한 측정 지표의 설정

사회적 기술평가는 3장에서 자세히 다루었다. 문제를 확인하는 과정에서는 3장에서 소개된 다양한 평가 방법들을 목표 달성 여부를 판단하는 기준으로 활용할 수 있다. 여기에는 체계적인 직접 관찰, 직접 행동 평정, 간략 행동 평정, 징계 기록 확인, 사회적 검사지 등이 포함된다. 이들 각각은 장점과 단점을 가지고 있으므로, 상황에 맞게 적절히 선택하는 것이 중요하다.

자료 수집 절차의 설정 및 실행

자료를 어떻게 모을지에 대한 결정은 문제를 정확히 파악하는 데 있어 중요한 부분이다. 이러한 결정을 내릴 때는 다음과 같은 질문에 답하는 것이 도움이 된다.

① 무엇으로 평가할 것인가? (예: 직접 관찰, 행동 평가, 간단한 체크리스트 등)
② 얼마나 자주 행동을 평가할 것인가? (예: 하루에 한 번, 일주일에 세 번 등)
③ 얼마나 긴 기간 동안 행동을 평가할 것인가? (예: 2주 동안, 한 달 동안 등)

이러한 질문에 답함으로써 사회적 행동을 적절히 평가하기 위한 합리적인 결정을 내릴 수 있다.

자료 제시

하나 이상의 평가 방법으로 자료를 수집한 뒤에는, 이를 쉽게 이해할 수 있도록 정리할 필요가 있다. 가장 쉽고 효과적인 자료 제시 방법 중 하나는 선그래프를 활용하는 것이다. 행동의 변화를 그래프로 보여주면, 말이나 표로 설명하는 것보다 훨씬 쉽게 이해할 수 있다. 그래프를 보면 시간에 따른 행동 **수준**의 변화(증가 또는 감소), 전반적인 **흐름**(위로 향하는지 아래로 향하는지), **변화**의 폭(얼마나 들쭉날쭉한지)을 한눈에 알 수 있다. 이외에도 막대그래프, 원그래프, 누적그래프 등 다양한 형태의 시각 자료를 활용할 수 있다.

현재 수행 수준과 기대 수행 수준 간의 차이 확인

문제 해결 중심의 접근에서는 문제의 크기를 현재 행동 수준과 기대하는 수행 수준 사이의 차이로 정의한다. 이 차이가 클수록 문제도 더 크다고 볼 수 있다. 예를 들어, 협력 행동을 관찰했을 때 하루에 두 번 나타났고, 목표는 하루에 여덟 번이라면 차이는 여섯 번이 된다. 또 다른 예로는, 사회적 기술을 평가하는 검사에서 어떤 아동이 현재 백분위 10에 있고 목표가 백분위 50이라면, 그 차이는 40백분위 점수이다.

문제 확인 면담

문제 해결 중심 접근에서는 문제 확인 면담problem identification interview을 통해 문제 파악 단계가 시작된다. 이 면담에서는 심리학자, 상담사, 행동 전문가 등의 자문가가 부모, 교사 또는 학교 직원을 안내하여, 해결하고자 하는 문제의 목표를 함께 정한다. 문제 확인 면담의 가장 중요한 목적은, 자문을 받는 사람이 걱정하고 있는 아동의 현재 행동을 구체적이고 정확하게 파악하는 것이다. 이를 위해 자문가는 아이가 어떤 행동을 하고 있는지, 어떤 행동은 하지 않는지를 분명히 설명해 달라고 요청한다. 또한, 그 행동이 어떤 상황에서 나타나고 어떤 상황에서는 나타나지 않는지를 파악하는 것도 중요한 목표이다. 이를 위해 행동 전후의 사건이나 연속적인 흐름에 주목한다. 마지막으로, 현재의 행동 수준과 기대되는 수준 사이의 차이를 바탕으로 문제의 심각성에 대한 기초적인 정보를 수집한다. 아래의 개요는 사회정서학습에서 문제 해결 접근을 활용할 때 일반적으로 사용하는 문제 확인 면담의 구조를 보여준다.

① 걱정되는 행동과 그 행동의 강점 파악하기

ⓐ 아동의 문제행동에 대한 논의를 시작한다.

- "프랭크에 대해 말씀해 주세요."

ⓑ 아동의 행동을 가능한 한 구체적으로 묘사하도록 요청한다.

• "프랭크가 교실에서 친구들과 잘 지내지 못하던데 무슨 문제가 있나요?"

ⓒ 계속해서 문제에 대해 행동 중심의 표현으로 설명하도록 요청한다.

• "프랭크가 친구들과 잘 지내지 못할 때, 실제로 어떤 행동을 하나요?"

• "프랭크가 친구들과 잘 지내지 못했던 상황을 예로 들어주세요?"

ⓓ 그 행동이 얼마나 자주 일어나는지, 혹은 심각한지를 확인한다.

• "프랭크가 하루에 얼마나 자주 친구들과 잘 지내지 못하나요?"

• "프랭크가 하루에 다섯 번 정도 그런 행동을 한다고 하셨는데, 맞나요?"

② **문제행동이 언제, 어떤 상황에서 나타나는지 파악하기**

ⓐ 행동이 나타나기 직전의 상황(선행조건)을 파악한다.

• "프랭크가 친구들과 문제가 생기기 전에 보통 어떤 상황이었나요?"

• "프랭크가 친구들과 문제를 일으키기 전에 선생님은 무엇을 하고 계셨나요?"

ⓑ 행동이 일어난 직후의 상황(결과 조건)을 파악한다.

• "프랭크가 친구들과 문제가 생긴 다음에는 선생님은 어떻게 하시나요? 그 상황에서 친구들은 어떤 반응을 보이나요?"

ⓒ 행동이 반복되는 패턴이나 흐름(순차 조건)을 파악한다.

• "이 행동이 더 자주 일어나는 특정한 요일이나 상황이 있나요?"

• "프랭크가 친구들에게 놀림을 당할 때 특히 이런 행동이 나타난다

고 하셨는데, 맞나요?"

③ 수행에 대한 평가 절차 수립하기

ⓐ 왜 이런 기록이 필요한지 설명한다.

- "프랭크가 친구들과 문제를 일으키는 일이 하루에 몇 번 있는지 기록할 필요가 있어요."
- "이런 기록은 프랭크가 또래들과 얼마나 자주 문제를 겪는지 파악하는 데 도움이 됩니다."

ⓑ 자료 수집 절차를 정한다.

- "프랭크가 하루에 친구들과 문제가 생기는 횟수를 기록해 주실 수 있을까요?"
- "그리고 그 일이 일어나기 전과 후에 어떤 일이 있었는지도 함께 적어주실 수 있을까요?"

ⓒ 자문을 받은 사람과 협의된 사항을 확인한다.

- "프랭크가 하루에 친구들과 잘 지내지 못한 횟수를 기록하기로 하셨죠?"
- "그 행동이 일어나기 전과 후에 있었던 상황도 함께 메모하기로 하신 거 맞죠?"

④ 다음 만남이나 연락을 위해 일정 조율하기

ⓐ 다음 면담 일정을 조율한다.

- "프랭크에 대해 다시 이야기 나누기 위해 다음 주 수요일이나 목요일에 만날 수 있을까요?"

ⓑ 원하는 면담 시간을 확인한다.

• "수업이 끝난 뒤 잠깐 만나 뵙는 게 괜찮으신가요?"

ⓒ 자료 수집 절차의 진행 상황을 점검하기 위해 방문 일정을 조율한다.

• "자료 기록이 잘되고 있는지 확인하러 제가 한번 들러도 괜찮을까요?"

위의 문제 확인 면담 문항들을 보면, 자문가는 아동의 문제행동이 구체적으로 어떤 모습인지, 그리고 그 행동이 어떤 조건에서 생기는지를 정확히 알아내려는 것을 알 수 있다. 또한 자문가는 종종 자문을 받는 사람들이 말한 내용을 정리해 되짚어줌으로써 서로 같은 내용을 이해하고 있는지를 확인하기도 한다. 효과적인 문제 확인 면담에서는 자문가가 질문을 많이 하고, 자문을 받는 사람은 그에 대해 구체적인 정보를 제공하는 답변을 많이 하게 된다. 자문가는 정보를 이끌어내기 위해 "얼마나 자주 그런가요?", "얼마나 많이 그런가요?"와 같은 질문이나, "말씀해 주세요", "설명해 주세요" 같은 요청 표현을 자주 사용한다. 이러한 표현은 면담이 주제에서 벗어나지 않도록 도와주며, 자문을 받는 사람이 '엉뚱한 이야기'로 흐르지 않도록 막아주는 역할을 한다.

문제 분석

문제 분석의 목표는, 자문을 받는 사람이 함께 해결하고자 하는 문제에 영향을 주는 요인이나 상황을 알아차릴 수 있도록 돕는 것이다. 그러기 위해서는 자문가가 문제를 잘 분석할 수 있는 지식과 능력을 갖추고 있어야 하며, 그 내용을 자문을 받는 사람에게 잘 전달할 수 있어야 한다.

문제 분석은 크게 두 단계로 나뉜다. 첫 번째는 문제를 분석하는 **분석 단계**, 두 번째는 계획을 세우는 **계획 설계 단계**이다.

분석 단계

분석 단계에서는 자문의 목적 달성에 영향을 미칠 수 있는 외적, 내적 요인에 초점을 맞추는 접근이 가능하다. 예를 들어, 자문가는 행동이 일어나기 전이나 후의 상황이 어떤지를 중심으로 문제를 살펴볼 수 있다. 또다른 방법은, 아동과 교사가 각각 어떤 기술이 필요한지 분석하는 것이다. 예를 들어, 친구들과 잘 지내기 위한 사회적 기술을 아직 배우지 못한 아동의 경우를 들어보자. 이럴 때는 먼저 해당 아동에게 그 사회적 기술을 직접 가르친 뒤에야 그 아동은 또래들과 원만하게 지낼 수 있다. 교사의 경우에도, 학생들이 긍정적인 사회적 행동을 하도록 이끌 수 있는 학습 환경을 만들 기술이 부족할 수 있다. 이럴 때는 자문가가 교사와 함께 그 기술을 키워나가는 작업이 필요하다.

문제를 분석할 때 가장 먼저 해야 할 일은, 아이가 어떤 기술이 부족한지를 살펴볼지, 아니면 행동이 나타나는 상황이나 조건을 살펴볼지를 결정하는 것이다. 때로는 두 가지 모두를 함께 살펴볼 필요도 있다. 예를 들어, 어떤 아이가 친구들과 어울릴 때 분노를 조절하지 못하는 경우라면, 아이가 분노를 다스리는 데 필요한 기술이 무엇인지 생각해 보고, 그 기술을 직접 가르쳐야 한다.

만약 협의를 통해 이루고자 하는 목표가 어떤 행동을 늘리거나 유지하는 것이라면, 그 행동이 얼마나 자주 나타나는지를 좌우하는 조건들을 살펴보는 것이 중요하다. 이를 위해 행동이 일어나기 전, 중간 과정, 그리고 일어난 후에 어떤 일이 있었는지를 함께 고려해야 한다.

행동분석의 관점에서는 이를 A-B-C 분석(선행-행동-결과)이라고 하며, 이 분석은 사회정서학습을 설계하는 데 효과적으로 활용될 수 있다. '선행 조건'은 행동 전에 나타나는 사건으로, 바로 직전에 일어나는 자극일 수도 있고, 시간이나 상황적으로 떨어져있는 설정 요인일 수도 있다. '결과 조건'은 행동 직후에 일어나며, 행동을 더 자주 하게 만들거나(강화) 덜 하게 만들기도 한다(처벌). '순차 조건'은 일정 시간 동안 일어나는 일들의 흐름 이나 반복되는 패턴을 의미한다.

계획 설계 단계

계획을 세우는 단계는 두 가지로 나뉜다. 첫째는 전반적인 전략을 세우는 것이고, 둘째는 그 전략을 실행할 구체적인 방법을 정하는 것이다. '계획 전략'은 자문 과정을 통해 이루고자 하는 목표를 달성하기 위한 큰 방향의 전략이다. 예를 들어, 자문가가 교사에게 친사회적 행동을 늘리기 위해 문제행동 대신 나타나는 긍정적인 행동을 강화하는 방법(대체행동 차별강화)을 제안할 수 있다. 반면에 '계획 전술'은 그 전략을 실제로 어떻게 실행할지를 자세히 설명하는 것이다. 예를 들어, 자문가는 교사에게 학생의 친사회적 행동이 나타날 때마다 평균적으로 다섯 번 중 한 번 정도의 불규칙한 간격으로 칭찬이나 관심을 제공하도록 안내할 수 있다. 두 개념의 핵심 차이는, 전략은 행동을 바꾸기 위한 원리를 제시하는 것이고, 전술은 그 원리를 바탕으로 실제로 무엇을 어떻게 할지를 구체화하는 데 있다.

문제 분석 면담

문제 분석은 문제 분석 면담Problem Analysis Interview을 통해 시작된다. 이 면담에서 자문가와 교사(또는 보호자)는 정말로 분석이 필요한 문제가 있는지를 함께 살펴본다. 만약 문제가 있다고 판단되면, 아동의 행동에 영향을 주는 상황이나 기술 부족 같은 요인들에 대해 함께 이야기한 뒤, 그 문제를 해결하기 위한 계획을 함께 세운다. 아래는 사회적 기술 문제를 다룬 문제 분석 면담의 한 예시이다.

① 문제 상황을 확인한다.

ⓐ 자문가가 교사(또는 보호자)와 기록을 살펴본다.

- "프랭크가 친구들과 잘 지내지 못했던 행동에 대한 기록을 같이 살펴보겠습니다."

ⓑ 자료가 충분하지 않은 경우, 추가 자료 수집을 요청한다.

- "프랭크가 지난주에 대부분 아파서 학교에 오지 못했기 때문에, 이 문제를 제대로 살펴보려면 자료를 좀 더 모아야 할 것 같아요."

ⓒ 자료가 충분할 경우, 자료에 대해 확인 질문하기

- "지금 가지고 계신 기록에 따르면, 프랭크가 하루에 평균 다섯 번 정도 친구들과 갈등을 겪은 것으로 되어있는데, 맞나요?"

ⓓ 중재를 통해 기대하는 목표 정하기

- "프랭크가 하루에 몇 번 정도 친구들과 잘 지내는 모습을 보면 좋겠다고 생각하시나요?"

- "지난주에는 프랭크가 하루에 다섯 번 정도 친구들과 잘 지냈으면 좋겠다고 말씀하셨는데, 그 생각은 지금도 같으신가요?"

ⓔ 현재 모습과 기대하는 모습 사이의 차이에 대해 이야기 나누기

- "지금 프랭크의 행동과 선생님이 기대하시는 행동 사이에 하루에 약 다섯 번 정도 차이가 있는 것으로 보이는데, 맞나요?"

② **조건 분석을 수행한다.**

ⓐ 행동 전에 어떤 일이 있었는지 묻는다.

- "프랭크가 친구들과 문제를 일으키기 전에 보통 어떤 일이 있었나요? 그때 친구들은 무얼 하고 있었나요?"

ⓑ 행동 직후 상황을 파악한다.

- "프랭크가 친구들과 갈등을 겪은 후에는 어떤 일이 일어나나요? 선생님은 어떻게 반응하시고, 친구들은 어떤 반응을 보이나요?"

ⓒ 문제행동이 자주 일어나는 시간대나 상황을 확인한다.

- "프랭크가 친구들과 문제를 심하게 일으키는 시간은 언제인가요?"
- "오전과 오후 중 언제가 더 문제인가요?"
- "오전에는 어떤 수업을 하고, 오후에는 어떤 수업을 하나요?"

ⓓ 계획 설계와 관련된 조건에 주의를 집중하고 이에 대한 합의를 도출한다.

- "선생님께서 프랭크가 문제행동을 보일 때, 어떤 때는 무시하고 어떤 때는 지도하셨다고 하셨죠?"
- "또 친구들도 어떤 때는 프랭크를 무시하고, 어떤 때는 반응했다고 하셨죠?"

ⓔ 문제를 해결하기 위한 계획을 함께 세운다.

- "프랭크가 친구들과 더 잘 지낼 수 있도록 계획을 같이 세워봅시다. '

사전 교정'이라는 방법을 사용할 수 있어요. 이 방법은 수업 전에 프랭크에게 미리 어떤 상황에서 문제가 생길 수 있는지 알려주고, 그 상황에서 어떤 행동을 하면 좋을지 구체적으로 가르쳐주는 거예요."

- "또한 프랭크가 친구들과 잘 지냈을 때는 칭찬하거나 좋아하는 활동을 하게 해주면 그 행동을 더 자주 하게 될 거예요."

ⓕ 계획 내용에 대한 합의를 확인한다.

- "프랭크의 문제를 해결하기 위해 사전 교정과 강화라는 두 가지 방법을 모두 사용하기로 하셨다는 점에 동의하시죠?"

ⓖ 자료 수집 방법을 재확인한다.

- "프랭크가 친구들과 잘 지낸 횟수가 하루에 몇 번인지 기록하기로 하셨죠?"

③ **다음 만남이나 연락을 위한 일정을 조율한다.**

ⓐ 문제 평가 면담 일정을 조율한다.

- "프랭크가 어떻게 지내는지를 함께 이야기하기 위해 다음 주 언제쯤에 만날 수 있을까요? 선생님께 가장 편한 장소는 어디인가요?"

ⓑ 계획 실행 과정을 점검하기 위한 방문 일정을 조율한다.

- "다음 주 수요일에 잠깐 들러서 계획이 잘 진행되고 있는지 확인해도 괜찮을까요? 언제 방문하는 것이 가장 좋을까요?"

ⓒ 필요할 경우 훈련 일정을 마련한다.

- "사전 교정이랑 강화 전략을 어떻게 사용하는지 직접 보여드리려 하는데, 어느 시간대가 가장 괜찮으신가요?"

계획 실행

계획 실행은 문제 해결의 세 번째 단계이다. 이 단계에서는 앞서 세운 계획을 실제로 실행에 옮긴다. 계획이 효과를 거두기 위해서는 그것이 얼마나 잘 실행되느냐에 달려있다. 보통 계획을 실행하는 사람은 교사나 부모와 같은 자문을 받는 사람이며, 이들이 문제 분석 단계에서 함께 만든 계획을 실제로 실천에 옮긴다. 하지만 교사나 부모는 행동을 바꾸기 위한 심리학적 기법에 대해 전문적인 교육을 거의 받지 않았기 때문에, 자문가는 그들이 계획을 정확히 이해하고 실천할 수 있도록 안내한다. 이를 위해 계획을 실행하기 전에 필요한 경우 중재 방법에 대한 훈련을 제공한다.

계획을 실행하는 동안에는 두 가지 방식으로 점검이 이루어진다. 첫째는 아동의 행동을 점검하는 것이고, 둘째는 계획이 제대로 실행되고 있는지를 점검하는 것이다. 교사는 목표로 하는 행동이 얼마나 자주 나타나는지를 매일 기록하는 방식으로 아동의 행동을 쉽게 관찰할 수 있다. 또 3장에서 소개한 직접 행동 평정이나 간단한 행동 체크리스트를 사용해도 된다. 계획이 정확하게 실행되는지를 확인하려면, 자문가가 실제 수업이나 활동을 관찰하여 계획이 어떻게 적용되는지를 직접 살펴봐야 한다. 이처럼 중재 충실도를 확인하는 일은 매우 중요하다. 왜냐하면 계획이 제대로 실행되지 않거나 일관되지 않게 적용되면, 아동의 행동을 바꾸는 데 효과를 기대하기 어렵기 때문이다(Gresham, 1989, 2014). 이 개념은 본 장 앞부분에서 이미 자세히 설명되었다.

계획을 실행할 때에는 '기술 발달 목표, 실행 점검, 계획 수정'이라는 세 가지 종류의 목표가 함께 수행되어야 한다. 각각의 목표를 정리하면 다음과 같다.

기술 발달 목표

- 자문을 받는 사람이 계획을 제대로 수행할 수 있는 역량이 있는지 확인한다.
- 계획을 실행하는 데 필요한 기술 훈련이 가능한지 검토한다.
- 필요한 기술을 효과적으로 익힐 수 있도록 절차를 마련한다.
- 기술 훈련의 효과성을 점검하고 평가한다.

실행 점검

- 아동의 주요 목표 행동을 지속적으로 관찰하고 기록한다.
- 계획이 의도한 대로 충실히 실행되고 있는지 점검한다.

계획 수정

- 기존 계획에 대한 수정이 필요한지 검토한다.
- 수정이 필요할 경우, 새로운 계획을 수립한다.

문제 평가

문제 평가의 목적은 자문을 통해 설정한 목표가 충분히 달성되었는지를 판단하는 데 있다. 이 과정에서는 계획을 그대로 유지할지, 종료할지, 혹은 수정할지 여부를 결정한다. 문제 평가는 일반적으로 그래프 자료를 시각적으로 분석하여, 행동 변화의 수준(평균 변화량), 경향(상승 또는 하강 추세), 그리고 변동성(시간에 따른 변화 폭)을 확인함으로써 이루어진다. 이러한 문제 평가는 아래에 설명된 문제 평가 면담을 통해 수행된다.

문제 평가 면담

문제 평가 면담은 개입 계획의 효과성을 점검하기 위한 도구로 사용된다. 이 면담에서 고려해야 할 절차적 요소는 두 가지이다. 첫째, 추가 면담이 필요한지를 결정하고 일정을 조정하는 것, 둘째, 자문 과정을 종료할지를 결정하는 것이다. 만약 하나 이상의 목표가 아직 달성되지 않았다면, 추가적인 면담이 필요하다. 반대로 모든 목표가 충족되었다면, 자문가는 협의 과정을 공식적으로 마무리한다. 문제 평가 인터뷰의 구체적인 예시는 아래에 제시되어 있다.

① 목표 달성도 평가

ⓐ 평가를 시작한다.
- "프랭크가 지난주에 친구들과 어울린 내용이 담긴 자료를 보여주시겠어요?"

ⓑ 계획 실행 중 관찰된 아동의 행동을 언급한다.
- "지난주에는 프랭크가 친구들과 훨씬 더 잘 지낸 것으로 보이네요."

ⓒ 이전에 설정한 구체적 행동 목표를 되짚는다.
- "처음 상담하셨을 때, 프랭크가 하루에 다섯 번 정도 친구들과 갈등이 있다고 하셨고, 하루에 다섯 번 정도는 긍정적인 상호작용을 하기를 원한다고 말씀하셨죠. 맞으신가요?"

ⓓ 목표 달성 여부를 평가한다.
- "프랭크가 친구들과 더 잘 지내는 목표를 달성했다고 보시나요?"

② 문제 해결의 다음 단계로 진행할지, 아니면 자문 초기 단계로 되돌아갈지를 결정한다.

    ⓐ 문제 해결의 효과성 여부를 논의한다.

      • "프랭크가 친구들과 더 잘 어울릴 수 있도록 한 이번 계획이 얼마나 효과적이었는지 함께 논의해 보죠."

    ⓑ 자문의 단계 전환 여부를 판단한다.

      • "프랭크가 목표를 잘 이뤄냈으니, 이제 문제 해결의 다음 단계로 넘어가도 될 것 같습니다."

③ 계획의 효과성 평가

    ⓐ 행동 변화가 개입 계획의 결과였는지를 함께 검토한다.

      • "프랭크가 친구들과 더 잘 지내게 된 게 이번 계획 덕분이라고 생각하시나요?"

    ⓑ 이 계획이 다른 학생이나 상황에서도 유효할 수 있는지를 자문받는 사람의 관점에서 살펴본다.

      • "이 계획이 교실의 다른 아이들에게도 효과가 있을 거라고 생각하시나요?"

      • "운동장에서도 같은 방식이 잘 통할 것 같으세요?"

④ 사후 실행 계획 수립

    ⓐ 실행 이후 대안 계획에 대한 논의를 시작한다.

      • "이제 프랭크가 받는 지원을 점차 줄여가는 방안을 생각해 볼 수도 있을 것 같아요."

ⓑ 계획 수정에 대해 이야기한다.

• "앞으로 2주 동안은 칭찬해 주는 횟수나 사전 교정 지도 횟수를 조금씩 줄여봐도 좋을 것 같습니다."

ⓒ 개입 이후 자료 수집 절차를 정한다.

• "프랭크의 행동을 체크하는 횟수를 일주일에 세 번 정도로 줄여볼 수 있겠네요."

ⓓ 자문을 종료한다.

• "프랭크에 대한 목표를 잘 달성했기 때문에, 오늘이 마지막 만남이 되겠군요. 함께할 수 있어 참 감사했습니다. 프랭크나 다른 학생에 대해 또 궁금한 점이 생기면 언제든지 연락 주세요."

:: 학업이나 수행 결손을 돕기 위한 2단계 수준의 개입 방안 사례

사회적 기술 수행의 결손을 개선하기 위해, 2단계 선택적 프로그램은 다양한 선행 요인 및 결과 중심의 전략을 활용한다. 사회적 기술의 수행이 부족한 이유는 대개 그 행동을 유발하거나 유지시키는 선행 요인 또는 결과 요인에 원인이 있는 경우가 많다. 이러한 전략은 사회적 기술의 실제 수행을 촉진하는 동시에 경쟁적인 문제행동을 줄이는 데 목적이 있다. 이제 이러한 선행 요인 중심 전략과 결과 중심 전략을 살펴본다.

선행 요인 중심 전략

선행 요인 중심 전략은 아동이 바람직한 사회적 행동을 더 많이 보일 수 있도록 사회적 환경을 조정하거나 새롭게 설계하는 데 중점을 둔다. 이 전략들은 또래 중재, 신호 주기, 사전 교정, 체크인·체크아웃 기법의 네 가지 중재 접근으로 구성된다.

또래 주도

또래 주도Peer initiation 전략은 특정 아동과의 긍정적 상호작용을 촉진하기 위해 그 아동의 또래를 선발해서 훈련하여 먼저 다가가도록 하는 개입 방식이다. 이 방법은 주로 사회적 고립이나 무시를 경험하며 위축된 행동을 보이는 아동에게 효과적으로 활용된다(Kohler & Strain, 1990). 하지만 공격적이거나 반항적인 성향이 강한 아동, 또는 사회적 기술을 습득하는 것이 어려운 아동에게는 적합하지 않다. 표 5.1은 사회적으로 고립되거나 또래 관계에서 소외된 아동의 긍정적인 사회적 상호작용을 촉진하기 위해 또래 주도 전략을 어떻게 활용해야 하는지에 대한 지침을

- 자신감이 높고 또래들 사이에서 호감도가 높은 학생들을 또래 도우미로 선발한다.
- 이들에게 사회적 상호작용을 시작하는 전략을 훈련시킨다. 이를 위해 시범 보이기, 행동 시연(역할 놀이)과 이에 대한 피드백, 바람직한 행동에 대한 강화, 그리고 구체적인 행동 지시 등의 방법을 활용한다.
- 또래 도우미가 처음에는 무시당하거나 거절당할 수 있다는 점을 미리 알려주고, 그러한 상황에 적절히 대처할 수 있도록 준비시킨다.
- 정기적으로 훈련할 수 있도록 추가 시간을 확보하여, 도우미들에게 다시 한번 전략을 익히게 하고, 실제 적용 과정에서 겪는 어려움이나 사례를 함께 논의한다.

표 5.1 또래 주도 상호작용을 위한 지침

제시한다.

신호 주기(촉진하기)

행동보다 먼저 제시되는 자극, 즉 선행 자극은 그 행동을 유발하는 역할을 한다. 특정 자극이 주어진 상황에서 반복적으로 강화가 이루어지면, 그 자극은 점차 변별 자극으로 작용한다. 변별 자극은 그 자극이 있을 때는 행동이 강화될 가능성이 있고, 없을 때는 강화되지 않는다는 신호 역할을 한다. 반응 촉진은 이러한 변별 자극이 주어진 상황에서 원하는 행동을 이끌어내기 위해 추가적으로 사용하는 선행 자극이다.

반응 촉진은 언어적 지시, 시범 보이기(모델링), 그리고 신체적 안내, 이 세 가지 유형으로 나눌 수 있다. 언어적 지시는 말로 하거나, 말이 아닌 방식(예: 글, 그림, 손동작 등)으로 행동을 유도하는 것이다. 예를 들어 "말할 때는 상대방을 바라보세요"라고 말해주는 것이 언어적 촉진에 해당한다. 또는 "친구에게 친절하게 대해요"라는 문구가 교실에 붙어있는 경우, 그것은 비음성 언어 지시의 예이다. 이러한 언어적 반응 촉진은 바람직한 사회적 행동을 쉽고 효과적으로 유도할 수 있는 전략이다.

모델링은 원하는 행동을 유도하기 위한 반응 촉진 전략으로 활용될 수 있다. 복잡한 사회적 기술도 아동에게 실제로 보여주며 가르칠 수 있기 때문에, 모델링은 쉽고 실용적인 지도 방법이다. 이 방법이 효과를 발휘하려면 학습자는 모델의 행동을 주의 깊게 관찰하고 그대로 따라 할 수 있어야 한다. 모델링은 또래 집단에 자연스럽게 들어가는 방법부터, 놀림이나 별명 부르기에 대처하는 기술까지 다양한 사회적 기술을 가르치는 데 사용할 수 있다.

신체적 안내는 주로 유아나 중증 장애가 있는 아동에게 사용하는 반응 촉진 방법이다. 이 방법은 교사가 아동의 행동 수행 전체를 직접 중간중간 도와주며 유도하는 방식이다. 신체적 안내는 효과적인 촉진 방법이지만, 언어적 지시나 시범 보이기보다 더 직접적인 개입이 필요하므로 덜 자연스러울 수 있다. 교사와 학생 간의 물리적인 접촉이 필요하기 때문에 더 침습적인 방식으로 간주된다. 따라서 신체적 안내를 사용할 경우, 점진적으로 도움을 줄이고 최종적으로는 촉진을 없애는 것이 중요하다.

사전 교정

사전 교정은 바람직한 사회적 행동을 유도하는 데 효과적인 선행 전략이다. 이 기법에서는 문제행동이 예상되는 상황에서, 그에 대한 긍정적 대안 행동을 미리 안내하고 촉진한다. 보통 사전 교정은 일곱 단계의 절차로 구성된다.

- 학생이 바람직한 행동을 보여야 하는 맥락이나 상황의 조건(예: 특정한 시간, 장소, 상황)을 구체적으로 제시한다.
- 학생에게 기대하는 행동이 무엇인지 분명히 설명한다. 보통 이 행동은 문제행동과 양립할 수 없는 형태다(예: 갈등 상황에서 타협하기는 싸움과는 공존할 수 없다).
- 문제행동이 발생할 가능성이 높은 환경을 조정한다. 예를 들어 자주 다투는 학생 둘이 있다면 서로 멀리 앉히는 방식으로 환경을 조정할 수 있다.
- 기대하는 행동을 실제로 해보는 연습을 시킨다. 예를 들어 대화에서

차례를 지키는 것이 목표라면, 역할극을 통해 그 상황을 반복 연습 시킨다.

- 학생이 바람직한 행동을 잘 수행했을 경우 즉각적으로 강화하여 그 행동이 유지되도록 한다.
- 일과 중 반복적으로 기대 행동을 상기시키고 유도한다.
- 교사 관찰, 자기 점검, 또래의 피드백 등을 활용하여 학생의 행동 수행 여부를 계속 점검한다.

체크인·체크아웃

체크인·체크아웃은 훨씬 심각한 행동 문제로 발전할 위험이 있는 학생 들에게 매일 지원을 제공하는 학교 기반의 2단계 선택적 중재 전략이다. 체크인·체크아웃은 크론Crone, 호큰Hawken, 호너Horner(2010)가 논의 한 세 가지 핵심 개념big idea에 기반한다.

- 어려움이 있는 학생들은 명확한 행동 기준, 자주 주어지는 피드백, 일관된 대응, 그리고 목표 달성에 따른 긍정적 강화를 통해 긍정적 인 변화를 경험할 수 있다.
- 사회적 기술, 문제행동, 학업 성과는 서로 밀접하게 연관되어 있다.
- 효과적인 행동 지원은 교사와 학생 간의 신뢰 관계 형성에서 출발 한다.

체크인·체크아웃은 학교와 가정 간의 협력 체계를 강화하고, 학생들 에게 자기 조절 능력을 기를 수 있는 기회를 확대해 준다. 비록 긍정적 강화와 같은 결과 중심 전략이 체크인·체크아웃의 핵심 요소이긴 하지만, 이 전략은 선행 중심 개입으로 분류할 수 있다. 왜냐하면 이 전략은 기대하는 행동을 명확히 전달하고, 일관된 환경을 제공하는 등 선행조건에 크게 의존하기 때문이다.

체크인·체크아웃이 효과적으로 운영되기 위해서는 필수적인 구성 요소들과 절차들이 포함되어야 한다. 아래는 이러한 핵심 요소들에 대한 전반적인 개요이다.

① 지원 인력

체크인·체크아웃은 학교 내 행동 전문가, 학교 심리사 또는 상담교사와 같은 코디네이터에 의해 운영된다. 또한 담임교사가 중재를 함께 담당하며, 학생에게 꾸준한 피드백과 칭찬을 제공하는 역할을 한다.

② 학생 확인

체크인·체크아웃 개입 대상 학생은 다음 네 가지 경로 중 하나를 통해 선정된다.

- 학교 행동지원팀이 교칙 위반 건수 증가나 결석 등의 지표를 바탕으로 위험 학생을 선별
- 모든 학생을 대상으로 한 체계적인 행동 문제 및 사회적 기술 결손 검사 결과 선별
- 교사 추천
- 1단계 보편적 사회정서학습 프로그램에 참여했지만 기대한 만큼의

효과가 나타나지 않았을 경우

③ **절차**

체크인 · 체크아웃은 하루 단위의 일과와 2주 단위의 주기적 점검으로
진행된다. 그중 일일 활동은 다음과 같은 요소들을 중심으로 운영된다.

- 학생은 아침에 등교하여 체크인 · 체크아웃 코디네이터와 체크인하
  며 하루를 시작한다.
- 이때 학생은 일일 행동 점검표를 받는다.
- 학생은 일일 행동 점검표를 가지고 다니며, 각 교시 수업 시작 전에
  담당교사에게 제출한다.
- 수업이 끝난 뒤에는 일일 행동 점검표를 다시 받아, 해당 시간 동안
  의 사회적 행동에 대한 교사의 피드백을 받는다.
- 하루가 마무리되면 학생은 일일 행동 점검표를 체크인 · 체크아웃
  코디네이터에게 다시 제출하고, 코디네이터는 학생이 그날의 행동
  목표를 달성했는지 확인한 뒤, 사본을 집에 가져가도록 한다.
- 가정에서는 보호자가 일일 행동 점검표를 확인하고, 목표를 이룬 경
  우 칭찬한 후에 서명한다.
- 학생은 다음 날 서명된 일일 행동 점검표를 학교에 제출한다.

체크인 · 체크아웃은 사회적 부족이나 행동 문제로 발전할 가능성이
있는 학생들에게 적합한 개입 전략이다. 이러한 학생들은 주로 준비물
없이 등교하거나, 수업 중 말을 자주 하거나, 교실에서 경미한 방해 행동

을 보이는 경우가 많다. 체크인·체크아웃은 학생이 성인의 주의를 끌기 위해 문제행동을 한다는 전제 아래 설계된 중재이다. 따라서 심각한 공격성이나 폭력 행동을 보이는 학생에게는 체크인·체크아웃만으로는 충분하지 않으며, 이들은 더 강도 높은 3단계 집중 개입이 필요하다. 10장에서는 다양한 사회적 기술 문제에 대해 체크인·체크아웃 기반의 사회정서학습 사례들을 살펴볼 것이다.

표준적인 절차 접근법(결과 중심 개입)
문제행동과 양립할 수 없는 대안 행동에 대한 차별적 강화

차별적 강화를 제공한다는 것은 특정 행동에는 강화를 제공하고, 다른 행동에는 강화를 주지 않는 것을 의미한다. 이 전략은 문제행동과 동시에 일어날 수 없는 바람직한 행동이 나타났을 때 그 행동을 강화하는 것, 문제행동에 대해서는 가능한 한 강화를 제거하거나 피하는 것, 이 두 가지 핵심 요소로 구성된다. 차별적 강화는 문제행동을 감소시키고 사회적으로 바람직한 행동을 길러주는 데 가장 효과적이고 널리 활용되는 기법 중 하나이다(Cooper et al., 2007). 앞서 소개한 매칭 법칙의 내용을 다시 떠올려보자.

매칭 법칙은 차별강화의 원리에 기초한다. 매칭 법칙에 따르면, 어떤 행동이 얼마나 자주 일어나는지는 그 행동에 대해 얼마나 자주 보상이 주어지는지와 비례한다. 예를 들어, 공격적인 말은 다섯 번 중 한 번 강화되고, 친절한 말은 열다섯 번 중 한 번 강화된다면, 결과적으로 공격적인 말이 친절한 말보다 3배 더 자주 나타나게 된다(15/5 = 3).

양립 불가능한 행동에 대한 차별적 강화는 문제행동과 동시에 일어날 수 없는 행동을 강화하고, 문제행동이 발생했을 때는 강화를 보류하는 전략이다. 앞서 매칭 법칙의 예에서 본 것처럼, 양립 불가능한 행동에 대한 차별적 강화 전략을 적용하면 친절한 말하기에 대한 강화를 자주 제공하고, 공격적인 말하기에 대한 강화를 줄이는 것이다. 예를 들어, 친절하게 말할 때마다 강화를 제공하고, 공격적으로 말할 때는 다섯 번 중 한 번만 강화한다면, 결과적으로 친절한 말하기는 공격적인 말하기보다 5배 더 자주 나타나게 된다(5/1 = 5).

양립 불가능한 행동에 대한 차별적 강화를 보다 효과적으로 실행하기 위한 주요 지침은 다음과 같다.

- 아동이 이미 익숙하게 할 수 있는 행동 중, 문제행동과 동시에 일어날 수 없는 행동을 선택한다.
- 아동에게 동기를 강하게 불러일으키고, 일관되게 제공할 수 있는 강화 방법을 선택한다.
- 바람직한 행동이 나타났을 때 즉각적으로 그리고 꾸준히 강화한다.
- 문제행동에는 절대 강화를 주지 않는다.
- 양립 불가능한 행동에 대한 차별적 강화를 반응 비용, 타임아웃, 자극 점진 소거 등 다른 행동 중재 기법과 함께 적용해 본다.

10장에서는 양립 불가능한 행동에 대한 차별적 강화 전략을 활용해 문제행동을 바람직한 행동으로 변화시킨 실제 사례를 살펴볼 것이다.

행동 약속

행동 약속(또는 조건 약속)은 특정 행동을 완료했을 때 보상을 받을 수 있다는 조건적 관계를 문서로 명확히 규정한 것이다. 보통 이 약속은 두 사람 이상이 서로에게 기대하는 행동을 구체적으로 약속하는 형태로 작성한다. 단순한 말뿐인 약속과 달리, 행동 약속은 중재 계획을 세우고 실행하며 그 효과를 평가하는 데 매우 구체적이고 체계적인 특징을 지닌다. 이러한 약속은 숙제 제출, 성적 향상, 집안일 수행, 사회적 기술 개선 등 다양한 행동 변화를 이끌어내는 데 효과적이다(Cooper et al., 2007).

행동 약속은 '해야 할 과제의 내용, 과제를 수행했을 때 받을 보상 조건, 과제 수행 여부를 기록하는 방식'의 세 가지 핵심 요소로 구성된다. 행동 약속에 포함되는 과제는 '누가 과제를 수행할 것인지, 무엇을 해야 하는지(구체적인 행동), 언제까지 해야 하는지, 어떻게 해야 하는지(단계별 수행 기준 포함)'의 네 가지 측면을 명확히 한다. 강화 조건 내용에는 '과제 완료 여부를 누가 판단할 것인지, 과제를 성공적으로 마쳤을 때 어떤 보상을 언제 제공할 것인지에 대한 구체적인 시점'을 명시해야 한다.

보상은 과제를 수행한 대상 학생에게 주어지며, 과제를 완료했을 때 어떤 보상이 있는지 구체적으로 명시한다. 또한 과제 기록표는 학생의 행동 수행 과정을 지속적으로 점검하고 모니터링하는 데 사용된다. 사회적 기술 향상을 위한 행동 약속을 작성할 때 고려해야 할 구체적인 지침들은 아래에 제시되어 있으며, 10장에 사회정서학습에 행동 약속을 적용한 실제 사례가 소개되어 있다.

• 행동 약속을 쓸 때는 아동과 교사가 각자 무엇을 기대하고 있는지

구체적으로 적는다. 예를 들어, 아동이 친구들과의 갈등 상황에서 타협하는 행동을 더 많이 하기를 바라고, 아동은 그 대가로 컴퓨터를 더 오래 사용하고 싶어 할 수 있다. 이 약속은 개인뿐만 아니라 학급 전체를 대상으로 작성할 수도 있으며, 이 경우 역할극 참여나 학급 규칙 준수를 명시하고, 학생들이 함께 원하는 보상(집단 강화물)을 제공하는 방식으로 구성할 수 있다.

- 약속에는 관찰 가능하고 측정 가능한 행동만을 명확히 기재하며, 실제 실행 여부를 쉽게 확인할 수 있어야 한다.
- 약속을 지키지 않았을 경우 받게 될 불이익이나 제한도 함께 명시한다.
- 약속 내용을 지속적으로 잘 지켜온 경우에는 추가 보상을 한다.
- 약속에는 모든 관련 당사자가 서명해야 한다.
- 아동이 자신의 역할을 쉽게 이해하도록 약속 내용을 간단하고 명확하게 작성한다.
- 만약 약속이 효과가 없거나, 행동 목표나 보상 내용을 바꾸고 싶다면 약속 내용을 다시 협의하고 수정한다.

긍정적 연습

긍정적 연습은 과잉 교정overcorrection 원리를 활용한 행동 감소 전략으로, 아동이 문제행동과 관련된 바람직한 행동을 노력을 통해 반복하도록 요구하는 방법이다. 이 기법은 문제행동이 나타났을 때, 즉각적으로 올바른 행동 또는 문제행동과 양립할 수 없는 행동을 반복해 실천하게 하여 바람직한 행동을 체화하도록 돕는다. 예를 들어, 한 아동이 친구에게

"넌 정말 멍청하구나!"라고 모욕했다면, 그 아동은 해당 친구뿐만 아니라 반 친구 모두와 교사에게도 친절하게 말하도록 연습해야 한다. 이러한 긍정적 연습은 단순한 처벌이 아니라 교육적 방식으로 대체행동을 가르치는 데 목적을 두기 때문에, 사회정서학습 중재에서 유용하게 활용된다. 이 기법을 실행할 때 유의할 점은 다음과 같다.

- 어떤 문제행동에 대해 긍정적 연습을 적용할지 기준을 세운다.
- 학생이 잘못된 행동을 했을 때, 대신 연습해야 할 바람직한 사회적 기술 행동을 정한다.
- 교실에서 실제로 일어나는 사건들(예: 놀리기, 욕하기, 괴롭히기)에 긍정적 연습을 활용한다.
- 학생이 잘못된 행동을 한 직후 곧바로 긍정적 연습을 실시한다.
- 연습을 시작하기 전, 학생에게 방금 무엇이 잘못된 행동이었는지, 어떻게 행동하는 것이 더 적절한지 스스로 말해보게 한다.
- 학생이 올바른 행동을 4~5회 반복하여 연습하도록 한다.
- 긍정적 연습이 실제로 어떤 효과를 내고 있는지 관찰한다. 만약 연습 이후 오히려 문제행동이 늘어난다면, 그것은 이 방법이 학생에게 보상처럼 작용하고 있다는 뜻이므로 즉시 중단한다.

긍정적 또래 보고

긍정적 또래 보고는 학급 내에서 친구들의 관심을 받기 위해 방해 행동을 보이는 학생들을 위한 학급 중심의 개입 전략이다. 일부 아이들은 또래의 주목을 매우 중요하게 여기며, 관심을 얻기 위해 때로는 의도적으로 짜증을 유발하는 행동을 하기도 한다. 이런 학생들은 또래로부터 인정을 받고 싶어 하지만, 결국에는 사회적으로 고립되거나 친구들에게 거부당하는 결과를 겪는 경우가 많다.

긍정적 또래 보고는 친구들이 학급 앞에서 특정 학생이 보여준 긍정적이고 바람직한 행동을 이야기하는 방식의 개입 전략이다. 이때 대상 학생은 이전에 친구들의 관심을 끌기 위해 문제행동을 했던 경험이 있는 학생이다. 긍정적 또래 보고의 핵심은, 그런 학생이 바람직한 사회적 행동을 했을 때 친구들이 이를 인정해 주고 긍정적인 관심을 표현하는 것이다. 쉽게 말해, 긍정적 또래 보고는 바람직한 행동에 대해 '떠드는' 활동을 통해 바람직하지 못한 행동이 아닌 바람직한 행동에 주목하도록 하는 전략이다. 다음은 긍정적 또래 보고를 사회정서학습에 적용할 때 활용할 수 있는 실행 지침이다.

- 먼저 학생들이 함께 목표로 삼을 집단 보상을 하나 이상 정한다.
- 대상 학생을 칭찬할 때마다 1점씩 학급에 적립되며, 이 점수를 모아 얼마 이상이 되면 보상을 받을 수 있는지 기준을 정한다.
- 긍정적 또래 보고 대상이 될 학생 1~2명을 선정한다.
- 모든 학생에게 친구를 칭찬하는 구체적인 방법을 직접 지도한다. 이때 약 10~20분간 칭찬 표현의 기본 원리를 설명하고, 실제 언어 표현을 연습하는 시간을 갖는다.
- 칭찬의 개념과 예시가 담긴 포스터를 교실 벽에 붙여 시각적으로도 상기시킨다.
- 긍정적 또래 보고 활동을 소개할 때, 모든 학생이 서로를 격려하며

함께 보상을 받는 활동임을 강조한다.

- 활동을 시작한 후에는, 학생들이 받은 칭찬 횟수를 집계하고 점수로 환산해 기록한다.

- 누가 얼마나 칭찬을 받았는지를 반영하여 학급 점수를 추가하고, 목표 점수에 도달하면 학급 전체에 보상을 제공한다.

∷ 사회적 기술 습득 결손을 위한 2단계 개입

SSIS-IG

SSIS-IG는 정교하게 구조화된 상용화된 프로그램으로, 2단계 수준의 선택적 사회적 기술 향상 지도에 적합한 매뉴얼형 도구이다(Elliott & Gresham, 2008). 이 프로그램은 사회적 기술을 의사소통, 협동, 자기표현, 책임감, 공감, 자기 조절, 참여의 일곱 가지 핵심 역량 영역을 중심으로 가르치도록 설계되어 있다. 이 영역들은 SSRS 평정척도(Gresham & Elliott, 1990)에 기반하여 도출되었고, 이후 개정판인 SSIS 평정척도를 통해 현대적으로 다듬어졌다(Gresham & Elliott, 2008).

SSIS-IG의 교수 전략은 사회학습이론과 인지행동치료의 핵심 원리를 기초로 설계되었다. 특히 이 프로그램은 모델 시범, 코칭, 행동 연습, 수행 피드백, 사회적 문제 해결 훈련을 주요 전략으로 사용한다. 그림 5.3은 이러한 전략들이 어떻게 변화 과정을 유도하고 개입 효과에 영향을 미치는지에 대한 이론적 구조를 보여준다.

이 변화 이론 모델은 반두라 Bandura(1977, 1986)의 사회학습이론에 기

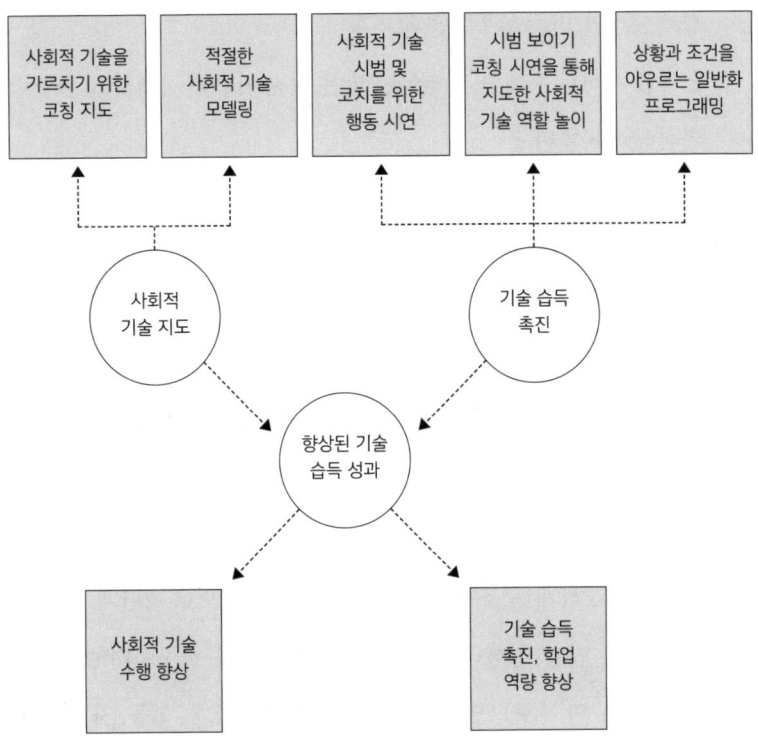

그림 5.3 습득을 통한 변화 이론

초하고 있으며, 이는 대리 학습과 인지적 매개 과정이 어떤 환경 자극에 주목하고 기억하며, 실제 행동으로 옮기는지를 결정짓는 데 중요한 역할을 한다는 개념이다. 사회학습이론의 핵심은 상호결정론reciprocal deter-minism이며, 이는 개인의 행동이 환경을 변화시키고, 환경 역시 개인의 행동에 영향을 미친다는 상호작용적 구조를 설명한다. 이 모델은 사회학습이론의 전략들을 활용하여 학생들이 사회적 기술을 익히고 실생활에 적용할 수 있도록 돕는다. 구체적으로는 모델링(시범 보이기), 코칭(언어적 안내), 행동 시연(연습)을 통해 기술의 숙련도를 높이고, 피드백과 일반화 전략을 통해 배운 기술이 교실 밖 실제 상황에서도 자연스럽게 쓰이도록 지원한다.

이 변화 이론 모델에서는 사회적 기술을 다음의 6단계 교수·학습 순서를 통해 가르친다.

- 말하기 – 코칭
- 보여주기 – 모델링
- 해보기 – 역할 놀이
- 연습하기 – 행동 시연
- 변화 과정 모니터링 – 피드백 및 자기 평가
- 일반화 – 일반화 계획하기

이 6단계 교수·학습 모델은 학생들이 사회적 기술을 더 잘 배우고, 실제 상황에서 효과적으로 활용하며, 다양한 환경으로 확장할 수 있도록 돕는다. 또한, 앞서 언급한 바와 같이 사회적 기술이 학업 수행을 가능하게 하는 기초적인 능력이라는 점에서, 사회적 기술 수행 능력이 향상되면 학생들이 수업과 학습 활동에 더 잘 참여하고, 그 결과로 학업 성과도 함께 향상될 것으로 기대한다.

각 단계는 하나의 교수 전략이 중심이 되지만, 다른 전략들이 보조적으로 함께 사용되어 학습을 더욱 풍부하게 만든다. 예를 들어, '말하기' 단계에서는 코칭이 핵심이지만, 기술을 좀 더 잘 이해시키기 위해 모델링을 곁들일 수 있고, 사회적 문제 해결 대화를 통해 그 기술이 왜 중요한지를 함께 고민해 볼 수도 있다(Caprara et al., 2000; DiPerma & Elliott,

2002; Malecki & Elliott, 2002; Wentzel, 2009).

　SSIS-IG 사회적 기술 향상 프로그램은 4~5명으로 구성된 소집단 형태로 운영되며, 소집단 아동 지도 경험이 있는 전문 지도자가 수업을 이끈다. 이 프로그램은 주 2회, 회당 45분씩, 총 12주간 약 90분씩 운영되며, 매주 두 가지 사회적 기술을 중심으로 집중적인 학습이 이뤄진다. 수업에서는 상황 학습, 또래 모델링, 행동 시연 연습, 구체적인 피드백 등 검증된 교수 전략을 활용하여 사회적 기술의 효과적 습득을 도모한다(이는 앞서 설명한 변화 이론 모델에 기반한다). 또한 학교에서 배운 사회적 기술이 가정이나 지역사회로 확장되도록, 가정-학교 간 소통 자료와 학생 스스로 학습을 점검할 수 있는 평가 도구도 함께 제공된다.

SSIS-IG 프로그램에서 다루는 핵심 사회적 기술들

SSIS-IG 프로그램에서 다루는 사회적 기술은 SSIS 평정척도(Gresham & Elliott, 2008)의 항목을 기반으로 선정되었다. 이 프로그램은 총 20개의 핵심 사회적 기술을 중심으로 구성되어 있으며, 이 기술들은 핵심 행동 keystone behaviors이라는 개념에 이론적 토대를 두고 있다. 핵심 행동이란, 하나의 행동을 변화시킴으로써 직접 가르치지 않아도 다른 관련 행동들까지 긍정적으로 변화시킬 수 있는 영향력 있는 행동을 말한다. 이러한 행동들은 단일 행동이 아니라 기능적으로 연결된 반응 범주 response class를 형성하며, 좀 더 복합적이고 상황에 따라 유연하게 적용할 수 있는 행동 단위로 작동한다(Maag, 2006). 교육적으로 볼 때, 무작위로 분리된 수십 개의 행동을 일일이 가르치기보다는 핵심이 되는 10~15개의 반응 범주를 중심으로 지도하는 것이 훨씬 더 효과적이다. 이러한 방식은 학습의 일반화와 유지에도 유리하다. 앞서 논의된 사회적 기술, 사회적 과제, 사회적 유능감 간의 관계 역시 이러한 핵심 행동이 조직화된 반응 범주 개념을 잘 보여준다. 예를 들어, 게임에 참여하기, 또래 집단에 자연스럽게 섞이기, 대화 나누기 같은 활동은 기능적으로 연결된 일련의 사회적 행동들이 모여 형성된 반응 범주의 전형적인 사례라 할 수 있다.

사회적 기술 부족의 교정

SSIS-IG 사회적 기술 개입 프로그램은 4~5명으로 구성된 소집단 수업으로 진행된다. 학생들은 주 2회, 회당 45분씩 수업에 참여하며, 총 12주간 주당 90분, 누적 약 18시간의 사회정서학습 수업을 받는다. 교육 기간 동안 학생들은 동일한 구성의 집단에서 지속적으로 활동한다. 이 프로그램은 '코칭을 통한 기술 설명, 모델링을 통한 시범 제공, 역할 놀이 및 사회적 문제 해결, 반복 연습을 통한 기술 숙달, 피드백과 자기 평가를 통한 진행 점검, 일반화 전략을 통한 실제 적용 확장'의 6단계 교수·학습 전략을 바탕으로 구성된다.

코칭 단계에서는 집단 지도자가 학생들에게 해당 사회적 기술이 무엇인지 설명하고, 그 기술이 왜 중요한지, 그리고 어떻게 실천해야 하는지 구체적인 단계로 안내한다. 이 단계의 핵심은 학생들이 사회적 상호작용의 기본 원칙을 이해하고, 실제 상황에서 해당 기술을 일관된 행동 흐름으로 연결해 사용할 수 있도록 돕는 것이다. 또한, 상황에 맞는 사회적 목표 설정을 유도하고, 자신의 행동이 주변 사람들에게 어떤 영향을 미치는지 스스로 인식하게 하는 데 중점을 둔다(Oden & Asher, 1977).

모델링 단계에서는 학생들에게 사회적으로 바람직한 행동과 바람직하지 않은 행동을 사진, 동영상, 역할극 등을 활용해 구체적으로 보여주며, 주어진 상황에서 목표 행동을 실천하기 위한 다양한 대안을 함께 탐색하고 토론한다. 이 과정은 반두라의 사회학습이론(사회인지이론)에서 강조한 관찰을 통한 대리 학습과 관찰 학습의 원리를 적용한 것으로, 학생들이 타인의 행동을 보며 무엇이 바람직하고 효과적인 행동인지 스스로 깨닫고 학습할 수 있도록 돕는다(Bierman & Powers, 2009; Cook et al., 2008; Gresham, Van, & Cook, 2006; Walker et al., 2004). 모델링은 사회적 기술 지도에 매우 효율적이고 효과적인 방법이다. 이는 특정 행동을 구성하는 모든 세부 요소를 하나씩 따로 가르치지 않아도, 학생들이 전체 행동 흐름을 자연스럽게 익힐 수 있게 하기 때문이다. 실제로, 사회정서학습을 다룬 다수의 연구들은 모델링을 핵심 전략으로 활용하고 있다.

역할 놀이 및 **사회적 문제 해결 단계**는 학생들이 배운 사회적 기술을 실제 상황에 적용해 보는 과정이다. 이 단계에서는 먼저 기술의 정의와 중요성, 수행 절차를 다시 확인한 뒤, 학생들이 역할극을 통해 해당 기술을 직접 사용해 보도록 한다. 이와 함께 이루어지는 사회적 문제 해결 활동은 학생들이 개별 기술에만 의존하지 않고, 다양한 상황에 적용할 수 있는 일반적인 갈등 해결 전략을 익히도록 돕는다. 이 과정에는 앞 단계인 코칭, 모델링, 행동 연습에서 사용한 전략들이 통합적으로 활용된다.

행동 시연 단계에서는 학생들이 수업 시간에 배운 사회적 기술을 교실 밖의 실제 생활 장면에서도 연습하도록 유도한다. 이 단계의 핵심은 사회적 기술을 반복적으로 실천해 보는 것으로, 지속적인 연습을 통해 개념과 절차에 대한 기억을 유지하는 데 효과적이다. 행동 시연은 사회적 행동을 안정적으로 습득하고 익히는 데 매우 중요한 과정이다(Bandura, 1977).

향상에 대한 점검 및 피드백 단계에서는 학생들이 자신의 사회적 기술 향상 정도를 되돌아보는 활동을 한다. 집단 지도자는 '사회적 기술 향상 점검표'를 활용해 학생들이 스스로 성찰할 수 있도록 돕고, 동시에 학생들의 변화 과정을 지속적으로 관찰하고 기록하며, 수업 중에는 각 학생에게 구체적이고 개인화된 피드백을 제공한다.

일반화 단계에서는 학생들이 배운 사회적 기술을 교실 밖의 다양한 상황과 장소에서도 실천할 수 있도록 유도한다. 집단 지도자는 학생들에게 소집단 활동 외의 실제 생활 속에서 기술을 적용하도록 격려한다. 일반화란, 특정 행동이 훈련받지 않은 새로운 상황에서도 자연스럽게 나타나는 것을 의미한다(Stokes & Baer, 1977). SSIS-IG는 모든 수업 단계에 일반화 전략이 반영되어 있으며(Elliott & Gresham, 2008 참조), 단순히 하나의 정답만을 가르치기보다 사회적 목표를 달성하는 다양한 방법이 있음을 학생들에게 가르친다. 이 프로그램은 스톡스Stokes와 오즈너스Osnes(1982, 1989)의 연구를 바탕으로 다양한 상황에서 연습 기회를 제공하고, 실제 사회에서 활용 가능한 행동 중심 교육과 일반화를 도와주는 매개 요소(예: 자기 점검 카드, 피드백 도구 등)를 활용한 교수 전략을 사용한다.

요약 >>>>>

- 2단계 선택적 개입은 1단계 보편적 개입에 충분히 반응하지 못한 약 20%의 학생들을 대상으로 제공하는 지원이다.

- 이 개입을 계획하고 실행하기 위해서는 '개입 시간은 얼마나 필요한가?, 그 시간 동안 어떤 활동이나 지도가 이루어질 것인가?, 누가 개입을 담당할 것인가?, 어디서 개입이 실시될 것인가?'를 결정해야 한다.

- 2단계 선택적 중재는 다음과 같은 이점을 지닌다.
  - 학생의 반응 수준에 따라 개입의 강도를 조절할 수 있다.
  - 문제행동을 조기에 발견하도록 한다.
  - 학생의 긍정적 변화에 초점을 맞추고, 사회적 행동과 교수 환경을 직접적으로 평가할 수 있도록 설계되어 있다.
  - 바람직한 사회적 행동에 대한 강화 기회를 늘려주며, 학교 전반의 환경에 적용 가능하다.

- 2단계 선택적 개입은 일반적으로 '문제 해결 중심 접근법'과 '표준적인 절차 접근법'을 여러 학생에게 동일하게 적용하는 방식 중 하나로 제공된다.

- 문제 해결 중심 접근법은 행동 상담 모형을 토대로 하며, 다음 네 단계로 구성된다.
  - 문제 확인(문제가 무엇인가?)
  - 문제 분석(문제가 생긴 이유는 무엇인가?)
  - 계획 실행(무엇을 해야 하는가?)
  - 문제 평가(문제가 해결되었는가?)

- 문제 해결 중심 접근법은 사회적 기술은 알고 있으나 실제로 잘 실행하지

못하는 학생들에게 가장 효과적인 개입 방식이다.

- 표준적인 절차 접근 방식은 정해진 절차나 스크립트를 활용하여 개입을 실시하는 방법으로, 사회적 기술 습득 결손을 교정하는 데 가장 적합하다.

- 2단계 수준의 선택적 중재에서, 계획이 제대로 실행되고 있는지를 점검하고 확인하는 것은 매우 중요하다. 즉, 개입이 계획대로 충실히 이루어졌는지 중재 충실도를 확인하는 과정이 반드시 필요하다.

- 문제를 확인하는 과정은 문제 확인 면담을 통해 시작되며, 다음과 같은 다섯 단계로 이루어진다.
  - 목표 설정
  - 목표 달성을 위한 측정 지표 설정
  - 자료 수집 절차의 설정 및 실행
  - 자료 제시
  - 현재 수행 수준과 바람직한 수행 수준 간의 차이 확인

- 문제 분석은 문제 분석 면담을 통해 시작되며, 이 면담은 문제행동에 영향을 주는 환경적·개인적 요인을 파악하는 분석 단계와 이를 바탕으로 개입 전략과 구체적인 실행 방안을 설계하는 계획 수립 단계로 나뉜다.

- 개입 계획이 실제로 현장에서 실행되는 단계가 계획 실행 단계이며, 이때 아동의 표적 행동이 어떻게 변화하고 있는지, 계획이 설계된 대로 정확히 이행되고 있는지를 확인한다.

- 문제 평가 단계에서는 개입 계획이 실제로 효과를 거두었는지를 판단하며, 이를 위해 문제 평가 면담을 진행한다. 이 면담 결과에 따라 계획을 수정하거나 상담을 더 이어갈지, 상담 과정을 종료할지 결정한다.

- 문제 해결 중심 상담은 학생이 사회적 기술을 실제로 잘 발휘하도록 돕기 위해, 행동 이전 상황(선행 요인)과 행동 결과(강화나 처벌)를 활용한 다양

한 전략을 적용한다.

- 선행 요인 중심 전략은 학생이 긍정적인 사회적 행동을 더 자주 보일 수 있도록, 또래와의 상호작용을 활용하거나, 단서를 제공하고, 문제행동을 미리 예방하며, 정기적인 점검을 통해 학생의 행동 환경을 개선하는 데 중점을 둔다. ① 또래 주도, ② 신호 주기, ③ 사전 교정, ④ 체크인·체크아웃 방식이 포함된다.

- 결과 중심 전략은 학생의 행동 이후에 주어지는 보상이나 결과를 조절하여 행동을 긍정적으로 변화시키는 데 초점을 둔다. 이러한 전략에는 대체 행동의 차별적 강화, 행동 약속, 긍정적인 연습, 긍정적인 또래 보고가 포함된다.

- SSIS-IG는 사회적 기술 습득 결손을 교정하기 위해 설계된 매뉴얼화된 사회정서학습 프로그램이다.

- SSIS-IG는 말하기(코칭), 보여주기(모델링), 해보기(역할 놀이), 연습하기(행동 시연), 변화 과정 모니터링(피드백 및 자기 평가), 일반화하기(일반화 프로그래밍)의 6단계 교수·학습 모형을 통해 사회적 기술을 가르친다.

6

집중적
사회정서학습 중재

5장에서는 문제 해결 중심의 2단계 개입 전략과 SSIS-IG와 같은 표준화된 선택적 개입 프로그램을 소개하였다. 2단계 개입은 1단계 보편적 개입에 반응하지 않는 일부 학생(약 20%)을 위해 설계되었다. 하지만 2단계 개입만으로도 충분하지 않은 학생들이 있으며, 전체 아동 중 약 3~5%는 훨씬 집중적인 3단계 중재가 요구된다. 이러한 개입은 심각한 사회정서적 문제 위험이 높은 소수 학생을 대상으로 설계된다.

3단계 집중적 중재는 2단계 중재와는 구별되는 몇 가지 핵심적인 특성을 지닌다. 첫째, 투입되는 시간, 개입 강도, 반응을 얻기 위한 노력 면에서 훨씬 더 강력하고 체계적인 개입이 이루어진다. 둘째, 모든 중재는 학생 한 명 한 명의 특성과 필요에 맞춘 맞춤형 방식으로 진행된다. 셋째, 문제행동의 원인을 기능적 행동 평가를 통해 분석하고, 해당 기능을 대체할 수 있는 바람직한 행동으로 전환하는 것을 목표로 한다. 넷째, 개입 기간이 2단계보다 훨씬 장기적이며, 지속적인 관찰과 조정이 병행된다.

3단계 집중적 사회정서학습의 목표는 현재 드러난 사회정서적 문제를 개선하고, 더 심각한 문제의 발생을 예방하는 데 있다. 1단계 및 2단계 개입에 지속적으로 반응하지 않는 학생들은 3단계 개입의 대상이 된다. 다만, 일부 학생은 처음부터 매우 심각한 사회정서적 또는 학습상의 결손을 지니고 있어, 문제 해결팀이 2단계 개입을 생략하고 즉시 3단계 개입을 권장하는 경우도 있다. 3단계 개입에서는 중재의 강도가 2단계에 비해 현저히 높아진다. 그 주요 특징은 다음과 같다.

- 1~3명의 소수 학생을 대상으로 실시한다.
- 주당 투입 시간은 150~300분으로, 일반적인 수업 시간보다 훨씬 길다.
- 전체 개입 기간은 15~20주이다.
- 학생의 변화 추이와 중재 효과는 매주 최소 2회 이상 정기적으로 점검한다.
- 이처럼 높은 강도의 개입은 대부분 일반 교실 밖에서 별도의 시간에 이루어진다.
- 중재를 담당하는 전문가(예: 학교 심리학자, 행동 전문가, 상담교사, 학교 사회복지사)는 전문적인 훈련을 이수해야 한다.

:: 3단계 구조와 기준

3단계 개입은 속도감 있게 진행되며, 명확한 시범 제공 이후 집중적이고 체계적인 연습이 반드시 수반되어야 한다. 학생의 지속적인 참여와 몰입을 유도하려면 긍정적이면서도 즉각적인 피드백이 반복적으로 제공되어야 한다. 소집단 운영과 장시간 진행 특성으로 인해 개입 강도는 자연스럽게 높아진다. 수업 구조는 학생들이 별도의 설명 없이도 자연스럽게 따라갈 수 있을 만큼 익숙하고 일관되어야 한다. 각 차시는 기존에 학습한 내용을 복습하고 강화하는 동시에, 새로운 사회정서기술을 모델링하고 학습하는 방향으로 구성한다.

3단계 개입에는 다음과 같은 핵심 요소들을 포함한다.

- 다양한 사례를 활용한 모델링과 직접 교수법을 포함하는 체계적이고 명시적인 수업
- 한 번에 소수의 핵심 기술에 집중하는 전문화된 프로그램
- 일반 교실 수업에서 가르치는 기술을 연계하고, 교실 적응을 어렵게 만드는 결손을 보완하는 내용 포함
- 교실에서 요구되는 기술과 연계되면서도 다양한 접근 방식을 활용한 연습 기회 제공
- 지속적인 교정 피드백과 격려, 그리고 학생 스스로 자신의 학습을 점검할 수 있는 활동 구성

:: 대체행동 훈련

3단계 개입을 설계할 때 핵심적으로 고려해야 할 요소는, 친사회적 행동

의 습득이나 실행을 방해하는 **경쟁적 문제행동**의 영향이다. 이러한 고강도 개입이 필요한 아동·청소년은 대개 공격적 행동, 지시 불이행, 반항, 충동성과 같은 문제행동을 반복적으로 보이는데, 이는 친사회적 행동의 발달을 저해하는 주요 요인으로 작용한다. 예를 들어, 충동적이고 반항적인 행동 이력을 가진 아동은 협력이나 자기 조절 같은 바람직한 사회적 행동을 배울 기회가 없어서 자연스럽게 대체행동을 익히지 못할 수 있다(Eddy et al., 2002).

앞 장에서 설명한 바와 같이, 대체행동 차별강화 전략differential reinforcement of incompatible behavior, DRI을 사용할 때는 매칭 법칙을 활용하는 것이 중요하다. 매칭 법칙에 따르면, 어떤 행동이 강화되는 비율이 높을수록 그 행동은 더 자주 **선택**된다. 다시 말해, 두 가지 행동 중 하나가 더 자주 보상을 받는다면, 아이들은 자연스럽게 그 행동을 더 자주 하게 된다. 3단계 수준의 집중적 사회정서 개입이 필요한 아동들은 대부분, 공격성이나 반항 같은 문제행동이 협동이나 자기 조절 같은 친사회적 행동보다 더 자주 보상을 받는 환경에서 성장해 왔다. 요컨대, 이들 문제행동은 친사회적 행동보다 개인에게 더 많은 강화를 가져다주는 **효용성**을 지닌 것이다(Snyder & Stoolmiller, 2002).

매그Maag(2005)는 문제행동을 줄이는 효과적인 전략으로, 이를 대체할 수 있는 긍정적 행동을 가르치는 방법, 즉 대체행동 훈련Replacement Behavior Training을 제안하였다. 이 접근법은 앞서 언급한 매칭 법칙에 기반을 두고 있으며, 핵심은 문제행동 대신 더 많은 보상을 받을 수 있는 친사회적 행동을 찾아내고 가르치는 데 있다. 표 6.1에는 다양한 문제행동에 대응하는 긍정적 대체행동의 예시가 제시되어 있다. 대체행동 훈련은

문제행동	대체행동
• 지시나 규칙을 무시하고 따르지 않음 • 친구들에게 공격적인 태도를 보임 • 집단 활동을 방해하거나 갑작스럽게 멈추게 함 • 또래와의 관계에서 스스로 거리를 둠 • 부주의함 / 주의가 산만함 • 다른 사람들을 괴롭히는 행동을 반복함 • 타인과 함께 있을 때 불안해함 • 교사나 어른에게 말대꾸함 • 자신의 실수를 다른 사람 탓으로 돌림	• 교사의 말을 잘 듣고 따름 • 또래들과 잘 어울림 • 놀이할 때 자신의 차례를 기다림 • 친구를 쉽게 사귀고 먼저 다가가 인사함 • 교사의 설명에 주의를 기울임 • 타인과의 관계에서 책임감 있게 행동함 • 또래에게 먼저 말을 걸며 자연스럽게 소통함 • 교실 규칙을 잘 지킴 • 자신의 행동에 책임지려 함

표 6.1 문제행동을 위한 대체행동

기능적으로 동일한 결과를 낳는 행동을 찾아내는 것을 핵심으로 한다. 즉, 환경으로부터 비슷한 수준의 보상을 이끌어낼 수 있다면, 그 행동은 문제행동을 대체할 수 있는 적절한 행동으로 간주한다.

행동의 기능적 동등성은 문제행동과 동시에 일어날 수 없는 바람직한 행동을 강화하는 대체행동 차별강화 전략 원리에 기반한다. 어떤 행동이 다른 행동과 동시에 일어날 수 없다면, 그 둘은 상반되는 것으로 판단한다. 예를 들어, 교사의 지시를 따르는 것과 말대꾸하는 것은 동시에 할 수 없기 때문에 서로 상반되는 행동이다. 이 경우 대체행동 차별강화 전략을 활용하는 지도자는 교사의 지시를 따르는 행동에 대한 강화 빈도를 높이고, 말대꾸하는 행동에 대한 강화 빈도는 줄이게 된다.

대체행동 차별강화 전략 원리에 기반한 대체행동 훈련은 아동이 이미 알고는 있지만 잘 실행하지 못하는 사회적 기술(수행 결손)을 향상시킬 때에만 효과적이라는 점을 반드시 기억해야 한다. 이는 문제행동을 대신할 친사회적 행동이 아동에게 이미 어느 정도 익숙하고 실행 가능한 상태여야만 강화가 가능하기 때문이다. 반면, 아예 배우지 못했거나 익히지 못한 사회적 기술(습득 결손)에는 이러한 방식이 효과적이지 않다. 그런 경우에는 기초적인 사회정서기술을 처음부터 체계적으로 가르치는, 고강도의 3단계 표준형 사회정서학습 프로그램이 필요하다.

:: 3단계 집중적 개입 시 고려해야 할 요인

여러 요인이 개입에 대한 반응에 영향을 준다. 학교 현장에서 실시되는 개입에서 특히 중요하게 작용하는 요인으로는 '문제행동의 심각성, 문제행동의 만성 정도, 행동 변화의 일반화 가능성, 중재의 강도, 중재의 충실도, 중재의 효과성' 등 여섯 가지가 있다. 각 요인들에 대해 구체적으로 살펴보면 다음과 같다.

문제행동의 심각성

문제행동의 심각성은 그 행동이 얼마나 자주 나타나는지, 얼마나 오래 지속되는지, 강도는 어느 정도인지, 그리고 눈에 보이는 결과물이 남는지 등과 같은 객관적인 지표로 정의할 수 있다(Cooper et al., 2007). 특히 빈도나 지속 시간, 강도가 높은 행동일수록, 이러한 지표가 낮은 행동보다 개입에 잘 반응하지 않는다(Gresham, 1991; Nevin, 1988). 이러한 행동은 개입에 더 저항적일 뿐 아니라, 학생에게 사회적 관심이나 물질적 보상과 같은 긍정적 강화, 또는 과제에서 벗어나거나 피하는 부정적 강화가 더 자주 나타나는 경향이 있다.

결과적으로 문제행동은 줄이려는 개입에도 불구하고 계속되거나 오히려 악화된다. 물리학에 빗대어 말하자면, 개입의 강도라는 '힘'이 행동의 심각성이라는 '운동량'을 바꾸기에는 부족하다. 이러한 맥락에서, 1단계와 2단계 개입은 심각한 행동 문제를 변화시키기에는 힘과 강도가 모두 부족할 수밖에 없다.

문제행동의 만성 정도

'만성'이라는 말은 웹스터 사전에서 "아무리 없애려 해도 사라지지 않는 습관" 또는 "변화를 극도로 꺼리는 깊이 자리 잡은 성향"으로 정의된다. 이 정의는 개입 효과에 대한 반응, 더 정확히 말하면 개입에 대한 저항과 밀접하게 연결된다. 심각한 행동 문제의 뚜렷한 특징 중 하나는, 이를 바꾸려는 개입이 이루어져도 행동 패턴이 계속된다는 점이다(Gresham, 1991, 1999). 또한 '만성'이라는 말은 개입을 통해 일시적으로 개선된 행동 문제가 다시 나타나는 경우에도 쓰인다. 이런 의미에서의 '만성'은 행동 변화를 장기간 유지하는 데 실패하는 상황을 가리킨다.

3단계 집중 개입이 필요한 아동과 청소년은 오랜 기간 개입에 잘 반응하지 않는 심각한 행동 문제 이력을 가지고 있다. 설령 강력한 3단계 개입으로 행동이 개선되더라도, 이를 적정 수준으로 유지할 지원이 없다면 다시 악화될 가능성이 크다. 앞서 설명했듯, 이들은 1단계나 2단계 개입으로는 행동을 바꾸기에 힘이 부족하기 때문에 변화가 어렵다. 또 어떤 아동들은 프로그램의 초기 단계를 거치지 않고 곧바로 3단계 개입으로 '직행'하는 경우도 있다.

행동 변화의 일반화 가능성

행동 변화가 일반화돼서 오래 유지되는 정도는, 그 행동이 개입에 얼마나 저항적인지와 밀접하게 연결된다. 빈도, 강도, 지속 시간에서 심각하거나, 오랫동안 개입에 반응하지 않은 만성적 행동일수록, 개입이 없는 상황으로의 일반화가 잘 일어나지 않으며, 개입이 중단되면 시간이 지날수록 그 효과가 유지되기 어렵다. 특히 오랜 기간 심각한 행동 패턴을 보인 아동은 개입 조건과 비개입 조건을 빠르게 구분하는데, 두 조건이 크게 다를수록 그 구분은 더 빨라진다. 예를 들어, 부적절한 행동에는 감점(반응 비용)을, 친사회적 행동에는 보상을 주는 구조화된 포인트 제도를 경험한 학생은, 제도가 적용되지 않는 순간을 금방 알아차린다. 변별은 일반화의 반대이므로, 이런 경우 개입을 갑자기 중단하면 행동은 금세 개입 전 수준으로 되돌아갈 가능성이 높다.

심각한 행동 패턴을 지닌 아동은 초기 중재 시 특히 과잉 행동 감소에서 두드러진 개선을 보이기도 하지만, 이러한 변화가 다양한 상황으로 확산되거나 장기적으로 유지되는 데에는 한계가 있다. 이는 중재가 종종 바람직하거나 친사회적인 행동의 형성보다 부적절한 행동의 감소에만 초점을 맞추기 때문이며, 효과의 지속성과 전이를 보장하려면 이러한 요소들을 사전에 체계적으로 설계해야 한다(Cooper et al., 2007). 최근 긍정적 행동 지원PBS의 발전으로, 학교 전체가 학생 행동에 대한 공통 기대를 공유하고 이를 일관되게 적용하는 방식이 확산되고 있으며, 이는 개별화된 중재 효과의 일반화와 유지 가능성을 높일 것으로 기대된다(Sugai, Horner, & Gresham, 2002).

중재 강도

중재 강도란 주어진 개입이 목표하는 방향으로 행동을 변화시킬 수 있는 잠재적 효과 수준을 의미하며, 강도가 높은 개입일수록 더 큰 폭의 행동 변화를 유도한다. 그러나 이러한 강도는 절대적인 것이 아니라, 적용되는 상황, 표적 행동의 특성, 그리고 개인의 특성에 따라 달라진다(Gresham, 1991). 예를 들어, 어떤 중재는 가정 환경에서는 효과적이지만 학교에서는 그렇지 않을 수 있으며, 특정 행동(예: 과제 완수)에는 강력하지만 다른 행동(예: 신체적 공격성)에는 효과가 제한적일 수 있다. 또한, 일반 발달 아동에게는 강하게 작용하더라도 자폐스펙트럼장애 아동에게는 그렇지 않을 수 있다. 결국 중재 강도는 상황적·행동적·개인적 요인이 복합적으로 작용한 결과로 결정된다.

행동 중재 분야에서 중재 강도는 의학과 같이 사전에 명확하게 수치화하기 어려운 경우가 많다. 예를 들어, 500mg의 항생제는 250mg에 비해 화학적으로 두 배의 효력을 지니지만, 친사회적 행동에 4점을 부여하는 것이 2점을 부여하는 것보다 반드시 두 배의 효과를 낸다고는 단정할 수 없다. 이는 의학적 개입이 약물 용량과 같이 강도를 사전에 규정할 수 있는 반면, 행동 중재에서는 실제로 나타난 행동 변화의 크기를 근거로 사후적으로 강도를 평가해야 한다는 본질적 차이에서 비롯된다. 다만, 3단계 사회정서학습 중재에서는 하루 2회, 주 5일, 15주간 실시하는 것처럼 일정 부분 사전에 강도를 설정할 수 있다. 그러나 중재의 '실제 강도'는 최종적으로 그것이 유발한 행동 변화의 크기를 통해서만 확인할 수 있다.

중재 충실도

중재 충실도란 특정 개입의 기존 계획이나 실증적 근거에 따라 얼마나 정확하고 일관되게 실행되는지를 나타내는 개념이다(Gresham, 1989, 2014). 이는 효과적인 개입을 유지하기 위한 핵심 요인으로, 설계상 유효한 개입이라 하더라도 실행 과정에서 부실하거나 누락되면 그 효과는 상실된다. 반대로, 본질적으로 효과가 없는 개입을 아무리 높은 충실도로 시행하더라도 행동 변화에는 기여하지 못한다. 특히 문제 해결형 행동 상담 모델에 기반해 설계된 많은 사회정서학습이 낮은 중재 충실도로 인해 기대한 효과를 발휘하지 못하는 사례가 보고되고 있다.

　실제 교육 현장에서의 사회정서학습 중재 충실도는 연구 보고서에 제시된 수치보다 낮게 나타날 가능성이 높다. 이러한 충실도는 중재 절차의 복잡성, 실행에 소요되는 시간, 적절한 시행을 위한 자료 및 자원의 확보 여부, 그리고 해당 중재가 지니는 효과에 대한 인식과 실제 효과 등 다양한 요인의 영향을 받는다(Gresham, 2014).

중재 효과성

다층 개입은 하위 단계에서 제공된 개입이 충분한 반응을 얻지 못하는 경우, 더 강도 높은 중재로 전환해야 한다는 원리에 기반한다. 즉, 문제행동이 수용 가능한 수준으로 감소하지 않을 경우, 이를 변화시키기 위해서는 더 많은 시간과 비용, 그리고 높은 강도의 개입이 요구된다. 중재 효과성을 판단하기 위해 제시된 주요 접근은 다음 네 가지이다. 첫째, 자료를 그래프로 나타내어 시각적으로 분석하는 방법, 둘째, 행동 변화의 신뢰성 있는 수치를 측정하는 방법, 셋째, 사회적 영향 측정 도구를 통한 변화 평가, 넷째, 사회적 타당성 검증이다.

그래프를 통한 시각적 분석은 개입의 효과를 정량화해 평가하는 가장 단순하고 직관적인 방법일 수 있다. 이 방법은 개입 기간 동안 나타난 행동의 수준과 추세를 기초선(사전 중재) 단계에서의 수준과 추세와 비교한다. 전통적인 통계 기법과 달리, 시각적 분석은 일명 양안 검사interocular test. 즉 그래프를 보기만 해도 효과의 유무가 명확히 드러나야 한다는 원리에 의존한다. 다만 이 방법은 행동 변화가 임상적 또는 교육적으로 의미 있는 수준인지 판단할 수 있는 명확한 기준이나 표준이 부재하다는 한계를 지닌다.

중재 효과성을 측정하는 또 다른 방법은, 해당 개입이 행동에 대해 통계적으로 신뢰할만한 변화를 유도했는지를 평가하는 것이다. 이를 위해 제시된 대표적인 네 가지 산출 지표는 다음과 같다. 첫째, 절대 변화 지수, 둘째, 신뢰 가능한 변화 지수, 셋째, 비중복 자료점 비율, 넷째, 기초선 대비 변화율이다.

절대 변화 지수absolute change index란 한 개인의 행동이 기초선 단계에서 개입 이후 단계까지 얼마나 변화했는지를 수치화한 것이다. 이 지표는 계산이 간단하고 직관적으로 이해하기 쉬우며, 수행 수준의 현재 상태와 목표 상태 간의 격차를 중심으로 문제를 규정하는 문제 해결적 관점(5장 참조)과도 부합한다. 이 접근에서는, 절대 변화 폭이 목표 수행 수준에 비해 충분히 크다면 해당 문제를 '해결된' 것으로 판단한다.

절대 변화 지수를 활용해 중재 효과를 측정하는 데에는 한계가 존재한다. 예컨대, 기초선과 개입 후를 비교했을 때 상당한 행동 변화가 관찰되더라도, 그 변화가 해당 개인이 특정 환경에서 원활히 적응하고 기능하기에는 부족할 수 있다. 또한 절대 변화의 의미는 학급이나 학교 차원에서 문제행동을 허용하는 기준과도 맞물린다. 다시 말해, 변화 폭이 크더라도, 그 행동 양식이 학교 내 주요 구성원들에게 여전히 수용 불가능한 것으로 평가될 수 있다.

신뢰 가능한 변화 지수reliable change index, RCI는 사전·사후 검사 점수의 차이를, 두 시점 간 점수 차이의 표준 오차로 나누어 산출한다(Nunnally & Kotsche, 1983). 이때 표준오차는 변화가 전혀 없을 경우 예상되는 변화 점수의 분산 정도를 의미한다. 산출된 RCI 값이 +1.96(p < .05)에 도달하면, 해당 변화는 통계적으로 유의한 '신뢰 가능한 행동 변화'로 해석된다.

RCI는 기초선과 개입 이후 간의 변화가 통계적으로 신뢰할 수 있는지를 수치로 표현할 수 있으며, 변화 점수에 신뢰구간을 설정함으로써 결과 해석의 과잉을 방지할 수 있다는 장점을 지닌다. 그러나 이 지표는 측정 도구의 신뢰도에 크게 의존한다. 예컨대, 신뢰도가 매우 높은 도구(0.90 이상)를 사용할 경우, 행동 변화 폭이 작더라도 통계적으로 유의한 변화로 판단할 수 있지만, 실제 사회적·임상적 의미는 미미할 수 있다. 반대로, 신뢰도가 낮은 도구를 사용할 경우, 변화 폭이 크더라도 사회적으로는 의미가 있어도 통계적으로는 신뢰성을 인정받지 못할 수 있다. 특히 빈도나 지속 시간과 같은 직접 관찰 기반 측정치에서는 '신뢰도'의 개념이 다르게 적용되므로, RCI의 해석이 복잡해진다. 이러한 경우, 자료가 비모수적 특성을 지니기 때문에(즉, 정규분포를 전제로 하지 않기 때문에) RCI 산출의 의미 역시 달라진다.

비중복 자료점 비율percent nonoverlapping data points, PND은 기초선과

개입 단계 간의 자료를 비교하여, 중재 효과를 백분율로 나타내는 지표이다(Mastropieri & Scruggs, 1985~1986). 목표가 문제행동의 감소라면, 기초선에서 관찰된 가장 높은 수치를 넘어선 개입 단계의 자료점 개수를 세어, 이를 개입 단계 전체 자료점 수로 나눈다. 예를 들어, 중재 자료점 10개 중 9개가 기초선의 최고 값을 초과하면 PND는 90%가 된다. 반대로, 친사회적 행동의 증가가 목표일 경우, 기초선에서의 최저 값보다 낮은 중재 자료점의 개수를 세어 동일한 방식으로 계산한다. PND는 계산이 간편하면서도 중재의 효과성을 수치로 명확히 제시할 수 있어, 현장 적용과 연구 보고 모두에서 활용도가 높다.

PND를 활용할 때에는 다음과 같은 한계점을 인식해야 한다. 첫째, 이 지표는 개입 효과의 '규모'를 반드시 반영하지 않는다. 예컨대, 개입 단계에서 비중복 자료점이 100%에 달하더라도 실제 효과는 매우 제한적일 수 있다. 둘째, 기초선에서의 비정상적 경향(극단적으로 높은 값이나 낮은 값)은 해석의 왜곡을 초래할 수 있다. 셋째, 바닥 효과와 천장 효과에 민감하다. 넷째, 이상치 데이터의 존재는 PND 해석의 신뢰성과 타당성을 떨어뜨린다(Strain, Kohler, & Gresham, 1998). 마지막으로, PND를 기준으로 효과 크기를 '대·중·소'로 분류하는 명확하고 검증된 경험적 기준이 없다.

PND 지표의 한계를 보완하는 대안으로, **기초선과 개입 이후 수행 수준 간의 행동 변화율**percent change in behavior from baseline to postintervention levels of performance을 산출하는 방법이 있다. 이는 기초선 단계에서의 수행 수준 중앙값과 개입 단계에서의 중앙값을 비교하는 방식으로, 예를 들어 기초선에서 행동 빈도 중앙값이 2이고 중재 이후 8로 증가했다면, 변화율은 75%(8-2/8 = .75)로 계산된다. 이 지표의 강점은 이상치나 극단값, 바닥·천장 효과의 영향을 PND보다 덜 받는다는 점이다. 변화율 지표는 의학 분야에서 콜레스테롤이나 혈압을 낮추는 약물의 효과 평가에 널리 사용되며, 콜레스테롤 200dl 미만, 혈압 120/80과 같은 명확한 기준이 존재한다. 그러나 사회적 기술 개입에서 목표로 하는 행동들에는 이러한 절대적 기준이 부재하다. 또한, PND와 마찬가지로 변화율만으로는 '개입에 충분히 반응했다'고 판단할 수 있는 변화 폭의 기준이 명확하지 않다. 따라서 이 지표는 본 장 후반에서 다루는 사회적 타당성 평가 등 다른 측정 방법과 병행해 사용해야 한다.

사회적 영향 척도의 변화

사회정서적 기능에 중대한 어려움을 지닌 아동과 청소년을 대상으로 하는 개입의 궁극적 목표는, 사회적 영향 척도social impact measure에서의 위치를 향상시키는 것이다. 사회적 영향 척도란 일상생활에서 실질적이고 핵심적인 의미를 지니는 변화를 측정하는 지표로, 학교나 정신건강 기관 등 사회제도가 이를 활용해 개입의 성공과 실패를 평가한다. 대표적인 예로는 또래 집단 내 사회적 지위, 우정 관계 형성 여부, 체포율, 학교 중퇴율, 정학·퇴학 건수 등이 있으며, 이러한 지표들은 행동 변화의 타당성을 검증하는 기준 척도로 활용될 수 있다.

사회적 영향 척도는 단기적인 개입의 효과를 민감하게 포착하지 못한다는 한계를 지닌다. 많은 개입 대상자와 이해관계자들은 이를 성공 여부를 가늠하는 '최종 평가 기준'으로 여기지만, 이러한 지표에만 의존할 경우 실제로 발생한 상당한 행동 변화를 놓칠 수 있다(Kazdin, 1999). 실제로 사회적 영향 척도에 변화가 나타나기 위해서는 크고 장기간 유지되는 행동 변화가 필요한 경우가 많다. 이에 세크레스트 등(Sechrest, McKnight & McKnight, 1996)은 개입 효과를 산출하는 방법으로 **최소 변별 차이**Just Noticeable Differences, JND 개념을 제안하였다. 최소 변별 차이는 "가까운 사람들이 변화를 '인식'하거나 사회적 영향 척도를 보고 파악하려면, 행동 변화가 어느 정도 규모에 이르러야 하는가?"라는 질문에 답을 제공한다.

사회적 타당성

사회적 타당성은 개입을 설계·평가하는 과정에서 전문가들이 반드시 고려하는 세 가지 핵심 질문, 즉 "무엇을 변화시킬 것인가?", "어떤 방식으로 변화시킬 것인가?", "그 변화가 효과적임을 어떻게 확인할 것인가?"에 대한 답을 모색한다. 이러한 질문에 대해서는 전문가 집단 내부뿐 아니라 전문가와 개입 대상자(수혜자) 사이에서도 견해 차이가 발생하기 쉽다. 울프Wolf(1978)는 사회적 타당성 과정을 세 가지 차원에서 설명했는데, 첫째는 개입 목표의 사회적 중요성 평가, 둘째는 개입 절차의 사회적 수용성 평가, 셋째는 개입 효과의 사회적 중요성 평가이다. 특히 세 번째 요소는 3단계 고강도 개입의 효과성을 수치로 입증하는 데 있어 핵심적 기준이 된다.

개입 효과의 **사회적 중요성**을 평가한다는 것은, 학생의 행동 변화가 실제 생활이나 교육 현장에서 의미 있는 개선으로 이어졌음을 입증하는 과정이다. 즉, 변화의 양과 질이 학생의 행동 수행과 환경 적응에 실질적 차이를 가져왔는지, 나아가 그 변화가 **적응 타당성**habilitative validity을 지니는지(Hawkins, 1991)를 묻는 것이다. 개입 이후 학생의 행동이 기능적으로 적절한 수준에 도달했는가 하는 여부가 핵심 판단 기준이 되며, 이러한 질문들이 곧 사회적 중요성 평가의 본질을 구성한다.

개입 효과의 사회적 중요성을 입증하는 한 가지 접근은 학생의 행동 기능 수준을 '기능적 범위'와 '역기능적 범위' 중 어디에 속하는지로 구분하여 평가하는 것이다. 예를 들어, 사회정서학습 개입이 학생의 사회적 행동을 역기능 수준에서 기능적 수준으로 향상시켰음을 입증하면 사회적 타당성이 확보된다. 이를 정량적으로 평가하는 방법 중 하나로, 전국 표준화 사회기술 평정척도를 활용해 교사와 학부모가 학생의 사회적 행동을 평가하는 방식이 있다. 만약 학생의 사회적 기술 점수가 백분위 10에서 40으로 향상된다면 이는 명백히 사회적으로 중요한 변화로 볼 수 있다. 또한, 체계적 직접 관찰을 통해 측정한 목표 행동이 비의뢰 또래들의 범위와 일치하게 변화한다면, 이는 평정 결과를 보강하는 근거가 되며, 역시 사회적으로 중요한 성과로 간주할 수 있다.

개입 효과의 사회적 중요성은 근접 효과, 중간 효과, 원거리 효과라는 세 가지 수준에서 개념화하고 평가하는 것이 바람직하다(Fawcett, 1991). 근접 효과는 개입을 통해 직접적으로 나타나는 목표 행동의 변화로, 예를 들어 사회적 기술 향상이나 문제행동 감소가 이에 해당한다. 이러한 효과는 그래프를 통한 시각적 분석이나 기초선 대비 행동 변화율 산출로 평가할 수 있다. 중간 효과는 국가적으로 표준화된 행동 평정척도에서 사회적 기술과 문제행동 점수가 뚜렷하게 개선되는 등, 좀 더 거시적 수준의 변화를 의미한다. 원거리 효과는 징계 기록 감소, 또래 수용도 및 친구 관계의 향상, 정학·퇴학률 하락, 결석 감소 등과 같이 사회적 영향 척도의 변화로 측정된다.

:: 기능적 행동 평가

기능적 행동 평가의 정의

기능적 행동 평가 functional behavioral assessment, FBA는 특정 행동이 왜 나타나는지, 즉 행동의 **기능**을 파악하기 위해, 그 행동 이전에 일어난 상황(선행 사건), 행동, 그리고 그 결과에 대한 정보를 체계적으로 수집하는 일련의 방법을 말한다(Gresham, Watson, & Skinner, 2001). 행동의 기능이 규명되면, 이 정보는 문제행동을 줄이고 대신 친사회적인 행동을 촉진하는 데 활용한다. 기능적 행동 평가는 하나의 검사나 단일 관찰이 아니라, 관찰, 면담, 체크리스트 작성, 그리고 기록 검토 등 다양한 방법을 결합하는 다각적 평가 방식이다. 기능적 행동 평가의 핵심 목적은 행동이 나타나거나 나타나지 않는 데 영향을 미치는 환경적 조건을 밝혀내는 것이다. 이때 행동의 기능은 독립변수인 환경 조건의 변화로 설명되며, 그 결과는 종속변수인 행동의 변화로 드러난다. 이러한 기능적 관계에는 여러 유형이 있다. 어떤 경우는 상관관계로, 특정 환경 사건이 행동과 동시에 나타나는 데 그칠 수 있다. 그러나 다른 경우에는 인과관계로, 환경 사건이 그 행동의 발생을 설명하는 데 반드시 필요하고 또 충분한 조건이 되기도 한다.

  행동의 기능은 그 행동이 어떤 목적을 이루도록 하는지와 관련된다. 대체로 행동의 기능은 다섯 가지 유형으로 나눌 수 있다. 첫째, 관심이나 의사소통과 같은 사회적 반응을 얻기 위한 것(정적 강화). 둘째, 원하는 물건이나 활동을 얻기 위한 것(정적 강화). 셋째, 하기 싫거나 불편한 과제·활동을 피하거나 늦추거나 줄이기 위한 것(부적 강화). 넷째, 다른 사람을 피하기 위한 것(부적 강화). 다섯째, 스스로 느끼는 감각적 자극이나 자동적으로 주어지는 만족을 얻기 위한 것(정적 강화). 결국 이 모든 범주는 두 가지 핵심 기능, 즉 **정적 강화**와 **부적 강화**로 귀결된다.

행동분석가들은 '기능적 평가'와 '기능적 분석'을 구분해서 사용한다. 기능적 평가는 특정 행동이 나타나는 데 영향을 미치는 상황(선행 사건)과 그에 따른 결과를 파악하기 위해 활용되는 모든 평가 절차를 포괄한다. 반면 기능적 분석은 이런 환경적 사건이 행동에 어떤 통제적 역할을 하는지를 알아보기 위해, 매우 통제된 환경에서 이를 실험적으로 변화시키는 방법을 뜻한다. 기능적 분석은 단순히 행동과 환경 사이의 관계를 묘사하거나 상관성을 밝히는 수준을 넘어, 행동의 기능에 대해 인과적으로 설명할 수 있도록 설계한다.

행동의 기능에 맞춘 개입은 크게 두 가지 방법으로 나눌 수 있다. 첫째, 문제행동을 유지시키는 '행동-강화물'의 연결고리를 약화시키는 것이다. 벌을 주거나 강화물을 제거하는 소거 절차가 여기에 해당한다. 둘째, 문제행동이 하던 역할을 대신할 수 있는 친사회적 행동을 새롭게 강화하거나 기존의 강화 관계를 더 강하게 만드는 방법이다. 상반행동 차별강화DRI가 대표적인 예다. 특히 두 번째 방법은 사회기술 수행 능력이 부족한 학생에게 필요한 '대체행동 훈련'의 핵심 원리를 이룬다.

기능적 행동 평가 원리

기능적 행동 평가 원리를 활용해 대체행동 훈련을 하려면, 먼저 '조건성'이라는 개념을 이해해야 한다. 조건성이란 행동(B)과 그 전후 상황, 즉 행동 이전의 선행조건(A)과 행동 이후의 결과조건(C)이 어떻게 연결되어 있는지를 말한다. 어떤 선행조건이 행동보다 먼저 나타나고 그와 관련될 수 있지만, 그것만으로는 행동의 목적이나 기능을 알 수 없다. 조작적 학습 이론의 관점에서 행동은 그 행동 이후에 따라오는 결과에 의해 유지되며, 결국 행동의 기능은 그 결과가 행동과 맞물려 일어나는 방식 속에서 규정된다.

결과 사건

조작적 학습 이론에서는 행동의 기능을 크게 두 가지로 본다. 하나는 '정적 강화'이고, 다른 하나는 '부적 강화'다. 정적 강화가 일어나는 경우, 그 행동의 목적은 원하는 자극을 얻는 데 있다. 정적 강화의 예로는 칭찬이나 동정, 꾸지람, 주의 전환, 위로, 제지, 미소나 찡그림, 눈맞춤 등과 같은 사회적 관심을 받는 것이 있다. 또 다른 형태로는 장난감, 음식, 옷처럼 손에 잡히는 물건을 얻거나, TV 시청, 음악 감상, 비디오 게임과 같이 좋아하는 활동을 할 수 있는 기회를 얻는 경우도 있다.

일부 소수의 사람들에게서 나타나는 또 다른 형태의 정적 강화는 '비사회적 자동 강화' 또는 '감각 강화'라고 부른다. 이는 주로 사회적 강화가 원인인지 명확하지 않은 자해 행동이나 상동 행동[*]에서 관찰된다. 이

---

[*]상동 행동stereotypic behavior – 지속적이고 반복적인 행동으로 몸을 앞뒤로 흔드는 행동, 손을 계속 움직이는 행동, 의미 없이 소리를 반복하는 행동 등 종류와 형태가 다양함(김춘경, 외, 《상담학 사전》).

런 경우, 행동에 영향을 주는 요인이 뚜렷하게 밝혀지지 않기 때문에, 일부 전문가들은 그 행동이 스스로 만들어내는 감각적·지각적·생물학적 자극에 의해 유지될 가능성이 있다고 본다.

부적 강화가 일어나는 경우, 행동의 목적은 원치 않는 자극을 피하거나 없애거나, 그 자극과의 접촉을 늦추거나 줄이는 데 있다. 예를 들어, 하기 싫은 과제를 없애거나 쉽게 바꾸도록 만드는 행동은 부적 강화로 이어질 수 있다. 정적 강화가 새로운 자극을 제공해 행동을 늘린다면, 부적 강화는 불편한 자극을 제거하거나 완화함으로써 행동이 더 자주 나타나게 한다는 점에서 다르다.

정리하면, 기능적 행동평가에서 중요한 원칙은 다음과 같다. 정적 강화는 언제나 행동이 더 자주 일어나도록 만드는 사건을 새로 제공하거나 그와 접촉하게 하는 것이고, 부적 강화는 원치 않는 사건을 없애거나 피하거나 늦추거나 줄이는 과정을 통해 행동의 발생 가능성을 높이는 것이다. 따라서 기능적 행동 평가를 실시할 때는, 해당 행동이 어떤 정적·부적 강화 조건 속에서 일어나는지와, 그 행동을 촉발하는 구체적인 선행 조건을 함께 밝혀내야 한다.

선행 사건

앞서 말했듯, 조작적 학습이론의 핵심은 행동이 나타나거나 나타나지 않는 이유가 그 행동이 가져오는 결과에 달려있다는 점이다. 이런 이유로 기능적 행동 평가에서는 선행 사건 자체보다, 행동을 유지시키거나 줄이

학지사, 2016)

는 강화·처벌의 조건성을 규명하는 데 초점을 둔다. 다만 선행 사건 역시 중요한데, 이는 변별 자극, 설정 조작, 또는 설정 사건으로 분류할 수 있다. 각각의 개념을 구체적으로 살펴보면 다음과 같다.

변별 자극discriminative stimuli은 어떤 행동이 강화될 것임을 알려주거나 암시하는 신호 역할을 하는 선행 사건을 말한다. 대부분의 조작적 행동은 **자극 통제** 속에 있으며, 만약 그렇지 않다면 어떤 행동이든 언제나 같은 확률로 일어나 무질서한 상황이 될 것이다. 즉, 특정 자극이 있을 때만 강화되고 다른 자극에서는 강화되지 않는 행동은 '자극 통제'를 받고 있다고 본다. 예를 들어, 학교에서 쉬는 시간 종이 울리면 학생들은 운동장에 나가 노는데, 이 종은 학생들에게 '지금 나가서 놀 수 있다'는 신호가 되는 변별 자극이다. 이렇게 차별강화 원리를 활용하는 중재 기법(예: 상반 행동 차별강화)은 자극 통제 개념을 기반으로 한다.

행동에 영향을 주는 선행 사건 가운데 하나가 **설정 조작**establishing operation이다. 설정 조작이란, 어떤 강화물이 특정 행동을 일으키는 힘을 일시적으로 바꾸는 요인을 뜻한다(Smith & Iwata, 1997). 설정 조작은 두 가지 역할을 한다. 첫째, 어떤 자극이 강화물로 작용하는 즉시성을 높이고, 둘째, 그 자극을 얻기 위해 필요한 행동이 나타날 가능성을 높인다. 예를 들어, 오랫동안 물을 마시지 않은 상태에서 격하게 운동을 하면, 물은 마시는 행동을 강하게 유도하는 강화물로 작용하게 되고, 물을 얻으려는 다른 행동의 가능성도 커진다.

설정 조작은 차별강화(자극 통제)를 통해 기능을 얻게 되는 것이 아니다. 대신, 설정 조작이 존재하느냐 아니냐가 어떤 자극이 강화물로서 행동 빈도를 높이는지(설정 조작), 또는 강화물로서의 힘을 줄여 행동 빈도를 낮추는지(폐지 조작)를 결정한다. 노쓰럽Northrup 등(1997)의 연구에서는, ADHD 아동에게 메틸페니데이트를 투여했을 때, 또래의 관심이나 과제 회피처럼 교실에서 흔히 쓰이는 강화물의 효과성이 변하는 설정 조작으로 작용함이 확인되었다. 이런 설정 조작에 대한 이해는, 설정 조작이 있느냐 없느냐에 따라 행동의 기능이 달라지므로, 개입 효과에 큰 영향을 미칠 수 있다.

설정 사건setting events이란, 행동이 일어나는 시간과 장소에서는 떨어져있지만 그 행동과 유의미한 관련이 있는 선행 사건을 말한다. 이런 설정 사건이 있으면, 없을 때보다 특정 행동이 더 쉽게 나타난다. 예를 들어, 학교 가는 버스 안에서 싸운 일이 있다면, 그날 수업 시간에 교사의 지시를 거부할 가능성이 높아질 수 있다. 설정 사건은 변별 자극처럼 행동이 직접적으로 그 자극의 통제를 받는 것은 아니며, 설정 조작처럼 즉각적으로 강화물의 가치나 효과를 바꾸는 것도 아니다.

기능적 행동 평가의 방법과 절차

기능적 행동 평가의 방법은 크게 세 가지 유형으로 나눌 수 있다. 첫째, **간접적** 방법으로서 면담, 과거 자료나 기록 보관 자료, 체크리스트, 평정 척도 등을 활용하는 방식이다. 둘째, **직접적** 방법으로서 실제 생활 장면에서 체계적으로 관찰하는 방식이다. 셋째, **실험적** 방법으로서 표준화된 실험 절차를 통해 문제행동을 유지하는 요인을 단일사례 실험설계를 사용해 체계적으로 조작·분리하는 방식이다. 실험적 방법은 보통 특수한 집단이나 드문 유형의 행동에만 적용되며, 이 장에서는 다루지 않는다.

간접적인 기능적 행동 평가 방법

간접적인 기능적 행동 평가는 행동이 실제로 일어난 시간과 장소가 아닌, 그와 떨어진 시점과 환경에서 해당 행동을 평가하는 방법이다. 주로 기능적 평가 면담, 과거 자료나 기록 보관 자료, 행동 평정척도나 체크리스트 활용 등이 이에 해당한다.

① 기능적 평가 면담

기능적 평가 면담의 핵심 목표는 네 가지다. 첫째, 문제행동을 명확하게 확인하고 구체적으로 정의하는 것. 둘째, 변별 자극, 설정 사건, 설정 조작 등 문제행동의 선행 요인을 파악하는 것. 셋째, 해당 행동이 어떤 기능을 수행한다고 가정되는지에 대한 초기 단서를 얻는 것. 넷째, 문제행동과 동일한 기능을 수행할 수 있는 적절한 친사회적 대체행동을 찾는 것이다. 5장에서 다룬 문제 분석 면담은 사실상 기능적 평가 면담에 해당한다. 이러한 면담은 교사, 부모, 학생을 대상으로 하여 행동 기능에 대한 초기 정보를 수집할 수 있다. 기능적 평가 초기에는 면담자가 제3자로부터 가능한 한 구체적이고 정확한 정보를 확보하는 것이 중요하다. 다만, 기능적 평가 면담은 한 개인의 인식에 근거한 자료이므로, 행동 기능을 완전히 파악하기에는 제한적이라는 점을 염두에 두어야 한다.

② 과거 자료 또는 기록 보관 자료

학교에서 보관하는 자료는 기능적 행동 평가에 필요한 중요한 단서를 다수 제공한다. 따라서 기능적 행동 평가를 시작할 때는 먼저 이들 기록을 체계적으로 살펴보아야 한다. 모든 학교에서 갖추고 있는 대표적인 자료로는 징계 조치 보고서가 있는데, 여기에는 학생의 출석 정지 횟수, 출석 정지에 이르게 된 구체적 행동, 그리고 출석 정지 외에 취해진 징계 조치 내용이 함께 기록되어 있다.

학교 기록을 활용한 조사는 시간을 절약하고 기능적 행동 평가 과정에서 불필요한 절차를 줄이는 데 효과적이다. 특히 신체적 폭행, 폭행 도구 반입, 학교 시설 파손 등 발생 빈도는 낮지만 심각하고 직접 관찰이 어려운 행동을 다룰 때, 학교 기록은 매우 중요한 자료가 된다. 더 나아가, 기능적 평가 면담과 함께 학교 기록은 출석 정지나 퇴학을 당한 학생에 대한 정보를 얻을 수 있는 거의 유일한 수단이다.

③ 행동 평정척도 또는 체크리스트

행동 평정척도와 체크리스트는 기능적 행동 평가를 실시할 때 보조 도구로 활용 가능하며, 심층 평가 전에 목표 행동을 신속히 파악하는 초기 방법으로 유용하다. 다만, 이러한 평정척도는 목표 행동의 선행 사건이나 결과에 관한 구체적인 정보를 제공하지 않는다. 대표적인 예로 교사 평정 양식Teacher Rating Form, 아동 행동 체크리스트Child Behavior Checklist, 청소년 자기 보고서Youth Self-Report(Achenbach & Rescorla, 2001a, 2001b), 코너스 평정척도(Conners, 1997), 사회적 기술 향상 시스템 평정척도Social Skills Improvement System—Rating Scales(Gresham & Elliott, 2008) 등이 있다. 또한 평정척도는 필요에 따라 선행 사건과 결과를 명시하고, 해당 행동이 수행하는 기능을 추정하여 평정하는 항목을 포함하도록 수정할 수 있다.

행동 평정척도나 과거 기록과 같은 간접적인 기능적 행동 평가 방법만으로 행동의 기능을 판단하는 것은 바람직하지 않다. 이러한 방법은 짧은 시간과 적은 노력으로 적용할 수 있어 매력적으로 보이지만, 포괄적이고 정확한 기능적 행동 평가를 수행하기에는 한계가 있다.

직접적인 기능적 행동 평가 방법

기능적 행동 평가의 핵심은 선행 사건, 행동, 그리고 결과를 체계적으로 직접 관찰하는 것이다. 이러한 직접 관찰은 앞서 제시된 간접 평가를 통해 얻은 정보를 검증하는 데 활용한다. 이를 위해 효과적인 방법 중 하나가 바로 선행 사건 – 행동 – 결과(A-B-C) 기록 양식이다. 이 방법에서는 학생의 행동을 교실, 운동장 등 관련 환경에서 관찰하며, 행동이 나타나기 직전에 일어난 상황과 행동 직후의 결과를 함께 기록한다.

A-B-C 절차는 특정 행동이 왜 나타나는지, 즉 그 행동의 수행 가능한 기능을 파악하는 데 도움이 된다. 예컨대, 한 학생이 혼자 앉아 읽기 과제를 수행하는 동안(선행조건) 관찰자가 지켜보면, 그 학생이 자리를 이탈하거나, 다른 학생들과 잡담을 하거나, 물건을 던지거나, 책상에 엎드리거나, 낙서를 하는 모습을 보일 수 있다. 이 행동들은 겉모습과 형태는 서로 다르지만, 단순히 이를 기술하고 기록하는 것만으로는 우리가 궁극적으로 알고자 하는 핵심 질문, 즉 "이 행동들이 수행하는 기능은 무엇인가?"에 대한 답을 주지 않는다.

각각의 행동에 대해 교사는 말로 훈계하거나, "이제 해보자"는 지시를 반복하거나, 시작하도록 돕거나, 아예 무시할 수 있다. 또래 학생들은 이를 무시하거나, 웃어넘기거나, 되받아 물건을 던지는 등의 반응을 보일 수 있다. 이렇게 목표 행동 전후로 이어지는 사건의 흐름을 관찰하고 기록하면, 관찰자는 해당 학생의 문제행동을 촉발하고 지속시키는 선행 요인과 결과 요인에 대해 합리적인 가설을 세울 수 있다.

기능적 행동 평가 자료 요약

기능적 행동 평가에 필요한 자료가 충분히 모이면, 개입 방안을 결정하는 데 활용할 수 있도록 내용을 정리해야 한다. 이 과정은 세 단계로 진행된다. 첫째, 행동에 관한 가설을 세운다. 둘째, 문제행동과 바람직한 대안 행동의 흐름을 비교하는 '경쟁 행동 경로 모형'을 설계한다. 셋째, 이렇게 도출된 행동 가설과 경로 모형을 토대로 종합적인 개입 계획을 수립한다.

행동 가설이란 특정 행동이 수행하는 기능에 대해 검증 가능한 형태로 세운 추정 진술을 말한다. 이러한 가설은 세 가지 요건을 충족해야 한다. 첫째, 이전 평가(기록, 면담, 관찰)를 통해 수집한 정보에 기반해야 한다. 둘째, 교사나 기타 관련 인물이 교실이나 다른 환경에서 실제로 조작할 수 있는 변수를 포함해야 하며, 그 변수는 측정과 검증이 가능해야 한다. 셋째, 의뢰자와 상담자는 해당 가설이 지금까지 축적된 평가 정보를 합리적으로 종합한 결과라는 점에 동의해야 한다. 행동 가설의 구체적인 예시는 3장에 제시되어 있다.

기능적 행동 평가 자료를 정리하는 다음 단계는 '경쟁 행동 경로 모형'을 만드는 것이다. 이는 문제행동의 발생과 관련된 선행 요인과 결과 요인을 시각적으로 표현한 도식이다. 이 모형이 중요한 이유는 다음과 같다. 첫째, 행동 중재 절차를 기능적 행동 평가에서 얻은 자료와 직접 연결해 준다. 둘째, 중재 계획을 실행할 사람들의 가치관, 기술 수준, 역량에 부합하도록 설계할 수 있다. 셋째, 중재 실행의 충실도를 높여준다. 넷째, 종합적 중재 계획에 포함된 다양한 절차들 간의 논리적 일관성을 강화한다.

그림 6.1은 외현화/내재화 행동 영역 및 그 하위 영역을 시각적으로 나타낸 것이다. 이 모형을 도식화하려면 네 가지 요소가 필요하다. 첫째, 문제행동을 유발하는 상황이나 조건(설정 사건, 설정 조작, 변별 자극)을 규정한다. 둘째, 목표로 하는 친사회적 행동을 구체적으로 제시한다. 셋째, 그 목표 행동과 경쟁하는 문제행동을 명확히 기술한다. 넷째, 목표 행동과 문제행동 각각을 유지시키는 결과 요인을 분석한다. 행동 변화에서 특히 중요한 개념은, 사람들이 목표로 하는 바람직한 행동 대신 부적절한 문제행동을 선택하는 이유가 바로 그 문제행동이 '경쟁에서 이기기' 때문이다. 문제행동은 대부분 **더 신뢰할 수 있고**(같은 결과를 안정적으로 만들어내고), **더 효율적이기 때문에**(필요한 노력도 적기 때문에) 바람직한 행동보다 더 매력적이고 실행 가능성이 높다.

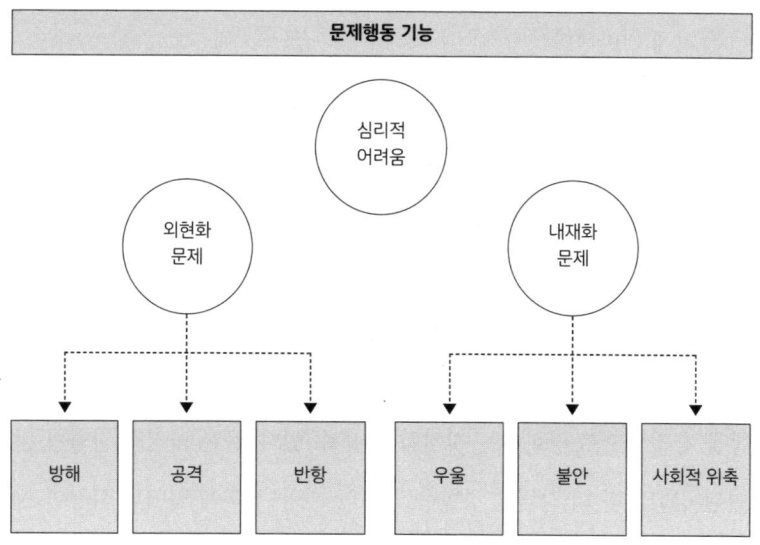

그림 6.1 외현화/내재화 행동 영역 및 하위 영역

기능적 행동 평가의 마지막 단계는 '경쟁 행동 경로 모형'을 토대로 개입 절차를 선택하는 것이다. 개입 절차를 설계할 때는 몇 가지 일반적인 원칙을 고려해야 한다. 그중 첫 번째는 문제행동의 발생 가능성을 낮추도록 선행 요인을 변화시키는 것이다. 선행 요인은 설정 사건, 설정 조작, 변별 자극 등이 될 수 있다. 이를 위해 ① 활동 시간표 조정, ② 집단의 크기와 구성 변경, ③ 과제 분량 축소, ④ 쉬운 과제와 어려운 과제를 섞어서 제시, ⑤ 적절한 행동을 촉진하기 위한 사전 안내, ⑥ 휴식 시간 제공과 같은 방법을 활용할 수 있다.

두 번째로 고려해야 할 점은, 행동의 결과 요인을 조정해 바람직한 행동의 발생 가능성을 높이고 문제행동의 발생 가능성을 낮추는 것이다. 이를 위한 기본 전략은 두 가지다. 첫째, 목표 행동을 했을 때 주어지는 보상의 가치를 높인다. 둘째, 문제행동을 했을 때 얻는 결과의 가치를 낮춘다. 이는 매칭 법칙에 해당하며, 대체행동 차별강화 전략 원리는 바로 이 논리에 기반한다.

추가 고려 사항

체계적 직접 관찰은 사건이 일어나는 순서를 바탕으로 하므로, 원인 – 결과의 관계보다는 단순한 시간적·상관적 근접성에 의존한다. 예를 들어, 한 학생이 규칙을 어기는 행동을 하고, 교사가 즉시 훈계한다고 하자. 겉으로 보면 훈계가 문제행동 직후에 발생했기 때문에, 마치 훈계가 그 행동을 긍정적으로 강화하는 것처럼 보일 수 있다. 물론 즉각적 강화가 지연된 강화보다 더 강력한 경향은 있지만, 행동 직후에 일어난 사건이 항상 그 행동을 통제하는 것은 아니다. 실제로는 교사의 훈계가 아니라, 쉬는 시간이나 방과 후에 또래 친구들이 보여주는 관심이 문제행동을 유지시키는 강화 요인(지연 강화)일 수도 있다.

자연스러운 환경에서 직접 관찰을 할 때 생기는 또 다른 한계는, 강화가 '얼마나 즉시 주어지는가'보다 '어떤 강화 계획이 적용되는가'와 관련이 있다. 간헐적 강화 계획은 한 번 형성된 행동을 오래 유지시키는 데 매우 효과적이다. 즉, 행동 직후에 보상이 주어지더라도, 그 보상이 매번 제공되는 것은 아니며 드물게(간헐적으로) 주어질 수 있다. 예를 들어, 한 학교 심리사가 학생의 부적절한 행동을 관찰했는데, 이 행동이 가끔씩 주어지는 교사의 관심에 의해 유지되고 있다고 하자. 하지만 교사가 대부분의 경우 이런 행동을 무시한다면(매우 희박한 변동 강화 계획), 심리사는 그 학생을 관찰하는 동안 교사가 그 행동을 강화하는 장면을 전혀 보지 못할 수도 있다. 그 결과, 교사의 관심이 그 행동의 강화 요인이 아니라는 잘못된 판단을 내릴 위험이 있다.

교실은 학생들이 여러 가지 행동을 동시에 보일 수 있는 복잡한 공간이다. 학생의 문제행동은 그 행동에 직접적으로 주어지는 강화뿐 아니라, 그와 경쟁하는 다른 문제행동에 주어지는 강화와도 밀접하게 연결되어 있다. A-B-C 분석만으로도 부적절한 행동을 유지시키는 강화 요인을 어느 정도 추정할 수 있지만, 행동의 기능을 더 정확하게 파악하려면 경쟁 행동에 대한 강화 방식, 예를 들어 강화 빈도, 강화의 질, 강화가 주어지는 시점의 즉시성 등을 함께 조사할 필요가 있다. 10장에서는 다양한 기능적 행동분석 사례와 이를 바탕으로 강도 높은 3단계 개입을 설계하는 방법을 제시한다.

:: 습득 결손에 대한 개입

사회적 기술의 습득 결손을 교정하는 핵심은, 학생에게 문제행동을 대체할 수 있는 친사회적 행동을 직접 가르치는 것이다. 즉, 일부 행동이 나타나지 않는 이유는 학생이 그 행동을 아예 배워본 적이 없어 자신의 행동목록(레파토리)에 없기 때문이다. 이 경우, 다른 적절한 행동 대안이 없으니 문제행동이 발생하게 된다. 이러한 상황에서의 개입 전략으로는 모델링, 코칭, 역할 놀이, 그리고 행동 연습이 사용된다(Elliott & Gresham, 2008).

사회적 기술 향상 체계 - 개입 가이드

2장에서 SSIS-IG(Elliott & Gresham, 2008)를 2단계 선택형 개입으로 활용하는 방법을 소개했다. 이 프로그램은 20개의 핵심 사회적 기술을 목표로, 4~6명 규모의 소집단에서 주 2회 진행된다(한 번에 45분, 주당 총 90분). 약 15주간 진행되므로, 프로그램이 필요한 2단계 학생들은 총 22시간가량의 사회적 기술 교육을 받는다.

SSIS-IG는 몇 가지 핵심 차이만 조정하면 3단계 집중형 사회정서학습 프로그램으로도 활용할 수 있다. 첫째, 2단계에서는 4~6명 소집단으로 운영되지만, 3단계에서는 1~2명만을 대상으로 해야 한다. 이는 3단계 학생들이 사회기술 습득 결손을 교정하려면 훨씬 더 개별화된 지도가 필요하기 때문이다. 둘째, 주 3회, 회기당 45분씩 수업을 진행한다. 셋째, 약 20주 동안 총 45시간에 달하는 강도 높은 사회기술 교육을 제공한다. 이 세 가지를 제외하면, 교수 방법과 전략은 2단계 프로그램과 동일하다.

패스트 트랙 프로그램

패스트 트랙 Fast Track 은 심각하고 장기간 지속되는 품행 문제를 가진 아동·청소년을 위한 종합적인 개입 프로그램이다. 이 프로그램은 수행 문제예방집단Conduct Problems Prevention Research Group(1992)이 개발 했으며, 부모 교육, 가정 방문, 학습 지도, 교실 내 개입, 사회적 기술 훈련 집단(우정 집단)의 다섯 요소로 구성된다. 이 중 사회적 기술 훈련은 주 1시간씩 22주 동안 진행되며, 또래 관계 향상, 공격적 상호작용 감소, 대인관계 문제해결 능력개발을 목표로 한다. SSIS-IG와 마찬가지로, 모델링·코칭·수행 피드백·역할 놀이 기법을 활용해 훈련이 이루어진다.

패스트 트랙 효과를 분석한 연구 결과, 프로그램에 참여한 학생들은 공격적 행동이 줄고, 사회 인지적 능력이 향상되었으며, 친사회적 행동이 늘어났고, 특수교육 대상 아동 수도 감소했다. 효과 크기는 중간 수준이었지만, 중재 집단의 모든 평가 지표에서 안정적으로 관찰되었다.

문제해결 기술훈련 프로그램

문제해결 기술훈련problem-solving skills training은 공격적 행동 패턴을 보이는 품행장애 아동과 유사한 특성을 지닌 아동을 대상으로 고안된 개입 프로그램이다(Kazdin, 2003a). 이들의 공격적 행동은 단순히 환경적 사건에 의해 촉발되는 것이 아니라, 그러한 사건을 어떻게 해석하고 처리하는가에 더 크게 좌우된다. 특히 타인의 의도를 어떻게 추론하느냐는 공격적 행동을 이해하는 데 핵심적인 인지적 요인이다. 공격적인 아동은 타인의 실제 의도가 명확하지 않은 사회적 상황에서도, 종종 상대방이 자신에게 적대적 의도를 가지고 있다고 해석한다.

문제해결 기술훈련은 아동에게 인지적 문제 해결 능력을 가르치기 위해 주 1회, 30~50분씩 총 12~20회 진행된다. 프로그램의 핵심은 복잡한 대인관계 상황을 잘게 나누어, 그 속에서 적절한 친사회적 행동을 찾아내고 적용할 수 있도록 하는 '문제 해결 단계'를 익히는 것이다. 그 단계는 다음과 같다.

- "지금 내가 해야 할 일은 무엇인가?" ― 문제를 명확히 파악하고 정의한다.
- "생각할 수 있는 모든 방법을 살펴보자." ― 문제 해결을 위한 대안을 폭넓게 제시한다.
- "집중해서 하나하나 따져보자." ― 내가 만든 해결책들을 신중히 평가한다.
- "이제 선택하자." ― 가장 적절하다고 판단되는 행동을 고른다.
- "잘했는지, 아니면 다른 방법이 있었는지 돌아보자." ― 선택이 최선이었는지 확인하고 평가한다.

　　문제해결 기술훈련은 주로 아동이 겪는 대인관계 문제를 다룬다. 지도자는 한 가지 상황을 정해 문제 해결 단계를 직접 시범 보이고, 가능한 대안을 찾아 그중 하나를 선택한다. 그 후 지도자와 아동은 선택한 해결책을 역할극으로 연습한다. 매 회기마다 치료자는 언어적·비언어적 신호로 아동의 수행을 안내하고, 상황에 맞는 사회적 강화를 제공하며, 구체적인 피드백을 주고, 더 나은 수행 방법을 시범으로 보여준다. 문제해결 기술훈련의 핵심은 아동이 배운 문제 해결 단계를 실제 생활에 적용하는 것이다. 이를 위해 계획적으로 구성된 과제를 통해, 아동이 일상 속 다양한 상황에서 문제 해결 단계를 자연스럽게 일반화할 수 있도록 돕는다.

연구 결과, 문제해결 기술훈련은 친사회적 행동을 크게 향상시키고 공격적 행동을 뚜렷하게 감소시키는 효과가 있었으며, 변화의 폭도 매우 컸다(d = 1.20). 프로그램을 마친 아동들은 또래(같은 나이, 같은 성별) 집단의 정상 범위 수준으로 기능이 회복되는 모습을 보였다(Kazdin, 2003a).

:: 분노 대처 프로그램

분노 대처 프로그램 Anger Coping Program 은 아동의 공격적 행동에 영향을 미치는 분노의 각성과 사회·인지적 처리 과정을 개선하기 위해 개발된 개입 프로그램이다(Lochman, Barry, & Pardini, 2003). 원래는 5~7명이 참여하는 집단치료 형식으로 설계되었지만, 3단계 개입에서는 1~2명을 대상으로 운영하는 것이 적절하다. 이 프로그램은 학교와 임상 현장 모두에서 효과적으로 실행된 바 있다. 총 18회기로, 매주 60~90분씩 넓은 공간에서 진행되며, 전체 기간 동안 약 20~27시간의 집중적인 3단계 사회정서학습이 이루어진다.

분노 대처 프로그램은 분노 반응과 사회·인지적 처리 과정을 개선하는 데 초점을 맞추며, 분노와 공격성이 높은 아동에게서 부족한 것으로 밝혀진 여러 핵심 기술을 훈련한다. 여기에는 부정적인 감정을 인식하는 능력, 자기 대화 활용, 주의 전환 기법, 분노를 가라앉히는 전략, 타인의 관점을 이해하는 능력, 목표 설정, 그리고 사회적 문제 해결 능력을 포함한다. 연구에 따르면, 문제 해결 능력이 부족하고, 자신이 느끼는 적대감 수준이 낮으며, 또래로부터 거부를 많이 경험하는 아동일수록 분노 대처 프로그램에서 더 큰 효과를 보인다(Lochman, 2002). 또한, 귀인 양식이 더 내면화되어 있고 불안 수준이 높은 아동도 분노 대처 프로그램의 혜택을 많이 받는 경향이 있다. 분노 대처 프로그램에 참여한 아동의 약 3분의 2는 뚜렷한 향상을 보였으나, 나머지 3분의 1은 프로그램 종료 후에도 추가적이고 지속적인 지원이 필요했다.

요약 >>>>>

- 3단계 집중적인 사회정서학습 중재는 1·2단계 개입에 반응을 보이지 않는 소수의 학생(전체의 약 3~5%)을 대상으로 한다.
- 이 단계의 개입은 시간, 강도, 학생이 투입해야 하는 노력 면에서 훨씬 집중적이며, 아동 개개인의 필요에 따라 고도로 맞춤화한다. 또한 기능적 행동 평가를 기반으로 설계하며, 2단계보다 훨씬 긴 기간 동안 지속적으로 진행한다.
- 3단계 사회정서학습 중재의 특징
  - 1~3명으로 매우 작은 규모의 집단을 대상으로 운영한다.
  - 주당 총 수업 시간은 150~300분이다.
  - 전체 프로그램 기간은 15~20주이다.
  - 학습·행동 변화는 주 2회 이상 체계적으로 모니터링한다.
  - 개입 강도가 높아, 대개 일반 학급이 아닌 별도의 공간에서 한 교시 전체를 활용한다.
  - 개입을 담당하는 전문가로는 관련 전문교육을 이수한 학교 심리사, 행동분석가, 상담교사, 학교 사회복지사 등이 있다.
- 사회적 기술 수행 결손을 교정할 때는 대체행동 훈련을 활용한다. 대체행동 훈련은 경쟁하는 문제행동을 동일한 기능을 수행하는 사회적으로 숙련된 대체행동으로 바꾼다.
- 대체행동 훈련은 매칭 법칙(행동 발생 빈도는 그 행동에 주어지는 강화 빈도와 비례한다)의 원리를 바탕으로, 문제행동과 동일한 기능을 하는 대안 행동을 가르치는 방법이다.

특히 3단계 집중형 개입에서는 다음 요인들을 신중히 고려해야 한다.

- 문제행동의 심각성
- 문제행동의 만성 정도
- 행동 변화의 일반화 가능성
- 중재 강도
- 중재 충실도
- 중재 효과성

- 기능적 행동 평가는 특정 행동이 왜 또는 어떤 목적으로 나타나는지를 알아내기 위해, 그 행동 전후에 일어나는 사건과 행동 자체에 대한 정보를 체계적으로 수집하는 평가 방법이다.

- 행동은 크게 두 가지 기능을 가진다. 첫째, 긍정적 강화로서, 사회적 관심을 얻거나, 물질적 보상 · 활동에 접근하거나, 감각적 만족을 얻는 경우이다. 둘째, 부정적 강화로서, 불쾌하거나 하기 싫은 과제 · 활동을 피하거나 늦추거나 줄이기 위해, 혹은 특정 사람과의 접촉을 회피하기 위해 나타나는 경우이다.

- 행동분석가들은 기능적 행동 평가를 행동과 환경 간의 상관관계를 파악하는 절차로, 기능 분석을 행동의 원인 – 결과 관계를 규명하는 절차로 구분한다.

- 행동 전에 일어나는 선행 요인은 세 가지 유형으로 나눌 수 있다. 첫째, 변별 자극은 행동 바로 직전에 나타나 그 행동을 유발하는 신호 역할을 한다. 둘째, 설정 사건은 행동과 시간이나 장소가 떨어져있지만, 그 행동이 나타날 가능성에 영향을 준다. 셋째, 설정 조작은 특정 강화물이 일시적으로 더 효과적이거나 덜 효과적으로 작용하도록 만드는 조건을 의미한다.

> > > > >

- 기능적 행동 평가는 두 가지 방식으로 실시할 수 있다. 하나는 간접 평가로, 기능적 평가 면담, 과거 기록·자료 검토, 체크리스트, 평정척도 등을 활용하는 방법이다. 다른 하나는 직접 평가로, 실제 생활환경에서 행동을 체계적으로 직접 관찰하는 방법이다.
- 기능적 행동 평가에서 수집된 자료는, 행동 가설 수립, 경쟁 행동 경로 모형 작성, 포괄적 개입 계획 수립의 세 단계로 정리된다.
- 사회적 기술 습득 결손을 교정할 때는, 문제행동을 대신할 수 있는 친사회적 행동을 직접 가르치는 데 초점을 맞춘다.
- 사회적 기술 습득 결손을 교정하기 위해 3단계 표준 절차로 활용되는 대표적 프로그램은 다음과 같다.
  - 사회적 기술 향상 체계-개입 가이드SSIS-IG
  - 패스트 트랙Fast Track 프로그램
  - 문제해결 기술훈련problem-solving skills training 프로그램
  - 분노 대처 프로그램Anger Coping Program

7 특수 학생을 위한 사회정서학습 중재

지금까지 사회정서학습 개입을 비용, 시간, 강도의 수준에 따라 세 단계로 나누어 소개하였다. 1단계는 **모든** 학생을 위한 보편적 개입, 2단계는 **특정** 학생을 대상으로 한 선택적 개입, 3단계는 **소수** 학생을 위한 집중적 개입이다. 이러한 다층적 지원 체계는 학생이 약한 개입에 충분히 반응하지 못할 경우, 더 강력한 개입을 제공하여 필요한 수준까지 변화를 이끌어야 한다는 원리에 기반한다.

이번 장은 지적장애intellectual disability, ID, 자폐스펙트럼장애autism spectrum disorder, ASD, 사회적 의사소통장애social pragmatic communi-cation disorder, SPCD 등 발달장애를 가진 아동과 청소년을 대상으로 하는 사회정서학습을 다룬다. 앞선 6장에서는 품행장애CD, 적대적 반항장애ODD, 주의력결핍과잉행동장애ADHD 같은 외현화 장애와 불안 장애, 주요 우울 장애와 같은 내재화 장애 아동을 위한 3단계 집중적 개입을 다루었다. 이 장에서는 아울러 농난청deaf/hard of hearing, D/HOH 아동과 청소년을 위한 집중형 사회정서학습 방법도 함께 제시한다.

:: 다양한 사회정서학습 중재 전략

지적장애와 자폐스펙트럼장애

지적장애와 자폐스펙트럼장애를 지닌 아동·청소년을 대상으로 하는 사회정서학습은 교수 방법과 목표로 하는 행동 면에서 비슷하다. 실제로 자폐스펙트럼장애 진단을 받은 아이 가운데 약 75%가 지적장애 범주에 해당하는 IQ를 보인다. 지적장애와 자폐스펙트럼장애가 함께 진단되는 경우는 사회적 의사소통 능력이 전반적 발달 수준에서 기대되는 것보다 낮을 때이다(American Psychiatric Association, 2013). 두 집단 모두 사회적 기술 부족이라는 공통된 특성을 가지므로, 본 장에서는 이를 하나로 묶어 다룬다.

지적장애는 지적 기능과 더불어 개념적·사회적·실제적 적용 기술을 포함한 적응 행동 전반에서 뚜렷한 제한을 보이는 상태로, 18세 이전에 나타난다(American Association on Intellectual and Developmental Disabilities, 2010). 과거에는 사회적 환경에 제대로 적응하지 못하는 사람들을 지적장애를 가진 것으로 규정하였으며, 역사적으로 볼 때 지적장애에 대한 가장 오래된 정의는 사회적, 행동적 측면을 강조했다(Greenspan, 2006).

지적장애는 경도, 중등도, 중도, 최중도 네 단계로 분류된다. 이 구분은 IQ가 아니라 적응 기능을 기준으로 하는데, 실제로 필요한 지원의 정도를 결정하는 것은 **적응 기능**이기 때문이다(American Psychiatric Asso-ciation, 2013). 적응 행동은 개념적, 사회적, 실용적 세 영역 가운데 최소한 영역에서 손상이 나타날 수 있다. 이러한 손상은 학교, 직장, 가정, 지역사회 등 일상생활의 한 영역 이상에서 충분히 기능하기 위해 지속적인 지원이 필요할 정도여야 한다.

경도 지적장애로 진단된 사람들 대부분은 개념적 능력과 사회적 능력에서 적응의 어려움을 나타낸다. 일반 또래와 비교했을 때 사회적 상호작용이 미숙하며, 또래의 사회적 신호를 정확히 파악하는 데 어려움이 있다. 의사소통과 대화, 언어 사용은 또래에 비해 구체적이고 제한적이다. 또한 사회적 상황에서 위험을 잘 인식하지 못하고, 판단력이 또래 수준에 비해 미숙하여 다른 사람에게 쉽게 휘둘리거나 속는 경우가 많다.

중등도 지적장애로 진단된 사람들은 발달 과정 전반에서 또래와 비교할 때 사회적 행동과 의사소통에서 뚜렷한 차이를 보인다. 중등도 지적장애 아이의 구어는 사회적 의사소통의 주된 도구이지만, 또래의 언어보다 훨씬 단순하고 구체적이다. 또래의 사회적 신호를 읽고 해석하는 능력이 크게 부족하며, 사회적 판단력과 의사결정 능력도 매우 제한적이다. 이러한 의사소통과 사회적 제약 때문에 일반적으로 발달한 또래와 우정을 맺는 데에도 어려움이 따른다.

중도 지적장애로 진단된 사람들은 어휘와 문법이 매우 제한된 언어 능력을 가지고 있다. 이들의 말은 보통 단어 하나나 짧은 구절로 이루어지며, 주로 현재 상황이나 일상적이고 구체적인 사건을 표현하는 데 집중된다. 다만 간단한 말이나 몸짓 의사소통(예: 손짓, 동작, 간단한 수화 표시)은 이해할 수 있다.

최중도 지적장애로 진단된 사람들은 말이나 몸짓을 통한 상징적 의사 소통을 거의 이해하지 못한다. 단순한 지시나 기본적인 몸짓 몇 가지 정도만 알아들을 수 있다. 보통 자신의 필요나 욕구는 상징적이지 않은 비언어적 표현을 통해 드러낸다. 또한 상당수는 감각적·신체적 장애를 함께 가지고 있어 사회적 활동에 많은 제약을 받는다.

자폐스펙트럼장애가 있는 사람들은 여러 상황에서 사회적 의사소통과 상호작용에 지속적인 어려움을 겪는다. 자폐스펙트럼장애 아이의 특징은 다음과 같다.

- 이들은 사회정서적 상호작용에서 어려움을 겪는데, 이는 이색한 사회적 시작이나 상호 대화 능력의 부족 등으로 나타난다.
- 사회적 상호작용을 위한 비언어적 의사소통이 어렵기 때문에, 말과 몸짓의 조화가 잘 이루어지지 않거나, 눈 맞춤과 몸짓 언어가 비정상적이고, 제스처의 이해와 사용이 서툴며, 표정이나 비언어적 표현이 거의 없는 특징을 보인다.
- 관계 맺기와 유지, 이해에도 결함이 있어, 사회적 상황에 맞게 행동을 조절하지 못하고, 함께 놀거나 상상 놀이에 어려움을 겪으며, 또래에 대한 관심이 부족한 모습을 보인다.

자폐스펙트럼장애는 증상의 현재 상태를 설명하기 위해 세 단계의 중증도로 구분되며, 이러한 중증도는 맥락에 따라 달라지고 시간이 지나면서 변할 수 있다는 점을 고려하여 판단한다.

- 수준 3: "매우 많은 지원이 필요한 단계" — 언어 및 비언어적인 사회적 의사소통 능력에 심각한 결핍이 있어, 스스로 사회적 관계를 시작하는 것이 거의 불가능하다.
- 수준 2: "상당한 지원이 필요한 단계" — 언어 및 비언어적인 사회적 의사소통 능력에 뚜렷한 제한이 있으며, 지원이 제공되더라도 사회적 기능에 어려움이 남고, 타인의 사회적 접근에 비정상적으로 반응한다.
- 수준 1: "일정한 지원이 필요한 단계" — 지원이 없으면 사회적 의사소통에서 부족함이 드러나고, 사회적 상호작용을 시작하거나 또래와 친밀한 관계를 맺는 데 어려움이 따른다.

자폐스펙트럼장애 아이는 사회적 의사소통 능력이 부족하여 학습에 제약을 받는데, 특히 또래와의 상호작용을 통해 배우거나 집단 안에서 배우는 데 큰 어려움을 겪는다. 이들의 생활 적용 기술은 보통 지능검사 결과보다 낮은 수준을 보이며, 계획을 세우거나 일을 조직하고 환경 변화에 적응하는 데 극심한 어려움이 있다. 성인기에 이르면 심리사회적 기능이 미흡하여 독립적인 생활을 유지하거나 안정적인 직업을 얻는 데 뚜렷한 한계를 드러낸다.

사회적 의사 소통장애

사회적 의사소통장애는 언어와 의사소통을 사회적으로 활용하는 능력, 즉 화용적 능력의 저하로 특징지어진다. 이 장애가 있는 사람들은 실제 생활 맥락에서 언어적·비언어적 의사소통 규칙을 이해하고 지키는 데 어려움이 있으며, 청자나 상황에 맞게 언어를 조정하거나, 대화와 이야기 전개 규칙을 따르는 데 부족함을 보인다. 이런 사회적 의사소통의 결핍은 효과적인 의사소통, 사회 활동 참여, 사회적 관계 형성, 학업 성취, 직업적 수행 등 여러 기능 영역에 제한을 초래한다. 그러나 이는 구조적인 언어능력이나 인지능력 부족 때문이 아니다. 사회적 의사소통장애는 자폐스펙트럼장애와 구별되는데, 자폐스펙트럼장애에는 제한적이고 반복적인 행동, 흥미, 활동이 나타나지만, 사회적 의사소통장애에는 그런 양상이 없다는 점에서 차이가 있다. 따라서 발달 이력에서 제한적 · 반복적 행동이나 흥미, 활동의 증거가 발견되지 않을 때에만, 사회적 의사소통장애로 진단할 수 있다(American Psychiatric Association, 2013).

사회적 의사소통장애는 다음과 같은 언어적 및 비언어적 언어 결함으로 특징지을 수 있다.

- 인사하기나 정보 나누기와 같이 상황에 맞게 사회적 목적을 위해 의사소통을 사용하는 데 어려움이 있다.
- 상황이나 청자의 필요에 따라 말하는 방식을 바꾸는 데 어려움이 있다. 예컨대 교실과 운동장에서 다르게 말하거나, 아이와 어른에게 말하는 방식을 구분하거나, 지나치게 형식적인 표현을 피하는 데 어려움을 겪는다.
- 대화와 이야기의 규칙을 따르는 데 어려움이 있다. 예를 들어, 대화에서 차례를 지키거나, 오해받았을 때 다시 표현하거나, 상호작용을 조절하기 위해 언어적 · 비언어적 신호를 적절히 활용하는 능력이 부족하다.

- 드러나지 않은 의미(추론)를 파악하거나, 관용적 표현·유머·은유·다의적 표현 등 맥락에 따라 달라지는 비유적·모호한 언어를 이해하는 데 어려움을 보인다.

사회정서학습에 대한 접근

지적장애, 자폐스펙트럼장애, 사회적 의사소통장애를 가진 아이 대부분은 6장에서 다룬 것과 같은 3단계의 집중적인 사회정서학습이 필요하다. 이러한 개입은 투입되는 시간, 자원, 그리고 교사나 전문가의 노력 면에서 강도가 매우 높다. 따라서 이러한 학생들에게 제공되는 사회정서학습은 개인별로 맞춤화되어야 하며, 각 아이가 보이는 사회적 기술 부족에 직접적으로 초점을 맞추어야 한다. 지적장애, 자폐스펙트럼장애, 사회적 의사소통장애 아이는 1단계의 보편적 중재나 2단계의 선택적 중재만으로는 충분한 효과를 기대하기 어렵다. 그러므로 이들은 '패스트 트랙fast track'을 통해 3단계 중재로 바로 연결해야 하며, 이 과정에서 소수의 핵심 사회적 기술을 가르치기 위해 비교적 긴 기간이 소요된다. 이러한 중재는 다음과 같은 특성을 가져야 한다.

- 사회적 기술을 가르치기 위해 일대일 직접 지도가 이루어지며, 개별 시도 훈련discrete trial training을 포함한다.
- 하루 두 차례, 주 5일, 회기당 약 30분씩 수업이 진행된다.
- 전체 중재 기간은 40주이다.
- 행동분석가, 심리학자, 행동 전문가 등과 같이 특수한 훈련을 받은 전문가가 중재를 지도·감독한다.

• 중재가 진행되는 40주 동안, 주 5일간 아이의 진전을 모니터링한다.

사회정서학습에서 사용되는 교수 전략에는 모델링, 코칭, 행동 연습, 습득한 기술에 대한 긍정적 강화, 그리고 개별 시도 훈련이 포함된다. 이 가운데 모델링, 코칭, 행동 연습, 긍정적 강화에 대해서는 이미 6장에서 다루었으므로 여기에서는 다시 설명하지 않는다.

:: 중심축 반응 훈련

중심축 반응 훈련pivotal response training, PRT은 응용행동분석의 원리를 활용하여, 자연스러운 교수 상황 속에서 자폐스펙트럼장애 아이에게 사회적 의사소통과 적응 행동 같은 실제적 기술을 가르치는 방법이다(Koegel & Koegel, 2006). 처음에는 자폐스펙트럼장애 아이를 위해 고안되었지만, 지적장애나 사회적 의사소통장애 아이에게도 사회적 기술을 가르치는 효과적인 접근이 될 수 있다. 중심축 반응 훈련은 아이의 자발성과 흥미를 바탕으로 하며, 특히 언어, 의사소통, 놀이, 사회적 행동 발달을 촉진하는 데 강점을 가진다. 이 접근법은 네 가지 중심축이 되는 학습 요인인 **동기부여, 여러 단서에 반응하기, 자기 관리, 자기 주도적 시작 능력**을 향상시킴으로써 더 효율적이고 효과적인 중재가 되도록 설계되었다. 이러한 요인들은 다른 많은 영역에서 전반적이고 일반화된 향상을 가능케하는 토대가 되므로 '중심축'이라 불린다. 본 장에서는 이 네 가지 중심축 기술을 실행하는 구체적인 절차를 제시한다.

중심축 반응 훈련은 기술을 좀 더 자연스러운 사회적 상황 속에서 가르치기 때문에 개별 시도 훈련discrete trial training, DTT보다 효과적인 대안으로 평가된다. 중심축 반응 훈련은 성인이 주도하는 집중적 반복 훈련을 통해 명확한 조건 설정과 반복을 활용하여 새로운 기술을 가르친다. 이런 점에서 자극에 대한 새로운 반응을 학습시키는 데 매우 강력한 방법이다. 그러나 개별 시도 훈련은 아이의 자발성을 길러주지 못하고, 새로 학습한 기술을 실제 생활의 다양한 환경으로 일반화하기 어렵다는 한계가 있다.

중심축 행동 – 동기

중심축 반응 훈련은 아이가 새로운 기술을 배우도록 동기를 부여하기 위해 7단계 절차를 활용한다. 각 단계를 구체적으로 살펴보면 다음과 같다.

1단계: 학습에 주의를 기울이도록 유도하기

- 교사나 치료사는 아이가 집중할 수 있도록 먼저 주의를 끈 뒤 학습 기회를 제공해야 한다. 예컨대 지시를 내리기 전에 아이의 어깨를 살짝 두드리거나 눈을 마주치는 방식을 활용할 수 있다.
- 아이가 주의를 기울인 상태가 되면, 치료사는 짧고 분명한 지시를 주는 것이 효과적이다.

2단계: 통제 나누기

- 치료사는 학습 과정에서 어떤 부분은 자신이 맡고, 어떤 부분은 아이가 직접 하도록 정한다. 예컨대, 아이가 코트 입는 방법을 배우는

상황에서 치료사는 ① 아이의 사물함에서 코트를 꺼내고, ② 아이가 코트를 입도록 도와주며, ③ 지퍼를 함께 올리기 시작한 뒤, ④ 아이가 끝까지 지퍼를 올리게 한다.

- 아이가 점점 기술에 익숙해지면, 치료사는 점차 더 많은 부분을 아이에게 맡긴다. 예를 들어, 치료사는 ① 코트를 꺼내주고, ② 함께 코트를 입게 한 다음, ③ 아이가 지퍼를 처음부터 끝까지 스스로 올리도록 한다.

- 최종적으로 아이는 ① 혼자 코트를 꺼내고, ② 혼자 코트를 입고, ③ 아무 도움 없이 지퍼를 올리게 한다.

- 이처럼 활동과 자료의 통제를 아이과 나누면 아이는 참여 의욕을 높이고 목표 기술을 효과적으로 배울 수 있다.

3단계: 아이의 선택 존중하기

- 치료사는 아이가 자유롭게 놀잇감이나 자료를 사용할 때 무엇을 좋아하는지 관찰한다. 예를 들어, 어떤 아이가 자유 놀이 시간 대부분 동안에 자동차 장난감을 가지고 보낸다면, 자동차를 활용해 학습 동기를 높일 수 있다. 즉, 어려운 과제를 마친 뒤 자동차 놀이를 허용하거나, 수업 속에 자동차를 활용할 수 있다(예: 자동차를 이용한 수학 문제 풀기, 자동차 이름 쓰기 활동 등).

- 교사는 아이가 좋아하는 연령에 맞는 물건과 활동을 학습 환경에 배치한다. 예컨대 그림 그리기를 할 때 여러 색의 크레용을 준비해 아이가 직접 고를 수 있게 한다.

- 수업 중에도 아이가 사용할 자료, 주제, 장난감을 스스로 선택하도

록 허용한다. 아이가 선호하는 것을 고르게 하는 것은 특히 새로운 기술을 배울 때 중요하며, 이는 학습 의욕을 높여 목표 기술을 습득할 가능성을 크게 높인다.

- 아이가 일과 속에서 자연스럽게 선택 기회를 가질 수 있도록 환경을 구성한다. 예를 들어, 교실 선반에 공, 블록 상자, 모양 맞추기, 비눗방울 병을 놓아두고, 아이가 비눗방울 병을 가리키며 "비눗방울"이라고 말하면 교사는 "비눗방울"이라고 따라 말하며 함께 뚜껑을 열어준다. 이처럼 아이는 다양한 물건 가운데 원하는 것을 고를 수 있다.

4단계: 과제와 반응을 다양하게 하기

- 아이가 흥미를 잃지 않고 적극적으로 참여할 수 있도록 과제, 자료, 활동을 바꿔준다.
- 아이가 다양한 자극에 반응할 수 있도록 교사는 지시 방식이나 환경 조건에 변화를 준다.
- 표 7.1은 과제를 다양화해야 할 필요가 있음을 보여주는 아이 행동의 예시이다.

5단계: 새로운 과제와 익숙한 과제 섞기

- 아이에게 이미 익숙해 쉽게 할 수 있는 과제(유지 과제)와 새롭게 배워야 해서 어려운 과제(습득 과제)를 구분한다.
- 아이가 성공 경험을 쌓으면서 여러 기술을 사용할 수 있도록 쉬운 과제와 어려운 과제를 섞어서 제시한다.
- 이미 배운 기술을 유지하도록 돕기 위해, 교사는 ① 아이가 금방 할

행동	행동이 암시하는 의미	교사의 반응	사례
"다 했어요"라고 수화를 하거나 말로 표현함	과제가 쉬워서 흥미가 없음	더 새롭고 도전적인 과제를 익숙한 과제와 함께 제시함	축구를 즐겨 하던 아이에게 야구나 다른 야외 활동을 선택할 기회를 제공하기
말로 반항함	과제가 너무 어려워서 좌절함	새로운 과제보다 이미 익숙하거나 잘할 수 있는 과제를 다시 하도록 함	"책장을 넘겨요"를 가르쳤는데, 아이가 그냥 '넘겨요'라고만 해도 인정해 줌
주위를 두리번거리며 학습 자료에 집중하지 않음	산만함	자극이 덜한 다른 장소로 이동함	교실이나 학교 안에서 더 조용한 장소, 예를 들어 도서관 같은 곳에서 수업함
수업 중 자리를 이탈하거나 교실 밖으로 나가려 함	흥미가 없어서 과제를 지루해함	더 흥미를 느낄만한 동기부여 효과가 큰 장난감이나 자료를 찾아 제공함	수학 학습지 대신, 선호하는 물건을 직접 만지며 할 수 있는 수학 활동을 제공함
학습 자료를 두드리거나 집어 던짐	학습에 대해 좌절하거나 흥미가 없음	재미있을 뿐 아니라, 아이가 직접 쉽게 꺼내 쓰고 다룰 수 있는 수업 자료 준비하기	2학년 독서 시간에 과학책, 알파벳 책, 이야기책 등 여러 종류의 책을 가까이에 두어 자유롭게 읽을 수 있게 함

표 7.1 과제의 변화 필요를 암시하는 행동 사례

수 있는 간단한 수행을 먼저 요청한 뒤, ② 약간 더 어려운 요청을 한 두 가지 덧붙인다.

6단계: 아이의 반응 시도 강화하기

• 아이가 목표를 향해 분명하게 의도한 반응을 시도하면, 완전하지 않더라도 반드시 강화해 준다. 예를 들어, 말을 거의 하지 않는 아이가 책을 집으며 "오"라고 말한다면 이는 목표 단어("책")는 아니지만, 즉

시 책을 건네주며 "책"이라고 말해주어 발화 시도를 강화하고 목표 반응을 보여준다.

- 또한 목표를 향한 시도 직후에 즉각적으로 보상이 제공되어야 한다. 예를 들어, 교실에서 아이가 손을 완전히 들지는 못했지만 책상에서 몇 센티미터만 들어 올려도, 교사는 즉시 그 시도를 인정하고 강화한다.

7단계: 자연스럽고 직접적인 보상 활용하기

- 자연적 보상이란 아이의 행동과 직접적으로 연결된 결과를 말한다. 예를 들어 아이가 비눗방울 놀이에 흥미를 가진다면, 실제로 비눗방울을 불 때 생기는 비눗방울이 그 행동에 대한 자연스러운 보상이 된다.

- 수업 속에서 아이의 목표를 지원할 수 있는 자료와 활동을 준비한다. 예를 들어, 투명한 병 안에 아이가 좋아하는 물건(비눗방울, 건포도, 초콜릿 등)을 넣어두면, 아이는 병을 열려고 하다가 교사에게 도움을 요청할 것이다. 이때 아이가 "도와주세요"라고 말하거나 수화로 표현하면, 교사는 즉시 병 안의 물건을 꺼내주어 보상한다.

- 아이의 목표와 직접적으로 연관된 과제를 제시한다. 예컨대, 아이가 과제를 피하려고 소리 지르는 대신 "쉬고 싶어요"라고 요청하는 것을 목표로 한다면, 아이가 말이나 수화로 "쉬는 시간"이라고 표현할 때, 교사는 곧바로 몇 분간의 자유 시간을 허용한다.

중심축 행동 - 다양한 단서에 대한 반응

다양한 단서에 반응하도록 하기 위해서는 세 단계의 과정이 필요하다. 그 과정은 다음과 같이 제시된다.

1단계: 자극을 다양화하고 단서를 늘리기

아이에게 여러 단서에 반응하도록 가르치는 데에는 두 가지 방법이 있다. 단서는 고유한 속성이나 특성으로도 불리며, 아이가 더 복잡한 과제에 반응할 수 있을 때까지 점진적으로 가르칠 수 있다.

2단계: 강화 계획 설정하기

치료사는 아이가 다양한 단서에 반응하도록 지도하기 위해 강화 제공의 시기와 방식을 달리 적용할 수 있다.

- 아이가 목표 기술을 배우고 활용할 의욕을 높일 수 있는 다양한 보상 자극을 찾아낸다. 예를 들어, 아이가 컴퓨터 게임이나 만화책 읽기를 좋아한다면 이를 강화물로 활용할 수 있다.
- 초기에는 아이가 목표 행동을 시도할 때마다 즉각적으로 보상을 제공하는 연속 강화 방식을 적용한다. 예컨대, 질문에 말이나 수화로 대답할 때마다 잠시 만화책을 보도록 허용하는 것이다.
- 이후에는 점차 변동 비율 강화 방식으로 전환하여, 모든 반응에 보상을 주는 대신 일정한 확률(예: 세 번 중 한 번)로만 보상하여 아이가 더 안정적으로 여러 단서에 반응할 수 있도록 유도한다.

중심축 행동 - 긍정적인 행동을 촉진하기 위한 자기 관리

자기 관리의 궁극적 목적은 아이가 치료사에게 의존하지 않고 스스로 독립적으로 생활할 수 있도록 돕는 데 있다. 이를 위해 아이는 자신의 목표 행동을 구별해 내고, 그 행동이 나타났는지 혹은 나타나지 않았는지를 스스로 기록하거나 점검하는 훈련을 받는다. 자기 관리는 치료사의 직접적인 개입이 없는 상황에서도 실행될 수 있도록 설계된 전략으로, 아이가 자율적이고 독립적인 삶을 살아갈 수 있도록 구체적인 절차와 도구를 제공한다.

1단계: 자기 관리 시스템을 설계하고 마련하기

- 치료사는 목표 행동을 명확하고 구체적으로 정의한다. 이 정의는 관찰 가능하고 측정 가능해야 하며, 강화(보상)를 받을 수 있는 기준을 반드시 포함한다. 예를 들어, 아이가 '2분 동안 조용히 있으면 휴식'할 수 있다고 정할 수 있다. 이때 "조용히 있기"라는 행동은 단순히 말을 하지 않는 것이 아니라, 책상에 앉아 혼자 책을 보고 있는 상태와 같이 구체적으로 정의한다. 행동의 정의는 "하지 말아야 하는 것"이 아니라 "무엇을 하는지"에 초점을 맞춘다. 예컨대, "프랭크는 수학 소집단 및 개별 활동/과제의 80%를 완료한다"와 같이 긍정적이고 측정 가능한 형태로 기술한다.

- 자기 관리 체계를 실행하기 전에, 치료사는 아이의 현재 수행 수준을 알기 위해 빈도와 지속 시간 데이터를 수집한다. 예를 들어, 아이가 자리에서 몇 번 일어나는지(빈도) 또는 짜증 행동이 얼마나 오래 지속되는지(지속 시간)를 기록할 수 있다. 이러한 데이터는 기초선을

행동 발생 빈도 기록표

아이 이름:_____프랭크_____

방해 행동:_____자리 이탈_____

날짜:_____2016년 9월 22일_____

아이의 일과	발생 횟수
오전 쉬는 시간	////
수학 시간	//// //
독서 시간	
체육 시간	해당 사항 없음
음악 시간	//// //// //
오후 쉬는 시간	
합계	20

행동 지속 시간 기록표

아이 이름:_____프랭크_____

날짜:_____2016년 9월 22일_____

활동 장소:_____독서 시간_____

방해 행동	발생 시간(분/초)
분노 폭발	2분
분노 폭발	3분
분노 폭발	1분
분노 폭발	2분
총 시간	8분

그림 7.1 빈도 및 기간 추적 양식

형성하는 데 사용된다. 또한 그림 7.1은 문제행동 수준을 문서화하는 데 사용할 수 있는 빈도 및 지속 시간 기록지의 예시를 보여준다.

- 치료사는 아이가 좋아하는 보상물이나 활동을 강화물로 선정한다. 아이가 스스로 보상을 선택하도록 참여시키는 것도 가능하다. 이 과정에서 치료사는 공식적인 선호도 평가를 실시하는 것이 바람직하다. 예를 들어, 아이가 여러 감각 자료 중에서 용수철 장난감(슬링키)을 보상으로 선택할 수 있다.
- 또한 치료사는 아이가 자신의 행동을 얼마나 자주 기록할 것인지(간격)를 정한다. 예컨대, 목표 행동의 특성과 아이의 자기 모니터링 능력에 따라 7분마다 자신의 행동을 기록하도록 할 수 있다.
- 마지막으로, 치료사는 아이가 성공적인 행동을 기록할 때 사용할 모니터링 장치나 시스템을 결정한다. 이는 자기 관리 체계의 중요한 준비 단계다.

2단계: 자기 관리 가르치기

개별 아이에게 자기 관리 기술을 지도할 때 가장 먼저 해야 할 일은, 아이가 긍정적인 행동과 부정적인 행동을 명확히 구분할 수 있도록 돕는 것이다. 이 과정은 아이가 쉽게 이해할 수 있도록 구체적이고 명확한 방식으로 제시한다. 만약 아이가 자신에게 어떤 행동이 요구되고, 어떤 행동은 허용되지 않는지를 분명히 알지 못한다면, 자신의 행동을 스스로 조절하는 것은 불가능하다.

- 치료사는 아이가 긍정적 행동과 부정적 행동을 스스로 구별할 수

있도록 지도한다. 이때 아이가 쉽게 이해할 수 있는 언어와 방식을 사용한다. 예를 들어, 치료사는 아이에게 연습 상황에서 올바른 행동을 해보도록 요청하고, 성공적으로 시범을 보이면 즉시 보상한다. 반대로, 바람직하지 않은 행동이 나타날 경우에는 아이에게 방금 자신이 어떤 행동을 했는지 말하도록 유도한다. 그런 다음 치료사는 "그 행동이 적절했니?"라고 질문하며, 올바른 행동을 직접 보여준 뒤 다시 아이가 실습할 기회를 제공한다.

• 또한 치료사는 아이가 미리 정해진 기준에 도달했을 때만 강화물을 제공한다. 예컨대, 아이가 토큰 10개를 모으면 학교 안을 자유롭게 산책할 수 있는 권한을 주는 식이다.

3단계: 독립성 길러주기

• 치료사는 아이가 자기 관리 기술을 익혀감에 따라, 자기 관리 시간을 점차 늘려 더 긴 시간 동안 스스로 행동을 조절할 수 있도록 지도한다. 예컨대, 한 교시가 끝날 때마다 보상을 받던 아이가 이제는 두 교시가 지난 뒤에야 보상을 받도록 조정한다.

• 아이의 자기 관리 능력이 향상될수록 치료사는 촉구의 강도와 빈도를 점차 줄인다. 처음에는 토큰을 직접 건네주었다면, 이후에는 토큰을 가리키는 식으로만 힌트를 주며 개입을 최소화한다.

• 아이가 점점 더 잘 행동을 조절하게 되면, 보상을 받기 위해 필요한 반응 횟수도 늘린다. 즉, 매번 올바른 반응마다 보상을 주는 대신, 세 번의 올바른 반응 후에야 보상을 제공하여 자기 조절 능력을 강화한다.

- 아이가 자기 행동을 안정적으로 조절하고 스스로 강화 절차까지 수행할 수 있게 되면, 치료사의 직접적인 개입은 점차 줄어든다.
- 자기 관리는 특정 상황에 국한되지 않고 다양한 환경과 사람들과의 상호작용 속에서도 적용되어야 한다. 예를 들어, 체육 수업 중 아이가 휴식을 원해 손을 들었지만 체육 교사가 그 행동의 의미를 알지 못해 무시하는 경우가 있다. 이런 상황에서는 아이가 체육 교사에게 직접 말이나 수화로 요청을 전달하는 방법을 배우도록 지도한다.

중심축 행동 - 방해 행동을 줄이고
긍정적 대체행동을 가르치기 위한 자기 관리

반복적이거나 상동적이고 수업을 방해하는 문제행동을 자기 관리하도록 지도하는 것은, 치료사가 먼저 해당 문제행동을 줄이고 관리하는 전략을 성공적으로 적용한 후 이어지는 두 번째 핵심 단계에 해당한다. 그러나 문제행동을 지속적으로 감소시키려면, 단순히 치료사의 개입만으로는 충분하지 않다. 아이가 직접 기능적 행동 평가를 기반으로 한 종합적 개입 계획 수립 과정에 참여해야 한다. 기능적 행동 평가에 관한 구체적인 논의는 6장에서 이미 상세히 다루었다.

1단계: 행동 정의하기

- 치료사는 개별 아이의 문제행동을 파악하고, 구체적으로 기술하며, 그 행동이 어떤 기능을 갖는지 분석하기 위해 기능적 행동 평가를 실시한다(자세한 내용은 6장 참조).

2단계: 자기 관리 체계 마련하기

치료사는 먼저 아이의 문제행동을 명확히 정의한 뒤, 그 자리를 대신할 만한 대체행동(즉, 친사회적 대안 행동)을 찾아낸다. 이러한 대체행동은 문제행동을 억제하는 동시에 아이가 좀 더 긍정적이고 사회적으로 수용 가능한 방식으로 욕구를 충족할 수 있도록 돕는다. 아이에게 적절한 대체행동을 가르치기 위해 다음과 같은 다양한 측면을 세심히 평가한다.

- 먼저 아이가 주의를 끌기 위해 사용할 수 있는 구체적 방법을 정한다. 예를 들어, 손을 들거나, 말로 요청하거나, 수화를 사용하는 방식이다.
- 이어서 언제, 어디서, 누구와 함께 이러한 행동을 해야 하는지를 명확히 한다.
- 아이가 해당 행동을 스스로 할 수 있는지(즉, 신체적으로 가능하고 실제 상황에서 실행 가능한지)를 확인한다.
- 또, 이 행동을 어떻게 측정할지를 결정한다. 예컨대, 토큰이나 체크 표시, 자유 시간을 분 단위 등으로 기록할 수 있다.
- 대체행동은 모호하지 않게 구체적·관찰 가능·측정 가능한 방식으로 정의한다. 예를 들어, "프랭크는 손을 들고 교사가 부를 때까지 기다린 뒤, '쉬어도 될까요?'라고 요청하며, 치료사가 허락할 때까지 기다린다"와 같다.
- 대체행동을 사용할 때 제공할 보상도 다양하게 준비한다. 큰 보상(예: 컴퓨터 사용)과 작은 보상(예: 자유 시간 몇 분, 활동 참여 권한) 모두 포함한다.

- 치료사는 또한 아이에게 전체 목표를 설명하되, 발달 수준과 나이에 맞는 언어로 전달한다.
- 마지막으로, 아이가 성공 경험을 반복적으로 쌓을 수 있도록 하루 중 여러 시간대, 다양한 교실, 여러 또래와 함께 등 폭넓은 상황에서 대체행동을 사용할 기회를 충분히 제공한다.

3단계: 자기 관리 가르치기

- 치료사는 아이가 쉽게 이해할 수 있는 표현을 사용하여 긍정적 행동과 부정적 행동을 스스로 구분할 수 있도록 지도한다.
- 아이는 일정한 시간마다 자신의 행동이 성공적이었는지 실패했는지를 직접 기록하는 방법을 배운다.
- 아이가 미리 설정된 기준을 충족했을 때, 치료사는 약속된 보상을 제공하여 아이가 자기 관리 과정을 긍정적으로 경험하도록 돕는다.

4단계: 독립성 길러주기

- 치료사는 아이가 더 긴 시간 동안 자기 관리를 유지할 수 있도록 점차 간격을 늘린다. 예컨대, 모니터링 결과 아이가 두 교시 동안 집중할 수 있거나, 쉬기 전까지 20칸을 기록할 수 있다면, 자기 관리 프로그램을 그 수준에 맞게 조정한다.
- 아이의 자기 조절 능력이 향상될수록 치료사는 촉구의 강도와 빈도를 줄여 점차 독립적으로 행동을 조절하도록 돕는다. 예를 들어, 처음에는 손을 잡아 움직여주던 방식에서, 이제는 단순히 가볍게 손을 대는 정도로만 신호를 주는 방식으로 전환한다.

- 아동이 자기 관리 행동을 지속적이고 성공적으로 수행할 때에는, 강화 기준(반응 요구 수)을 점차 증가시켜 즉각적인 보상에서 점진적 보상으로 전환한다.
- 아이가 자기 관리와 자기 강화를 더 잘해낼수록 치료사는 현장에서의 개입을 점차 줄여 아이가 독립적으로 행동을 유지할 수 있게 한다.

5단계: 학습한 행동을 다양한 상황과 맥락으로 확장하기

- 치료사는 아이가 배운 자기 관리 기술을 교실뿐 아니라 가정, 또래, 교사, 가족 등 다양한 사람 및 상황 속에서 적용 가능하게 지도한다.

중심축 행동 - 또래와의 상호작용을 매개로 한 자기 주도적 시작

1단계: 또래 선발하기

- 치료사는 또래 중 발달이 정상적이고, 또래 매개 활동에 적극적으로 참여하려는 아이를 선발한다.

2단계: 또래 훈련을 통해 아이의 자기 주도적 시작 촉진하기

이후 치료사는 선발된 또래 아이에게 아이를 지원하는 구체적인 상호작용 방법을 훈련한다. 그 내용은 다음과 같다.

- 먼저 대상 아이의 주의를 끈 후 사회적 상호작용을 시작하기(예: "안녕"이라고 인사하기).
- 대상 아이에게 활동과 자료 선택권을 주어 자율성을 높이기.

- 대상 아이의 흥미와 선호에 맞게 자료를 다양화하기.
- 적절한 놀이와 사회적 기술을 자주, 다양한 방식으로 시범 보이기.
- 대상 아이가 사회적 상호작용이나 기능적인 놀이를 시도할 때 즉각적인 언어적 칭찬과 강화 제공하기.
- 대상 아이가 원하는 물건을 바로 주지 않고, 적절한 언어 표현을 했을 때 제공하여 대화를 촉진하기.
- 현재 하고 있는 활동과 관련된 질문을 던지고 대화를 이어가기.
- 놀이와 사회적 상호작용에서 차례를 지키는 법 보여주기.
- 놀이 활동 중 자신이 하는 일을 말로 설명하며 사회적 경험을 공유하기.
- 활동과 일상에서 사물을 가능한 한 명확히 묘사하고, 대상 아이도 동일하게 설명하도록 격려하기.

중심축 행동 – 자기 주도 전략을 활용한 자발적 상호작용을 촉진하기

1단계: 아이가 먼저 사회적 상호작용을 시작하도록 지도하기

치료사는 아이에게 다음과 같은 사항들을 가르친다.

- 또래와 놀이를 함께 시작하는 기술: 장난감이나 재료를 공유하면서 대화하기(예: "같이 놀래?", "블록 좀 같이 쓸 수 있을까?").
- 놀이 협동 기술: 역할을 나누어 제안하기(예: "네가 길을 만들고, 내가 다리를 만들자").
- 순서 지키기 연습: 활동을 고를 때 서로 번갈아 선택하는 법 익히기.

- 상호작용을 주도하는 끈기: 친구와 대화를 시작하려 할 때 한 번 거절당해도 다시 시도하며 사회적 접근을 지속하기.

2단계: 질문하도록 가르치기

- 치료사는 아이가 좋아하는 장난감이나 물건을 불투명한 가방 안에 넣는다.
- 그런 다음 아이가 "저게 뭐예요?"라고 질문하도록 유도한다.
- 치료사는 가방 속 물건을 보여주고, 아이가 곧바로 그것을 사용할 수 있게 한다.
- 아이가 점차 스스로 "저게 뭐예요?"라고 묻기 시작하면, 치료사는 질문을 유도하는 단서를 서서히 줄여나간다.
- 이후 가방 속 물건을 아이가 별로 좋아하지 않는 것들로 점차 바꿔간다.
- 아이가 스스로 "저게 뭐예요?"라고 묻는 습관이 자리 잡으면, 가방 자체의 사용도 서서히 줄인다.
- 마지막으로, 물건을 다른 상자나 장소에 넣어도 아이가 같은 질문을 하도록 일반화를 촉진한다.

3단계: 질문 기술 가르치기

- 치료사는 먼저 아이가 관심을 가질만한 팝업 책을 준비한다.
- 아이가 탭을 잡아당겨 그림이 나타나면, 치료사는 "지금 무슨 일이 일어나고 있지?" 또는 "무슨 일이 일어났을까?"라고 질문하도록 유도한다.

- 아이가 질문을 하면, 치료사는 올바른 시제와 동사 형태(예: "강아지가 뛰고 있어." / "강아지가 뛰었어.")를 직접 말해주며 시범을 보이고, 다시 아이가 탭을 당겨보도록 기회를 제공한다.

4단계: 자연스러운 상황을 활용해 언어·의사소통·사회적 기술을 지도하기

- 치료사는 놀이와 상호작용 상황에서 아이의 행동을 따라 하며 자연스럽게 참여한다.
- 아이가 원하는 물건을 말로 요청했을 때만 즉시 제공하여 의사소통의 기능을 강화한다.
- 과제를 제시한 뒤에는 아이가 스스로 반응할 시간을 주고, 필요할 때만 힌트나 도움을 제공한다.
- 아이의 자발적 요청을 촉진하기 위해 선호 물건을 일부러 손이 닿지 않는 곳(예: 높은 선반)에 두어, 아이가 반드시 언어적 요청을 하도록 유도한다.

:: 청각장애 학생을 위한 사회정서학습

농난청 아동·청소년은 지적 능력, 학업 성취, 사회적 기술에서 매우 다양한 모습을 보인다. 이는 청력 손실이 태어날 때부터인지(선천적) 혹은 후천적인지, 어떤 중재를 받았는지, 중재에 어떻게 반응했는지, 그리고 ADHD·지적장애·자폐스펙트럼장애와 같은 다른 장애를 동반하는지 여부에 따라 크게 달라진다. 이러한 요인들은 언어 습득 과정에 직접적인 영향을 미치고, 결과적으로 사회적 능력의 발달에도 차이를 만든다. 지금까지 다양한 사회정서학습 중재가 농난청 아동·청소년에게 긍정적인 효과를 거둔 것으로 보고되었지만, 성공의 핵심 요인은 모든 사회정서학습 활동과 과정에서 아이가 원활히 소통할 수 있도록 의사소통 접근성을 보장하는 것이다.

화용 언어와 청각장애

화용 언어Pragmatic language란 상황과 목적에 맞게 언어를 활용하는 능력을 뜻한다. 단순히 말할 수 있는지를 넘어, 인사하기·정보 전달하기·요구하기·부탁하기·약속하기 등 사회적 기능을 수행하기 위해 언어를 어떻게 사용하는지를 포함한다. 또한 상황에 맞게 표현을 조절하는 것도 중요하다. 예컨대 실내에서는 목소리를 줄이고, 아기에게는 더 부드럽게 말하며, 대화에서는 상대방의 말을 끊지 않고 존중하는 태도를 보이는 것이다. 화용 언어에는 대화 규칙을 따르는 능력도 포함된다. 즉, 새로운 화제를 자연스럽게 시작하는 법, 대화에서 차례를 지키는 법, 말과 몸짓 같은 언어적·비언어적 단서를 읽고 활용하는 법, 적절히 대화를 마무리하는 법, 그리고 대화 중에 알맞은 몸짓과 표정을 사용하는 것 등이 모두 화용 언어의 핵심 요소다.

청력이 정상인 아이는 억제 조절 능력이 낮은 아이에 비해 자신의 행동을 더 잘 통제하고, 상호적 교류를 풍부하게 주고받으며, 협동적 활동에서 경쟁적 태도를 덜 보인다. 반면, 연구에 따르면 청각장애 아이는 정상 청력을 가진 또래보다 융통성이 부족하고, 좌절에 대한 인내심이 낮으며, 사회적 성숙도가 떨어지고, 타인의 감정을 정확히 파악하는 능력도 부족하다(Greenberg & Kusché, 1998). 이러한 차이는 주로 사회적 언어를 접할 기회가 제한적이고, 정서 어휘 이해력이 부족하며, 고차원적 언어 및 언어적 추론 능력이 약하고, 대화 규칙(의사소통 능력)을 충분히 이해하거나 활용하지 못하기 때문으로 설명된다.

청각장애 아이는 태어날 때부터 완전히 보장된 언어적 의사소통 수단을 갖지 못하기 때문에, 언어 발달에서 문법(통사), 맥락 사용(화용), 의미 이해(의미론) 전반에 지연이 나타난다. 이로 인해 의사소통 능력이 전반적으로 낮아지는 결과가 초래된다. 또한 이들은 눈에 보이지 않는 대상이나 사건 즉, 과거 경험, 상상 속 장면, 현재 부재하는 사물에 대해 이야기할 기회를 놓치기 쉽다. 그 결과 시간이 지나면서 또래와의 대화 속에서 사회적 교류, 특히 친사회적 상호작용이 부족하게 된다. 더 나아가, 청각장애 아이는 화자의 감정·정신 상태나 기분을 파악할 수 있는 청각적 단서에 충분히 접근하지 못한다. 이 때문에 화자에게 주의를 기울이면서 동시에 시각적 자극을 처리해야 하는 과제를 수행할 때 어려움이 생긴다. 게다가 이들은 소음이 많은 환경에서는 더욱 듣기가 어려워, 자연스럽게 이루어지는 우연적 언어 학습에도 장벽이 형성된다.

전체 인구의 약 20%가 크고 작은 청력 손실을 경험하지만, 청각장애는 저발생 장애로 분류된다. 그 결과, 실제로 청각장애 아동·청소년을 전문적으로 지원할 수 있는 훈련된 전문가(교사, 심리학자, 의사, 사회복지사, 언어치료사 등)는 매우 부족하다. 특히 부모가 가장 먼저 접촉하는 전문가는 의사나 청능사인데, 이들이 제공하는 정보는 대체로 아이를 "고쳐서 듣게 하는" 방식에 집중되어 있다. 이러한 접근은 아이가 겪는 언어 발달의 심각한 지연, 더 나아가 정서 이해와 사회적 기술 발달의 지연으로 이어지는 주요 원인이 된다.

난청 아동이라 하더라도, 청력 발달 과정에서 시각적 단서를 통해 언어적 자극을 조기에 제공받는다면, 언어 및 사회성 발달의 지연을 예방할 수 있다. 단순한 노출만으로는 충분하지 않으며, 사회적 상호작용, 감정 표현과 이해, 선택하기, 차례 지키기와 같은 기술은 아이가 사회적 맥락의 세세한 단서들을 놓치지 않고 이해할 수 있도록 직접적인 가르침이 필요하다. 이러한 접근이 아이를 그들의 사회적 세계와 **연결해 주는** 다리 역할을 한다. 하지만 초기부터 시각 언어(예: 수화)를 제공하는 일은 쉽지 않다. 청각장애 아이의 90% 이상이 청인 부모에게서 태어나는데, 부모는 수화를 모르는 경우가 대부분이어서 아이와 충분히 소통할 수 없기 때문이다. 이로 인해 부모와 아이 모두 사회적으로 고립되기 쉽다. 따라서 청각장애 아이의 부모들이 서로 교류하는 것은 부모에게 정서적 지지를 줄 뿐 아니라, 아이들에게도 또래 청각장애 아이들과 사회적 상호작용을 경험할 기회를 제공한다.

언어 지연과 결함은 청각장애 아이의 사회 발달에 상당한 영향을 미칠 수 있다. 언어 결함은 아이가 또래 및 성인과 효과적이고 긍정적으로 상호작용하는 능력에 영향을 미친다. 마찬가지로 제한된 청력은 우연적인 학습의 기회에도 영향을 준다. 많은 사회적 기술은 다른 사람들이 어떻게 상호작용하는지를 엿듣고 관찰하는 과정을 통해 습득된다. 대부분의 청각장애 아이는 완전한 인지 능력을 가지고 있지만, 많은 경우 청력으로 사회적 상호작용을 엿들을 수 있는 접근을 하지 못해 이에 대한 통찰과 판단력이 부족할 수 있다. 이러한 사회기술 결핍은 제한된 인지 능력 때문이 아니라, 언어·의사소통·사회 규칙·기대에 대한 경험과 명확한 이해 부족 때문에 발생한다는 점을 이해하는 것이 중요하다. 실제로 많은 청각장애인들은 언어 및 의사소통 결함으로 인해 종종 무뚝뚝하고 무례하게 보인다. 대부분의 경우, 이들은 자신들의 행동이 청인 세계에서는 무례하지만, 청각장애의 세계에서는 그렇지 않다는 사실을 알지 못한다.

권유하는 사회정서학습 개입 방식

청각장애 학생들의 사회성 및 관련 언어 발달을 위해 특별히 고안된 프로그램 중 하나가 대안적 사고 촉진 전략Promoting Alternative Thinking Strategies, PATHS 프로그램이다. PATHS는 학생들이 갈등을 평화적으로 해결하고, 감정을 조절하며, 공감을 기르고, 책임 있는 결정을 내릴 수 있도록 돕는 사회정서학습 프로그램이다. 각 차시는 체계적으로 구성되어 있으며, 수업의 배경과 목표, 실행 지침, 부모 참여 방법, 보충 활동, 가정 안내 자료 등이 포함된다. 실제로 이 프로그램은 청각장애 학생들을 대상으로 한 무작위통제실험(Greenberg & Kusché, 1998)에서 검증되었으며, 그 결과 학업 성취 향상, 긍정적 사회 행동 증가, 문제행동 감소, 정서적 어려움 완화라는 유의미한 효과가 나타났다.

사회정서학습을 위한 또 다른 간단하면서 효과적인 전략은 청각장애 아이에게 책을 읽어주는 것이다(단, 아이가 청력을 통해 들을 수 있는 경우). 책 읽기는 그림을 매개로 이야기를 확장하고, 감정과 정서, 사회적 상호작용에 대한 대화를 자연스럽게 이끌어낼 수 있는 최고의 기회다. 같은 이야기를 여러 번 반복해서 읽으면서, "이 인물은 왜 웃고 있을까?", "왜

슬플까?", "이 사람은 지금 어떤 기분일까?"와 같은 질문을 던진다. 이때 교사는 목소리에 극적인 억양을 담고, 얼굴 표정을 과장되게 드러내어 감정을 시각적으로 보여주는 것이 중요하다.

청각장애 학생을 지원할 때 자주 간과하는 요소가 바로 또래의 역할을 적극적으로 활용하는 것이다. 학급 전체를 대상으로 청각장애가 말하기, 듣기, 의사소통에 어떤 영향을 주는지 교육하고, 보청기와 인공 와우가 무엇인지, 또 그것이 사회적 상호작용을 어떻게 도와주는지 알려주는 것이 필요하다. 이러한 접근은 청각장애 학생의 사회성 발달뿐 아니라 또래의 이해와 사회적 기술 형성에도 큰 도움이 되는 핵심 전략이 된다. 나아가 학생들이 서로 글을 주고받거나, 몸짓을 사용하거나, 기초 수화를 배우거나, 교실에서 공유하는 휴대전화를 이용해 문자 메시지를 주고받으며 간단한 긍정적 대화를 나누도록 격려해야 한다.

청각장애 학생들이 점점 더 많이 통합 학급에서 배우게 되면서, 학교는 단순히 자리를 함께하는 것을 넘어 진정한 포용과 수용의 분위기를 만들어야 한다. 하지만 현실에서는 이 학생들이 종종 의도치 않게 소외되거나 중요한 사회적 경험에서 배제되곤 한다. 문제는, 바로 이런 사회적 경험이야말로 공교육이 줄 수 있는 가장 큰 발달적 혜택 중 하나라는 것이다. 따라서 학급 전체가 함께 참여하는 포용적 전략을 마련해야 청각장애 학생도 청인 또래와 긍정적인 사회적 관계를 맺을 기회를 충분히 누릴 수 있다. 우리는 청각장애 아이 역시 또래와 함께 어울리고 연결되기를 진심으로 바란다는 점을 잊지 말아야 한다. 이를 위해서는 의사소통 접근성을 확보하는 것이 가장 중요하다. 즉, 청각 보조 장치뿐 아니라 시각적 단서와 다양한 지원이 함께 이루어져야 한다.

요약 >>>>>

- 이 장에서는 지적장애ID, 자폐스펙트럼장애ASD, 사회적 의사소통 장애 SCPD, 청각장애 D/HOH 학생을 위한 사회정서학습 중재를 다뤘다.

- 지적장애의 진단 기준에는 현저히 낮은 지적 기능과 함께 개념적·사회적·실생활 적응 기술의 부족이 포함된다.

- 경도 지적장애 아동·청소년의 경우, 주로 개념적 능력과 사회적 판단 능력에서 어려움을 보인다. 사회적 상황에서 위험을 잘 구분하지 못하거나, 판단력이 부족해 타인에게 쉽게 휘둘리거나 속는 경향을 나타낸다.

- 중도 및 최중도 지적장애 아동·청소년은 언어 표현이 극도로 제한적이며, 개념적·사회적·실용적 기술 전반에서 심각한 적응 행동의 어려움을 보인다.

- 자폐스펙트럼장애를 가진 아동·청소년은 여러 상황에서 의사소통과 사회적 상호작용의 결함을 보인다. 구체적으로는 ① 사회정서적 상호성 부족, ② 비언어적 의사소통(예: 화용 기술)의 결함, ③ 사회적 맥락에 맞게 행동을 조정하거나 유지하는 능력의 부족, ④ 놀이와 경험을 공유하는 데 어려움, ⑤ 상상 놀이 결핍 등이 있다.

- 자폐스펙트럼장애는 지원 필요 수준에 따라 매우 많은 지원이 필요한 3수준, 상당한 지원이 필요한 2수준, 일정 지원이 필요한 1수준으로 구분된다.

- 사회적 의사소통장애 아동·청소년은 언어의 사회적 사용(화용)에 핵심적인 어려움을 겪는다. 자폐스펙트럼장애와 달리 특정한 주제나 행동에 제한적·반복적으로 집착하지는 않지만, 대화와 상호작용에서 심각한 의사소통 문제를 보인다.

- 사회적 의사소통장애의 주요 특징은 네 가지로 정리된다.
  - 인사, 요구, 감정 표현 등 사회적 목적을 위한 언어 사용 능력 부족
  - 상황이나 상대방의 요구에 맞게 언어를 조정하는 능력 결함
  - 대화 규칙과 이야기 전개 규칙을 지키기가 어려움
  - 언어의 모호한 의미를 해석하거나 숨은 의미를 추론하는 것이 어려움
- 지적장애, 자폐스펙트럼장애, 사회적 의사소통장애 학생 대부분은 일반적인 사회정서학습 프로그램만으로는 충분하지 않고, 다층지원체계의 3단계에 해당하는 집중적 개입이 요구된다. 이는 중재 강도와 빈도, 전문가의 개입 수준이 매우 높다는 것을 의미한다.
- 3단계 사회정서학습의 구체적 특징은 다음과 같다.
  - 사회적 기술을 일대일로 직접 지도하며, 필요한 경우 개별 시도 훈련 DTT을 포함한다.
  - 하루 두 차례, 주 5일, 한 회기 30분씩, 총 40주간 진행되는 체계적·집중적 훈련으로 구성된다.
  - 중재를 지도·감독하는 전문가는 반드시 행동분석가, 심리학자, 행동전문가 등 고도의 훈련을 받은 전문가여야 한다.
  - 개입 기간 내내 매일(주 5일) 학생의 변화 과정을 모니터링한다.
  - 교수 전략에는 모델링, 코칭, 행동 리허설, 긍정적 강화, 개별 시도 훈련이 포함된다.
- 중심축 반응 훈련 PRT은 응용행동분석의 원리를 체계적으로 적용하여, 자폐스펙트럼장애 아이에게 기능적 사회-의사소통 및 적응 행동 기술을 자연스러운 교수 형식 안에서 가르치는 방법이다.
- 중심축 반응 훈련은 처음에는 자폐스펙트럼장애 아이만을 위해 개발되었

>>>>>

으나, 지적장애 및 사회적 의사소통장애 아이에게 사회적 기술을 가르치는 효과적인 수단이 될 수도 있다.

• 중심축 반응 훈련은 동기, 여러 단서에 반응하기, 자기 관리, 자기 주도적으로 시작하기라는 네 가지 핵심 학습 변인을 강화함으로써 보다 효율적이고 효과적인 중재를 만들기 위해 고안되었다.

• 중심축 반응 훈련은 개별 시도 훈련보다 더 자연스러운 사회 환경에서 기술을 가르치기 때문에 더 효과적인 대안으로 여겨진다.

• 청각장애 아동·청소년은 지적, 학업적, 사회적 능력 면에서 매우 다양하다.

• 연구에 따르면, 청각장애 아이는 정상 청력을 가진 아이에 비해 융통성이 부족하고, 좌절을 견디는 능력이 낮으며, 사회적으로 미성숙하고, 타인의 정서 상태를 정확히 파악하는 능력이 떨어진다.

• 청각장애 아이는 과거의 일, 상상의 사건, 지금 눈앞에 없는 사물과 같은 보이지 않는 주제에 대해 이야기할 기회를 자주 놓치게 된다.

• 따라서 이들을 위한 사회정서학습은 반드시 사회적 상호작용 방법, 감정 이해와 표현, 선택하기, 차례 지키기 등을 직접적으로 가르치는 방식을 기반으로 해야 한다.

• 이를 위해 개발된 대표적인 체계가 PATHS 프로그램으로, 아이가 갈등을 평화적으로 해결하고, 감정을 조절하며, 공감을 기르고, 책임 있는 결정을 내릴 수 있도록 돕는 데 중점을 둔다.

• 또 다른 효과적인 사회정서학습 전략은 단순하지만 강력한 방법인 책 읽어주기이다. 함께 책을 읽는 과정에서 그림을 활용해 이야기를 확장하고, 인물의 감정·정서·사회적 관계에 대해 이야기를 나누는 것은 아이의 사회정서 발달을 촉진하는 데 매우 유익하다.

8 사회정서학습 평가와 중재에서의 실제적 고려사항

이 장은 앞선 내용을 바탕으로, 독자가 그것을 실제 현장에서 활용할 수 있도록 기초 배경을 제공한다. 특히 사회적 기술 부족이나 문제행동을 보이는 아동·청소년과 관련하여 학교의 사회적 환경과 문화를 중심으로 논의할 것이다. 나아가 증거 기반 사회정서학습을 효과적으로 실행하기 위해 필요한 절차적 지침과 핵심 개념을 제시할 것이다.

이 장에서 다룰 내용들은 증거에 기반한 사회정서학습이 실제로 아동과 청소년의 사회적 역량을 향상시킬 수 있는 방식으로, 효과적으로 실행되도록 돕기 위한 것이다. 본 장은 학교 현장에서 이루어지는 개입에 초점을 두고 있으나, 많은 경우 이러한 개입은 학교 밖에서 발생하는 문제와 요구까지 다루기 위한 추가적 지원을 필요로 한다. 따라서 임상 환경에서 이루어지는 프로그램이나 가정 연계 프로그램과 같은 보완적 개입이 필요할 수 있다.

:: 아동 사회화에서 학교의 역할

정책 결정자와 입법자들은 학교를 아동과 청소년에게 필요한 서비스를 제공하고 지원하며, 신체적·정신적 건강에 영향을 미치는 다양한 개입을 실행할 수 있는 가장 효과적인 통로로 인식한다. 예컨대 건강검진이나 예방접종, 기타 다양한 개입들이 여기에 포함된다. 아울러 학교는 가정에서 방임이나 학대를 겪는 학생들을 발견하는 데 중요한 역할을 한다. 오늘날 많은 가정이 양육의 책임을 충분히 다하지 못하는 현실 속에서, 학교는 보호자이자 사회화의 주체이며 돌봄을 제공하는 기관으로서의 책임을 점점 더 크게 떠맡고 있다.

최근의 여러 변화는 학교가 아동과 청소년을 사회화하는 기능에 큰 타격을 주었다. 현실적으로 우리는 공교육에 대한 투자를 줄이고 있을 뿐 아니라, 더 높은 학업 성취를 요구하며, 학교 스스로 끊임없는 구조 조정과 개혁을 하도록 압박하고 있다. 나아가 사회 전체의 문제를 해결하지 못한다는 이유로 학교 제도를 더욱 강하게 비난하고 있다. 각종 조사 결과에 따르면, 미국의 교육제도와 인프라에 대한 투자 수준은 다른 선진국들에 비해 현저히 낮은 것으로 나타난다.

초등학교 입학 초기의 읽기 능력 차이는 위험군 아동이 얼마나 불리한 조건에서 학업을 시작하는지를 단적으로 보여준다. 주얼Juel(1988)의 연구에 따르면, 1학년 때 독서를 잘하는 학생이 4학년 때까지도 독서를 잘할 확률은 87%였다. 반대로 1학년 때 독서를 잘하지 못한 학생 88%는 4학년이 되어서도 여전히 읽기에 어려움을 겪는 것으로 나타났다. 다시 말해, 준비된 상태로 학교에 입학해 읽기를 잘하는 아동은 그 능력을 유지하는 반면, 준비되지 않은 채 입학해 읽기에 취약한 아동은 그 상태를 벗어나기 어렵다는 것이다. 이러한 결과는 학교 준비 기술, 초기 문해력 발달, 그리고 사회적 기술과 같은 '학업 촉진 요인'을 가르치는 것이 학업 성취를 이끄는 데 얼마나 중요한지를 보여준다.

초등학교 1학년 시기에 읽을 수 없는 것과 문제행동의 발현 양상 사이에는 주목할 만한 평행선이 존재한다. 학교 입학 단계에서 도전적 행동에 적절히 개입하지 않으면, 학년이 올라갈수록 그 문제는 심화될 가능성이 크다. 캐즈딘Kazdin(1987)의 연구에 따르면, 아동의 반사회적 행동 문제가 초등학교 3학년이 끝날 때까지 개선되지 않는다면, 이러한 행동은 청소년기와 성인기까지 이어질 확률이 매우 높다.

:: 증거 기반 개입의 중요성

학교에서 이루어지는 개입의 효과를 두고 전문가와 대중은 계속 논쟁 중이다. 이런 개입을 언제나 성공하고, 오래 지속되며, 손쉽게 적용할 수 있는 '만능 해법'처럼 여기는 사람도 많다. 그러나 실제로 그런 개입은 존재하지 않는다. 현실에서 일부 학생들은 오랫동안 여러 요소와 다양한 환경을 아우르는 강력한 개입을 필요로 하기도 한다.

학교나 임상 현장에서 이루어지는 개입이 과학적 근거에 바탕하지 않는 경우도 많다. 안타까운 사실은, 가장 효과적인 개입이라고 해서 실제 학교나 임상에서 가장 많이 쓰이는 것은 아니라는 것이다. 현장에서는 문제를 다루기 쉬우면서도 실행자가 선호하는 개입을 선택하는 경우가 많다. 물론 특정한 행동 문제를 완전히 해결할 수 있는 '만능 치료법'은 없지만, 그럼에도 어떤 방법들은 분명 다른 방법보다 훨씬 더 효과적이다.

2장에서 다루었듯이, '증거'를 어떻게 정의하느냐가 개입의 근거를 결정한다. 그러나 일부 전문가들은 자신이 이미 가지고 있는 신념에 부합할 때만 그것을 증거로 인정하고, 그렇지 않은 것은 배척하기도 한다. 예를 들어, 어떤 교사들은 바람직한 행동을 늘리기 위한 보상의 사용을 일종의 뇌물로 여기며, 교실에서 사용해서는 안 된다고 생각한다. 이들은 이에 반하는 압도적인 과학적 증거에도 불구하고 이러한 믿음을 고수한다.

초등 읽기 지도의 전략은 이러한 문제를 잘 보여준다. 학생들의 읽기 실패율을 최소화하는 방법을 적용하는 것이 가장 합리적이다. 수십 년간의 연구 결과에 따르면, 가장 효과적인 접근은 음운 지도와 음소 인식 지도를 포함하는 교수법이다(National Reading Panel, 2000). 하지만 여전히 많은 학교에서 효과가 낮은 방법들, 예컨대 전체 단어 학습법whole-word approach에 의존하고 있다. 이는 2장에서 언급한 사례와 같다. 어떤 외과 의사가 치료법을 선택하는 이유가 ① 자신이 그 방식으로 훈련받았기 때문이고, ② 시술하기 편하기 때문이며, ③ 단순히 개인적으로 선호하기 때문일 수 있다. 그러나 이 수술법의 사망률이 20%인 데 반해 다른 대안적 수술법의 사망률이 5%라면, 의료 현장에서는 결코 허용되지 않을 것이다. 그럼에도 불구하고 많은 교사들은 읽기 지도를 할 때 이와 비슷한 논리를 따른다.

:: 개입 결과에 영향을 미치는 요인들

사회정서학습의 효과 크기는 여러 요인에 의해 달라질 수 있다. 이러한 요인에는 평가 절차의 중재 타당도, 중재의 강도, 중재의 충실도, 그리고 중재 단계tier를 변경하기 위해 사용되는 의사결정 규칙이 포함된다. 이어지는 절에서는 이러한 요인들과 관련한 쟁점들을 자세히 다룰 것이다.

평가 절차의 중재 타당도

중재 타당도란, 흔히 중재 또는 수업 효용성이라고도 불리며, 평가 절차가 실제로 개인에게 긍정적인 결과를 만들어내는 데 얼마나 기여하는지를 의미한다(Hayes, Nelson, & Jarrett, 1987). 이 개념은 원래 행동 평가 분야에서 발전하였지만, 전통적인 심리측정 연구에서 다루는 여러 특징과 개념과도 공통점을 지니고 있다.

- 중재 타당도treatment validity는 증분 타당도incremental validity의 개념과 연결되며, 이는 평가 절차가 기존 절차보다 더 나은 예측력을 제공해야 함을 의미한다(Sechrest, 1963).
- 중재 타당도는 인사 선발personnel selection 연구에서 흔히 다루는 효용성과 비용 – 편익 분석의 관점도 내포하고 있다(Wiggins, 1973).
- 중재 타당도는 메식Messick(1995)이 제시한 검사 해석 및 활용에 기초가 되는 증거와 밀접하게 관련된다. 특히 구인 타당도, 검사 결과의 관련성, 유용성, 그리고 사회적 파급 효과와 연결된다. 어떤 평가 절차가 구인 타당도를 충족하더라도, 그것이 실제 검사 활용 맥락,

예컨대 특정 평가에 근거해 특정 처치를 권고하는 경우에서는 실질적인 관련성이나 유용성이 거의 없을 수 있기 때문이다.

사회정서학습을 다른 접근들과 구분 짓는 핵심 특징은 사회학습이론, 인지행동이론, 또는 응용행동분석 어디에서 출발했든 간에 평가 자료와 실제 중재 설계가 긴밀하게 연결되어야 한다는 점이다. 예를 들어, 응용행동분석가는 기능적 행동 평가를 통해 어떤 문제행동이 사회적 관심에 의해 유지된다는 것을 확인하면, 대체행동을 가르칠 때 양립 불가능 행동을 차별적으로 강화하는 기법DRI을 적용할 수 있다. 사회학습이론을 기반으로 한 전문가라면 아동의 사회적 자기 효능감을 평가한 뒤, 수행 성취 경험과 모델링을 결합해 사회적 기술의 빈도와 질을 높이는 방법을 설계할 수 있다. 한편, 인지행동치료사는 사회적 불안도가 높은 것으로 평가된 아동에게 점진적 이완 훈련과 긍정적 자기 대화를 통해 또래와의 상호작용에 대한 두려움을 줄이도록 지도할 수 있다. 이처럼 모든 경우에 평가 결과는 곧바로 중재 전략으로 이어진다. 다만 서로 다른 점은 무엇을 평가 대상으로 삼는가(예: 사회적 주의, 자기 효능감, 자기 진술)와 그것이 처치 설계에 어떻게 반영되는가이다.

중재 타당도는 증거 기반 실행을 토대로 프로그램을 선택하려고 할 때, 기본적으로 전제되는 개념이다. 즉, 평가가 처치 타당도를 가지려면 목표로 삼을 행동을 분명히 드러내고, 훨씬 효과적인 중재 방법을 선택하게 하며, 그 중재가 어떤 결과를 거뒀는지를 평가하는 데 실제로 도움이 되어야 한다.

중재의 강도

이 책에서 앞서 설명했듯이, 심리적·교육적 중재의 강도를 미리 수치화하기란 쉽지 않다. 중재 효과는 사람마다 다르게 나타나기 때문이다. 개인의 학습 이력, 이전에 해당 중재를 경험했는지 여부, 목표 행동이 개입에 얼마나 저항적인지 등 다양한 요인이 영향을 미친다. 그래서, 어떤 중재는 한 사람에게는 강력한 효과를 보이지만 다른 사람에게는 그렇지 않을 수 있다(Gresham, 1991). 반대로 의학적 중재의 강도는 사전에 훨씬 더 쉽게 정의할 수 있다. 예를 들어 약물의 용량, 방사선 치료 횟수, 수술의 침습 정도 같은 것들은 명확히 수치화가 가능하다. 그러나 심리적·교육적 중재의 강도는 실제로는 중재가 끝난 뒤에야 비로소 드러나며, 그 크기는 행동 변화 정도로 평가된다. 그렇지만 사전에 중재 강도를 가늠할 수 있는 몇 가지 기준이 있다. 그것은 ① 중재의 강도 또는 '투입량', ② 중재가 지속되는 기간, ③ 중재의 포괄성이다. 이 세 가지 요소에 대해서는 이어지는 절에서 다룰 것이다.

중재 강도와 양

중재의 강도, 즉 '투입량'은 개인이 특정 중재를 얼마나 자주 경험하는지로 이해할 수 있다. 약한 중재라면 하루 한 번이나 일주일에 한 번 정도만 시행될 수 있지만, 강한 중재라면 하루 세 차례씩, 주 5일 동안 꾸준히 이루어질 수 있다. 자폐 치료 연구에서 그 대표적인 사례를 볼 수 있는데, 로바스Lovaas(1997)는 한 집단의 자폐 아동들에게 주당 40시간 이상 개별 시행 훈련을 실시했고, 또 다른 집단에는 같은 훈련을 주당 10시간만 실시했다. 연구 결과, 주당 40시간 이상이라는 '강도 높은' 중재를 받은 아동들은 주당 10시간이라는 '약한' 중재를 받은 아동들보다 훨씬 더 큰 향상을 보였다.

하지만 현재로서는 여러 사회적 기술 중재의 강도나 '투입량'을 구체적으로 어떻게 측정할 수 있을지는 명확하지 않다. 어떤 전략은 다른 전략보다 행동 변화를 이끌어낼 잠재력이 크지만, 이러한 차이에 대해서는 아직 충분히 연구가 이루어지지 않았다.

중재 기간

많은 행동 문제는 쉽게 바뀌지 않고, 종종 중재에 강한 저항을 보인다. 예를 들어, 자폐스펙트럼장애 아동들은 심각한 사회정서적 문제와 의사소통에 어려움을 겪는데, 이를 개선하는 데에 상당히 오랜 시간이 필요하다. 실제로 이들 아동 가운데 상당수는 5년 이상 응용행동분석 치료를 받기도 한다. 그러나 모든 아동이 이렇게 긴 개입을 필요로 하는 것은 아니다. 예를 들어, 발달에는 문제가 없지만 사회적 기술 수행에 약간의 결함이 있는 아동은 단지 한 달 정도의 대체행동 훈련만으로도 개선될 수 있다. 결국 치료 기간을 결정하는 핵심은 아동이 개입에 얼마나 잘 반응하고 있는지를 꾸준히 모니터링하고, 그 데이터를 근거로 판단을 내리는 것이다.

중재의 포괄성

어떤 중재 전략은 학교나 가정처럼 특정 환경에서만 적용되지만, 다른 중재 전략은 가정, 학교, 지역사회 등 여러 환경을 아우르며 실행된다. 이렇게 포괄적인 접근은 생태학적 관점에 기반을 두고 있으며, 특정한 행동 문제는 여러 사회적 맥락 속에서 복합적인 원인으로 생기고 유지된다는 생각에 기초한다. 행동 문제를 이런 시각으로 바라보면, 문제행동을 만들어내고 지속시키는 '행동 생태'를 더 폭넓게 이해할 수 있다. 다요인 중재는 아동이 환경과 맺는 사회적 상호작용 속에서 특정 행동 문제가 생겨나고 유지된다고 전제한다.

아이들과 청소년은 또래, 교사, 부모와 같은 인간관계, 가정과 학교라는 사회적 체계, 그리고 지역사회·이웃 같은 생활환경 속에서 살아간다. 따라서 효과적인 중재가 진정한 성과를 거두려면 이처럼 다양한 환경 맥락을 폭넓게 다루어야 한다. 아울러 행동 문제의 발생과 지속에는 사회경제적 어려움, 높은 스트레스 수준, 부모의 정신적 문제, 부부 갈등과 같은 요인들이 영향을 미칠 수 있다. 안타깝게도 이러한 요인들은 우리가 중재를 설계할 때 거의 통제할 수 없는 변수들이다.

효과적인 포괄적 중재는 가정, 교사, 또래를 반드시 포함해야 한다. 최소한 부모와 형제자매, 학교가 함께 참여해야 하며, 필요에 따라 부모와 개별 면담을 하거나 가족 전체가 함께 참여하는 회기를 진행할 수 있고, 교사가 학교 현장에서 평가와 중재에 직접 관여하도록 할 수도 있다. 발달 과정에서 아이에게 영향을 미치는 중요한 환경요인은 변하기 마련이다. 아주 어린 아동에게는 부모의 적극적인 개입이 무엇보다 중요하다. 학령기에 들어서면 교사의 역할이 특히 커지고, 청소년기에는 또래가 사회적 행동에 강력한 영향을 미치기 때문에 중재 과정에 또래를 일정 부분 참여시키는 것이 바람직하다.

중재의 충실도

중재가 원래 계획한 대로, 의도한 대로, 혹은 프로그램대로 얼마나 정확히 실행되었는지를 나타내는 것을 중재 충실도 또는 중재 충실성이라고 부른다(Peterson, Homer, & Wonderlich, 1982). 증거 기반 중재가 성립하기 위해서는, 사회적 행동(종속변인)의 변화가 외부 요인 때문이 아니라 환경(독립변인)을 체계적으로 조정한 결과라는 전제가 필요하다. 만약 독립변인, 즉 중재가 객관적으로 명확히 정의되지 않거나 실제 환경에서 그것이 측정 가능하게 적용되지 않는다면, 그 중재가 행동 변화를 일으켰다는 확실한 결론을 내릴 수 없다(Gresham, 1989; McIntyre, Gresham, DiGennaro, & Reed, 2007).

중재가 얼마나 정확하게 실행되었는지를 확인하는 일은 과학적 연구의 핵심적인 요소일 뿐 아니라, 실제로 행동 변화 전략이나 교수법을 적용할 때도 매우 중요하다. 많은 수업 방법이나 행동 중재가 효과가 없는 이유는, 그 자체가 본질적으로 약하거나 무력해서가 아니라, 정해진 절차가 제대로 지켜지지 않고 부정확하게 실행되었기 때문일 가능성이 크다.

중재 실행의 핵심 요소들

예전에는 중재 충실도라는 개념을 단순히 '정해진 절차를 얼마나 지키는 가'라는 단일 차원으로 이해했지만, 오늘날에는 여러 다차원적 요소를 포함하는 개념으로 본다(Gresham, 1989; Peterson et al., 1982). 그중 **중재 일관성**treatment adherence은 중재의 충실도를 수량화할 수 있는 한 요소로, 실제 중재에서 핵심 요소들이 몇 번이나, 또는 몇 퍼센트나 제대로 실행되었는지를 측정하는 방식이다. 즉, 중재 일관성이란 중재가 **정확하고**

일관되게 실행되는 정도라고 할 수 있다. 이를 좀 더 세분하면, ① 각 중재 요소별 준수 정도와 ② 하루 또는 회기 단위의 준수 정도로 나눌 수 있다. 그림 5.1은 사회정서학습 중재를 예로 들어, 이 두 측면을 어떻게 자료로 제시할 수 있는지를 보여준다. 즉, ① 세 가지 요소는 절반 정도만 시행되었다. ② 회기별 준수율도 일관되지 않았다. 이렇게 두 가지 측면을 따로 측정하면, 어떤 요소가 어느 날 또는 어느 회기에서 불안정하게 실행되는지를 더 정밀하게 파악할 수 있다.

최근 연구에서는 중재 충실도를 볼 때 새로운 측면들을 강조한다. 바로 **중재자의 전문성**과 **중재 변별성**이다(Perepletchikova, 2014). 여기서 말하는 중재자의 전문성이란, 중재를 실제로 실행하는 사람이 가진 기술과 경험의 수준을 뜻한다. 다시 말해, 전문성은 중재가 "얼마나 잘" 실행되는지를 보여주는 질적인 차원이라고 볼 수 있다. 이 전문성의 필요 정도는 개입 단계에 따라 달라진다. 보편적 개입은 충실하게 실행하기 위해 높은 수준의 기술을 요구하지 않으며 대부분의 학급 교사들이 수행할 수 있다. 선택적 개입은 더 높은 수준의 기술을 필요로 하며, 보통 문제 해결 맥락에서 개발되거나 표준적인 절차 접근법을 사용하여 실행된다. 집중적 개입은 가장 높은 수준의 기술을 필요로 하며, 이러한 개입을 실행하기 위해서는 상당한 훈련과 경험을 갖춘 사람이 필요하다.

중재 일관성과 중재자의 전문성을 때때로 혼동하기 쉽다. 왜냐하면 전문성은 일관성을 요구하지만, 일관성이 반드시 전문성을 보장하지는 않기 때문이다. 즉, 누군가 지침을 100% 따를 수는 있지만, 그 과정이 서투르거나 효과적이지 않을 수 있다. 예를 들어, 교사가 학생의 친사회적 행동에 대해 칭찬을 하도록 지시받았다고 해보자. 교사는 지시를 그대로 따르며 충실히 칭찬했을 수 있다. 그러나 그 칭찬이 형식적이고 진심이 없어 학생에게 동기부여가 되지 않는다면, 결과적으로 효과는 떨어진다. 이런 상황에서는 단순히 지침을 지키는 것만으로는 부족하며, 교사가 중재 계획의 핵심 요소를 진정성 있고 효과적으로 실행할 수 있도록 훈련이 필요하다.

중재 변별성이란 여러 중재 방법들이 어떤 핵심 요소에서 서로 다르게 작동하는지를 구분하는 개념이다. 쉽게 말해, 중재들이 지닌 핵심적 특징이 어떤 차이를 보이는지를 가리킨다. 예를 들어, 응용행동분석적 접근은 친사회적 행동을 가르칠 때 그 행동을 둘러싼 선행 사건과 결과를 조작하여 빈도를 증가시키고자 한다. 사회학습적 접근은 모델링, 코칭, 수행 피드백을 통해 친사회적 행동을 학습시킨다. 마지막으로, 인지행동치료적 접근은 사회 인지 전략과 정서 조절 기술을 활용하여 친사회적 행동을 가르치고 동시에 문제행동을 감소시키려 한다. 이러한 치료들은 행동 변화를 일으키는 통제 기제가 무엇인가에 따라 상당히 다르지만, 모두 동일하게 효과적일 수 있다.

중재 충실도의 마지막 요소는 **중재 수용**이다(Bellg et al., 2004). 중재 수용은 크게 세 가지로 나눌 수 있다. 즉, '얼마나 자주 · 얼마나 오래 중재를 받았는가(노출 정도 또는 양)', '참여자가 중재 내용을 얼마나 이해했는가', 그리고 '참여자가 중재에 얼마나 적극적으로 반응했는가'이다. 예를 들어, 중재의 '양'은 하루나 일주일 동안 중재받은 횟수로 볼 수도 있고, 특정 문제를 해결하기 위해 중재가 지속된 기간으로 볼 수도 있다. 어떤 문제는 3주 정도만 노출되어도 개선될 수 있지만, 어떤 문제는 10~15주 이상 더 긴 시간이 필요할 수도 있다. 이런 관점에서 보면, 중재 수용은 앞에서 다룬 중재 강도 개념과 매우 비슷하다.

참여자 이해란 중재 내용을 얼마나 잘 이해했는가를 말한다. 예를 들어, 교사가 "어떤 행동은 주의를 끌려고 나타나고, 어떤 행동은 불편한 상황을 피하려고 나타난다"는 차이를 제대로 이해하는 것이 이에 해당한다. 참여자 반응성은 중재 과정에서 참여자가 얼마나 몰입하고, 또 그것을 자기와 관련 있다고 느끼는가를 뜻한다. 즉, 단순히 듣는 수준을 넘어 중재를 자신의 문제와 연결 지으며 적극적으로 참여하는 정도이다.

중재 충실도에 영향을 미치는 변인들

중재 충실도의 개념은 이튼Yeaton과 세크레스트Sechrest(1981)의 연구에 토대를 둔다. 이들은 중재 충실도란 무엇인지, 또 이를 어떻게 정의·측정·평가할 수 있는지 명확히 정리했다. 이에 따르면 중재의 강도, 충실도, 효과성은 서로 영향을 주고받는 관계에 있다. 즉, 중재가 충실하지 않게 실행되면 중재의 핵심적인 요소가 희석되어 강도가 떨어지고, 그 결과 효과성도 감소한다는 것이다. 따라서 중재의 강도와 효과성을 올바르게 평가하려면, 특정 행동, 다양한 상황과 대상, 그리고 다양한 실행자에 걸친 중재 충실도를 반드시 고려해야 한다.

그레섬Gresham(1989)은 기존 연구를 논리적·직관적으로 분석하여, 중재 충실도에 영향을 줄 수 있는 여러 요인을 제시했다. 이 요인들은 크게 두 부류로 나뉜다. 하나는, 중재 자체와 관련된 요인으로 중재가 얼마나 복잡한지, 필요한 자료와 자원이 충분한지, 실행하기 쉬운지 등이다. 다른 하나는, 중재를 실행하는 사람과 관련된 요인으로 실행하려는 동기, 기술의 숙련 정도, 그리고 자기효능감을 포함한다.

위트Witt와 엘리엇Elliott(1985)은 어떤 중재가 더 효과적이라고 인식될수록 현장 전문가들이 이를 더 쉽게 수용하며, 그 결과 충실하게 실행할 가능성도 높다고 보았다. 이들의 이론적 모형은 중재를 이해할 때 네 가지 요소가 서로 얽혀있다는 점을 강조한다. 즉, 중재의 수용성, 실제 사용 여부, 충실도, 그리고 효과성이 서로 영향을 주고받는다는 것이다(그림 8.1 참고).

이 네 가지 요소는 순차적으로 이어지면서도 서로 영향을 주고받는 관계로 이해된다. 우선 출발점은 수용성이다. 어떤 중재가 '받아들일 만하다'고 여겨지면, 그렇지 않은 중재보다 선택돼서, 실제로 사용될 가능성이 높다. 이어서, 중재의 사용과 효과성을 이어주는 핵심 연결 고리는 바로 충실도이다. 중재가 충실하게 실행될수록 행동 변화를 일으킬 가능성이 커지지만, 충실도가 낮으면 의미 있는 변화를 이끌기 어렵다.

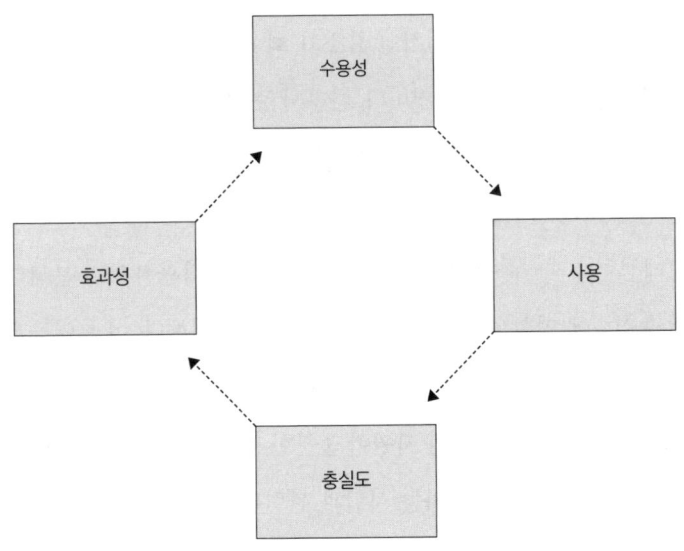

그림 8.1. 위트와 엘리엇의 중재 모델

중재 충실도 데이터의 해석

모든 중재 요소가 똑같이 중요한 것은 아니기 때문에, 매뉴얼을 기계적으로 끝까지 지키는 것이 항상 필요하거나 바람직한 것은 아니다. 일정 수준 이상이 되면 더 높은 충실성을 확보한다고 해도 효과가 늘지 않거나, 비용 대비 이득이 없을 수도 있다(즉, 상한 효과가 있을 수 있다). 문제는 우리가 아직 어떤 중재에 어느 정도 충실해야 긍정적 효과가 나타나는지를 알지 못한다는 점이다. 또한 원래 절차에서 어느 정도 '벗어나더라도' 여전히 효과가 유지되는지도 불분명하다.

중재 메뉴얼을 얼마나 엄격하게 따라야 하는지는 연구 유형에 따라 달라질 수 있다. 예를 들어, **효능**efficacy **연구**는 매우 통제된 상황에서 중재 효과를 검증하기 때문에 매뉴얼을 엄격하게 지키는 것이 필요하다. 반대로, **효과성**effectiveness **연구**는 실제 현장과 같이 덜 통제된 상황에서 중재 효과를 확인하려는 것이므로, 지침을 조금 더 유연하게 적용해도 타당하다.

현재 현장 전문가들은 어떤 중재가, 어떤 대상에게, 어느 정도 충실하게 실행되어야 가장 효과적인지를 알려주는 체계적인 데이터베이스를 가지고 있지 않다. 어떤 문제는 충실도가 75% 정도여도 충분히 해결될 수 있지만, 어떤 문제는 효과를 내려면 거의 100%에 가까운 충실도가 필요하다. 앞으로의 연구와 실제 적용에서 고려할 수 있는 한 가지 가능성은 중재 효과 규준이라는 개념이다(Yeaton, 1988). 이는 특정 문제를 해결하기 위해 설계된 중재 또는 중재 대상 집단이 평균적으로 어느 정도의 결과를 내는지를 보여주는 지표를 뜻한다.

실무자들은 **중재 충실도 효과 규준**을 만들 수 있다. 즉, "어떤 중재를, 어띤 방법으로 측정했을 때, 몇 퍼센트 수준의 충실도가 충족되어야 원하는 효과가 나타나는가"를 정리하는 것이다. 예를 들어, SSIS 가이드를 활용할 경우, 초등학생의 친사회적 행동을 눈에 띄게 늘리려면 직접 관찰 기준으로 약 80%의 충실도가 충족되어야 한다는 결과가 나올 수 있다. 만약 충실도가 이보다 낮다면, 이 중재는 사회적으로 의미 있는 성과를 내지 못할 수도 있다. 이렇게 정리된 규준은 다양한 아동·청소년 집단을 대상으로, 여러 단계의 중재 수준에 걸쳐 구축될 수 있다.

중재 단계를 변경할 때의 의사결정 기준

여러 단계의 중재를 운영할 때 중요한 과제는 개별 학생이 언제 더 강도 높은 중재로 옮겨가야 하는가를 정하는 기준을 마련하는 것이다. 이를 판단하는 데 도움이 되는 한 가지 접근은 단일사례 실험설계의 논리를 적용하는 것이다. 호너Horner와 동료들(2005a)이 쓴 글은 단일사례 설계가 어떻게 증거 기반 실천을 뒷받침할 수 있는지를 잘 보여준다. 단일사례 설계에서는 학생의 행동 데이터를 볼 때, **수준 변화, 추세 변화, 데이터의 변산성**뿐 아니라, 효과가 즉각적으로 나타나는지, 인접한 단계의 자료와 얼마나 겹치는지, 중재와 비중재 조건에서 패턴이 얼마나 일관되는지, 그리고 행동 변화의 크기가 얼마나 큰지 등을 함께 고려한다.

'수준 변화'란 기초선(중재 전)과 중재(중재 후) 조건을 비교했을 때 나타나는 평균 반응의 차이를 뜻한다. '추세 변화'는 시간이 지남에 따라 행동이 늘거나 줄어드는 변화의 방향과 기울기를 의미한다. '변산성'은 기초선과 중재 단계 안팎에서 데이터가 얼마나 들쭉날쭉한지를 말한다. '효과의 즉각성'은 기초선에서 중재 단계로 넘어갈 때 행동이 변하는 데 걸리는 시간을 의미한다. 또, 기초선과 중재 단계의 데이터 수준이 얼마나 겹치는지(중첩 비율)는 효과를 수량화하는 하나의 방법이다. 여러 번의 기초선 – 중재 반복에서 패턴이 일관되게 나타나는지 역시 효과를 평가하는 지표가 된다. 마지막으로, 행동 변화의 크기는 그 중재가 강한지, 보통인지, 약한지를 판단하는 기준이 된다. 단일사례 설계에서는 통계적 유의성 검증을 하지 않기 때문에, 효과 크기에 대한 평가는 상대적으로 주관적일 수 있다.

단일사례 설계는 언제 중재를 바꿀지 혹은 강도를 높일지를 결정하는 데 도움을 주는 도구로 활용될 수 있으며, 실제로 그렇게 사용하는 것이 바람직하다. 만약 중재가 수준이나 변화 추세에서 거의 효과를 보이지 않거나 전혀 변화를 일으키지 못한다면, 이는 반응이 없는 것이므로 중재를 바꾸거나 강도를 높여야 한다. 또, 즉각적인 효과가 나타나지 않는 경우에도 중재를 변경하는 것이 필요하다. 다만, 중재를 실제로 얼마 동안 유지한 뒤 변경할지에 대한 판단은 주관적이며, 개별 사례의 특성에 따라 달라진다.

행동 변화가 지니는 임상적 유의성

임상적 유의성clinical significance이란 특정 중재가 개인의 삶에 실제적이고 체감할 수 있는 변화를 가져왔는지를 가늠하는 기준이다. 즉, 중재가 통계적으로는 신뢰할 만한 변화를 이끌어냈더라도, 그것이 개인의 일상적 기능 향상으로 이어지지 않으면 임상적으로 의미가 없다고 판단한다. 예를 들어, 어떤 사회정서학습 프로그램을 통해 한 학생이 사회적 기술이 하위 5%에서 25%로 상승했다고 하더라도, 이는 개선된 수치이긴

하지만 여전히 전체 학생의 75%보다 낮은 수준이므로 임상적으로 중요한 성과라고 보기는 어렵다.

중재 효과가 실제로 임상적으로 의미 있는 변화를 만들어냈는지를 평가하기 위해 다양한 방법이 제안되어 왔다. 대표적으로는 ① 규준 집단과의 비교, ② 절대적 점수 변화, ③ 당사자나 관련자의 주관적 평가, ④ 사회적 영향 등이 있다(Kazdin, 2003b). 이 가운데 규준 집단과의 **비교 방법**은, 중재 이후 개인의 수행 수준이 일반 집단의 범위 안에 들어와 '정상적인 수준과 구별되지 않는 상태'가 되었는지를 확인한다. 만약 중재 결과로 개인이 규준 집단과 차이가 없게 된다면, 이는 임상적으로 중요한 변화라 할 수 있다. 다만, 이러한 방법을 적용하려면 **비교에 활용할 수 있는 충분히 타당한 규준 자료가 측정 도구로 마련되어 있어야** 한다.

절대적 변화란 개인이 규준 집단과 비교하지 않고, 스스로 어느 정도 변화를 이뤘는지를 나타내는 것이다. 예를 들어, 중재 전후 점수 차이가 표준편차 수치 2에 해당할 만큼 크다면 절대적 변화가 있다고 본다. 또 다른 예로, 중재 후에 개인이 더 이상 심리적 장애 진단 기준에 해당하지 않거나 문제행동이 완전히 사라진 경우도 절대적 변화의 지표가 된다.

주관적 평가는 아동이나 청소년과 밀접하게 상호작용하는 주변인(예: 교사, 부모, 보호자 등)의 인상이나 판단, 의견을 토대로 한다. 이는 개인이 현재 얼마나 잘 기능하고 있는지, 초기의 문제가 여전히 남아있는지, 그리고 개입으로 인한 변화가 실제 생활에서 기능 향상으로 이어졌는지를 평가하여 수치화할 수 있다.

사회적 영향이란 개입 효과가 개인의 실제 삶에서 사회적으로 중요한 결과로 이어졌는지를 보여주는 것이다. 예를 들어, 무단결석 감소, 교칙

위반으로 인한 징계 건수의 감소, 정학이나 퇴학 건수의 감소, 더 나아가
청소년 체포율의 감소와 같은 지표를 통해 이러한 변화를 확인할 수 있다.

요약 >>>>>

- 학교는 아동과 청소년의 신체적·정신적 건강에 영향을 직접적으로 끼치는 서비스와 지원, 개입을 제공할 수 있는 가장 중요한 통로이다.

- 연구 결과, 학생들의 학업 준비도, 초기 문해 능력 발달, 그리고 학업 성취를 돕는 사회적 기술이나 학업 촉진 요인의 교육이 학업 성과에 핵심적이며, 아동의 반사회적 행동 문제가 초등학교 3학년 말까지 교정되지 않으면, 청소년기와 성인기까지 이어질 가능성이 높다는 것이 밝혀졌다.

- 실제로 많은 개입이 과학적 근거보다는 접근성과 편의성 때문에 특정 학교나 클리닉을 통해 이뤄진다.

- 중재 타당도란 어떤 평가 방법이 긍정적인 결과를 실제로 만들어내는 정도를 뜻하며, 여기에는 추가적인 타당도 확보(증분 타당도)와 비용 대비 효과 분석이 포함된다.

- 응용행동분석, 사회학습이론, 인지행동이론을 기반으로 한 사회정서학습 중재는 모두 평가 자료와 중재 계획이 긴밀히 연결된 구조 위에 세워진다.

- 중재의 강도는 얼마나 자주, 얼마나 오래, 그리고 얼마나 포괄적으로 이루어졌는지를 기준으로 정량화할 수 있다.

- 여기서 '투입량' 또는 중재 강도란 한 개인이 중재에 얼마나 자주 반복적으로 참여하는가를 뜻한다.

- 중재 기간은 집단별로 큰 차이를 보이는데, 예컨대 자폐스펙트럼장애 아동과 일반 발달 아동의 경우 그 지속 기간은 현격히 다를 수 있다.

- 일부 아동 집단은 학교 수업, 가정 훈련, 지역사회 프로그램 등 여러 환경에서 동시에 진행되는 복합적 개입을 필요로 한다.

- 중재 충실도란 계획된 개입이 실제로 얼마나 정확히 시행되었는지를 의미하며, 이를 중재 준수도라고도 부른다.
- 중재 일관성은 크게 두 가지로 나뉘는데, ① 중재의 구성 요소가 빠짐없이 지켜졌는가, ② 회기별·일별 절차가 지켜졌는가로 구분된다.
- 또한 중재 충실도에는 개입자가 얼마나 전문적으로 개입을 실행했는지(전문성), 중재 간 차별성이 유지되는지, 참여자가 실제로 개입을 받아들였는지(수용 여부) 등이 포함된다.
- 결국 중재는 수용성, 실제 사용 여부, 충실도, 그리고 효과성을 모두 포함하는 개념으로 이해될 수 있다.
- 현재 현장 전문가들은 집단별·개인별로 어떤 중재에서 어느 정도 수준의 중재 충실도가 최적의 효과를 내는지 판단할 수 있는 체계적 데이터베이스를 갖추고 있지 않다.
- 중재 충실도의 효과를 나타내는 규준은 '어떤 중재가 어떤 방식으로 측정되었을 때, 얼마만큼의 중재 수준이 어떤 결과를 낳는가'를 수량적으로 보여주는 지표 역할을 한다.
- 단일사례설계 연구에서는 수준의 변화, 추세, 변산성, 효과의 즉각성을 관찰하여 중재를 강화하거나 변경해야 할 시점을 판단한다.
- 임상적 유의성이란 개입이 개인의 삶에 실제적·가시적 변화를 가져왔는지를 가늠하는 개념으로, 단순한 통계 변화가 아니라 현실 가치를 강조한다.
- 중재 효과는 규준 집단과의 비교, 절대적 변화 지표, 주변인의 주관적 평가, 그리고 무단결석·징계 건수·체포율 같은 사회적 영향 지표의 변화를 통해 평가될 수 있다.

9

요약 및 결론,
사회정서학습의 향후 과제

이 책은 아동기에 원만하지 못한 또래 관계가 청소년기와 성
인기까지 이어지는 적응상의 심각한 어려움으로 연결될 수 있다는 점을
강조해 왔다. 이러한 연구 결과를 토대로, 학계와 현장의 전문가들은 사
회적 적응 문제와 관련된 사회적 기술 부족 문제를 보완하기 위한 예방
적 프로그램들을 개발해 왔다.

지난 10여 년간 학교 현장에서는 보편적 개입으로서 사회정서학습 교
육과정을 설계하고 실행하려는 노력이 활발히 전개되었다. 실제로 500
건이 넘는 평가 연구들은 학교 기반 보편적 사회정서학습 프로그램이 다
양한 발달적·사회적 성과에 긍정적 효과를 보인다는 사실을 입증하고
있다(CASEL, 2012).

이 책은 정상 발달 아동뿐 아니라 자폐스펙트럼장애, 지적장애, 사회
적 의사소통장애, 청각장애 등 특정 정신 건강 진단을 받은 아동과 청소
년을 대상으로 한 사회정서학습 개입 사례까지 폭넓게 다루었다.

:: 사회적 유능성의 개념화

사회적 유능성은 다양한 이론적 틀에서 해석되고 있다. 그중 대표적인 하나는 **사회측정적 개념화**로 불리며, 또래 집단 내에서의 사회적 지위를 나타내는 지표들을 통해 사회적 유능성을 정의한다. 여기서 사회적 지위란, 또래들이 특정 아동과 어울리고 싶어 하는 정도, 함께 활동하고자 하는 의향, 혹은 그 아동에 대해 호감 또는 비호감을 가지는 정도를 의미한다. 이러한 시각에서는 또래로부터 거부되거나 소외되는 아동은 사회적 유능성이 낮다고 평가되며, 반대로 또래에게 환영받고 인기가 있는 아동은 사회적 유능성이 높은 것으로 본다.

사회측정학적 지위는 비교적 객관적인 지표이지만, 특정한 상황 속에서 또래에게 거부되거나 받아들여지는 구체적 행동 요인을 명확히 보여주지는 않는다. 일반적으로 또래에게 명백히 거부되는 아동은 공격적 행동, 충동성, 또래와의 부정적 상호작용과 같은 특징을 보이는 경우가 많다. 반대로, '무시당하는' 사회측정 지위를 지닌 아동은 불안, 사회적 위축, 우울감, 긍정적 상호작용 빈도의 저하 같은 특성을 동반하는 경우가 흔하다.

이러한 행동 특성과 사회측정학적 지위 간의 상관관계는 그리 높지 않으며, 개인의 지위를 온전히 설명하기에는 불충분하다. 더 나아가 또래 집단에서 긍정적 혹은 부정적 지위를 가지는 이유는 사회적·행동적 능력과는 무관할 수도 있다. 예를 들어, 외모의 매력 여부, 긍정적 혹은 부정적 평판 편향, 특정 부정적 사건의 경험, 혹은 이성 친구들의 지명 등 외부적 요인이 영향을 미치기도 한다.

사회적 기술이라는 개념은 세 가지 학습이론에 바탕을 두고 있다. 그 중 사회학습이론은 개인이 사회적 기술을 충분히 발휘하지 못하거나, 오히려 문제행동을 과도하게 보이는 이유를 다양한 요인으로 설명한다. 구체적으로 사회적 기술 부족의 원인을 다섯 가지로 설명한다.

첫째, 필요한 지식이 부족하거나,

둘째, 충분한 연습과 피드백이 결여되어 있으며,

셋째, 사회적 단서를 인식하지 못하거나 무시하고,

넷째, 적절한 강화 경험이 부족하고,

다섯째, 문제행동이 경쟁적으로 작동하는 경우이다.

또한 사회학습이론은 인지적 매개 과정에 주목하여, 사람들이 어떤 환경적 자극에 주의를 기울이고, 그것을 어떻게 기억하며, 모방 자극(즉, 대리 학습)을 접했을 때 어떻게 행동으로 전환하는지를 설명한다. 이러한 이론은 개인과 환경이 서로 영향을 주고받는다는 상호 결정론의 원리를 근간으로 한다.

인지행동이론은 인간의 행동이 단순히 외부 자극에 의해 자동적으로 결정되는 것이 아니라, 그 사이에서 인지나 사고 과정이 중요한 매개 역할을 한다는 전제에 기반한다. 이 이론에 기초한 사회정서학습 개입은 다양한 내적·외적 사회적 단서가 주어지는 상황을 학습자에게 제공하며, 이러한 단서들은 개인의 과거 학습 경험에 따라 강하게 또는 약하게 지각된다. 인지행동적 사회정서학습에서는 자기 점검, 자기 지시, 자기 평가, 사회적 문제 해결과 같은 전략들이 활용된다.

응용행동분석은 '선행 사건 – 행동 – 결과'라는 삼항 조건성 개념을 토대로 한다. 이 관점에서 행동분석가들은 특정 문제행동이 반복되는 이유를 찾기 위해, 그 행동이 어떤 상황에서 긍정적 또는 부정적으로 강화되고 있는지를 분석한다. 문제행동을 이해하는 핵심 도구로는 기능적 행동 평가가 있으며, 이는 문제행동과 직접적으로 연결된 환경적 조건을 밝혀내는 데 필수적이다. 행동분석가들은 단순히 문제행동을 억제하는 데 그치지 않고, 그것을 대신할 수 있는 건설적이고 친사회적인 행동을 가르쳐 대체하려 한다(대체행동 훈련).

마지막으로 사회적 기술을 이해하는 또 하나의 틀은 '사회적 타당성' 개념에 기반한다. 이 시각에서 사회적 기술이란 특정한 상황 속에서 발현되며, 아동과 청소년에게 중요한 사회적 성과를 예측할 수 있는 행동을 의미한다. 그러한 성과에는 또래 집단의 수용, 친밀한 우정 관계, 규칙적인 학교 출석, 그리고 교사나 보호자와 같은 중요한 타인의 사회적 유능성 평가 등이 포함된다.

사회적 타당성 관점에서 사회적 유능성을 논할 때는, 사회정서학습 개입이 겨냥하는 행동이 사회적으로 얼마나 중요한지, 그리고 그 개입이 산출하는 결과가 실제로 사회적으로 의미 있는지를 고려한다. 더 나아가 사회적 기술은 학업 촉진 요인으로 작동하는데, 이는 학생이 수업에 적극 참여하고 학습에서 이익을 얻도록 돕는 태도와 행동을 가리킨다. 실제로 긍정적인 또래 관계는 바람직한 사회적 행동을 강화하고, 이는 다시 학업 성취로 이어진다. 반면, 외현화 행동과 같은 문제행동은 사회적·학업적 기술의 발휘를 방해하거나 그것과 경쟁하여 결국 학업 수행을 떨어뜨린다. 결국 이러한 문제행동은 학업 저해 요인으로 기능한다고 할 수 있다.

:: 사회적 기술의 강점과 결손의 확인

사회적 기술의 강점과 결손은 '① 사회적 기술 강점 파악, ② 사회적 기술 습득 결손 파악, ③ 사회적 기술 수행 결손 파악, ④ 과도한 문제행동 파악'의 네 단계를 거쳐 확인할 수 있다. 사회적 기술 강점이란 아동이 수행할 줄 알고, 일관되게 그리고 적절하게 사용하는 행동이며, 사회적 기술 습득 결손은 아동이 수행하는 방법을 모르거나 적절하게 사용할 줄 모르는 사회적 기술을 의미한다. 사회적 기술 수행 결손은 아동이 수행하고 사용할 줄은 알지만, 일관되거나 자주 수행하지 않는 사회적 기술을 뜻하며, 마지막의 과도한 문제행동은 아동이 특정 사회적 기술을 습득하거나 수행하는 것을 방해하는 행동을 가리킨다.

CASEL은 유치원부터 고등학교까지 전 학년에 걸쳐 과학적 근거에 기반한 사회정서학습 확산에 주력하는 대표적 기관이다. CASEL은 자기 인식, 자기 관리, 사회적 인식, 관계 기술, 그리고 책임 있는 의사결정 역량 향상에 목표를 두는데, 이 다섯 가지 역량은 인지적, 정서적, 행동적인 것으로 상호 관련된다. 27만 명 이상의 학생이 참여한 213개 학교 기반 사회정서학습 프로그램을 종합한 메타분석 결과, 학생들의 사회정서기술이 크게 향상되었고, 자신과 타인에 대한 긍정적 태도 및 사회적 행동이 증진되었으며, 품행 문제는 뚜렷하게 감소한 것으로 나타났다.

:: 증거기반중재와 실천

증거기반실천은 1990년대 초 의학 분야에서 **증거기반의학**이라는 개념으로 시작된 임상 및 교육 실천 접근법이다. 이후 간호, 사회복지, 청능학, 언어·언어병리학, 심리학 등 다양한 전문 영역으로 확산되면서 각 분야의 특성에 맞는 증거기반실천으로 발전하고 있다. 증거기반실천이란 바람직한 결과를 이끌어내기 위해 최선의 과학적 증거를 활용하되, 현장 전문가의 경험과 조직적 자원을 통합하여 의사결정을 내리는 과정이다.

연구자들은 증거기반중재와 증거기반실천을 구분하는데, 증거기반중재는 연구 설계의 내적 타당성을 엄격히 확보하여 특정 중재의 효과가 입증된 경우를 의미한다. 반대로 증거기반실천은 다양한 집단과 환경, 연구자와 맥락에 걸쳐 어떤 개입의 실행 가능성과 효과를 뒷받침하는 연구 결과에 기반하며, 특히 외적 타당성을 강조한다. 다시 말해, 증거기반중재는 '효능 연구'를 통해, 증거기반실천은 '효과성 연구'를 통해 확립된다.

:: 연구 증거의 유형

증거기반실천을 뒷받침하기 위해 다양한 수준의 신뢰성과 통제력을 가진 여러 연구 증거가 활용된다. 대표적으로 ① 내적 타당성을 강조하는 효능 연구, ② 실제 적용 가능성과 외적 타당성을 강조하는 효과성 연구, ③ 비용 대비 효과를 분석하는 비용-효과 연구, ④ 중재의 장기적 효과를 추적하는 종단 연구, ⑤ 특정 중재 절차의 보급·활용·수용 현황을 파악하는 역학 연구가 있다. 이를 수행하기 위해 다양한 연구 방법이 활용되는데, 예를 들어 ① 현장에서 개인을 관찰해 가설을 수립하는 방법, ② 중재를 직접 경험하는 사람들의 실제 삶을 탐구하는 질적 및 혼합 연구, ③ 개인 단위에서 인과관계를 명확히 밝히는 단일사례 실험설계, ④ 중재 효과에 영향을 미치는 요인을 파악하는 조절 및 매개 분석, ⑤ 무작위 통제실험을 통한 효능 검증, ⑥ 결과의 일반화를 확인하는 효과성 연구, ⑦ 여러 연구를 통합해 정량적 지표를 산출하는 메타분석 등이 이에 해당한다.

증거기반중재의 평가는 연구 대상 현상에 대해 우리가 내리는 추론이 얼마나 타당한가에 달려있다. 여기서 타당성이란, 어떤 추론이 진실에 부합하는지, 그리고 그 추론을 뒷받침하는 증거가 충분한지를 의미한다. 연구 방법론에서는 이러한 추론의 타당성을 위협하는 요인들을 네 가지 타당성을 통해 보여준다.

첫째, 내적 타당도는 종속변수의 변화가 실제로 독립변수(즉, 중재)로 인한 것인지 보여주는 정도를 뜻한다.

둘째, 외적 타당도는 연구 결과가 다양한 집단, 참여자, 교사나 치료자, 환경, 중재 조건, 측정 방식 등 다른 맥락으로 일반화될 수 있는 정도를 의미한다.

셋째, 구인 타당도는 독립변수와 종속변수 사이의 인과관계를 이론적으로 정당화할 수 있는 근거를 제공한다.

넷째, 통계적 결론 타당도는 무작위 오차나 부적절한 통계 기법 때문에 발생하는 잘못된 추론의 위험성을 가리킨다.

:: 증거기반중재의 기준

미국심리학회 산하의 여러 분과는 어떤 중재가 증거기반중재인지 판단하기 위해 과학적 증거 수준의 기준을 마련하였다. 분과별 문서에는 세부적인 차이가 있지만, 과학적 증거를 분류할 때 반드시 포함되어야 할 핵심 기준에 대해서는 공통된 합의에 도달하였다. 그 구체적인 기준은 다음과 같다.

- 기준 1: 충분히 입증된 중재

  독립된 연구 환경과 연구팀에서 각각 수행된 두 편 이상의 신뢰할 만한 집단 실험 연구에서, 처치 효과가 명확히 입증된 경우. 이때 효과 입증은 ① 위약이나 다른 처치보다 통계적으로 유의하게 뛰어나거나, ② 이미 검증된 처치와 동등하며, ③ 매뉴얼이나 그에 준하는 체계적 지침을 활용해 실시되었음을 포함한다.

- 기준 2: 효과적일 가능성이 높은 중재

  두 편 이상의 연구에서 대기자 통제 집단보다 우월한 효과를 보였거나, '충분히 확립된 처치'의 요건을 대부분 충족하되 연구 환경과 연구팀의 독립성 요건만 충족하지 못한 경우.

- 기준 3: 효과적일 가능성이 있는 중재

  한 편 이상의 신뢰할 만한 연구에서 효과가 나타났으나, 이를 뒤집는 모순된 증거가 없는 경우.

- 기준 4: 실험 중재

  아직 체계적이고 엄격한 연구 절차를 거쳐 검증되지 않은 단계의 중재.

:: 사회적 기술의 평가

사회적 기술평가의 주요 목적은 개인에 관한 올바른 결정을 내리는 데
필요한 정보를 수집하는 것이다. 이 평가 과정에서 보통 '① 선별 결정,
② 문제 확인 및 분류 결정, ③ 중재 결정, ④ 진행 상황 모니터링에 따른
결정, ⑤ 중재 결과 평가'와 같은 다섯 가지 유형의 결정이 이루어진다.
이 다섯 가지 결정은 다음과 같은 검사들로 이해할 수 있다.

- 선별 검사는 사회성 결핍 여부를 가려내기 위해 기준 점수를 활용
  해 결핍이 있는 학생(민감도)과 없는 학생(특이도)을 판별한다.
- 진단 검사는 다수의 정보들을 활용한 사회적 행동 평정척도처럼 규
  준에 근거해 결손의 존재 여부를 확인한다.
- 중재 결정 검사는 문제가 왜 발생하는지 파악해 개입 방향을 정하
  는 데 도움을 준다(예: 기능적 행동 평가).
- 모니터링 검사는 직접 관찰, 간단한 행동 평정, 짧은 행동 평정, 또는
  징계 기록 등을 통해 개입의 진행 상황을 추적한다.

사회측정적 평가는 아동과 청소년의 또래 관계를 연구하기 위해 오래
전부터 활용되어 왔다. 종단 연구 결과, 또래에게 거부당한 아동은 외현
적 문제행동이나 내면화된 정서적 문제행동을 보일 가능성이 훨씬 높다
는 것이 확인되었다.

사회측정적 평가에서는 주로 두 가지 방법이 사용된다. 하나는 또래가
서로를 평정하는 방식이고, 다른 하나는 또래가 특정 친구를 지명하는

방식이다. 이 방법들을 통해 산출되는 '사회적 선호 점수'와 '사회적 영향 점수'를 토대로 아동은 인기형, 거부형, 무시형, 논쟁형, 평균형 등으로 분류된다.

그러나 사회측정적 평가에는 한계가 있다. 단기간의 개입 효과를 포착하기 어렵고, 교사 평정이나 직접 관찰, 자기 보고 등 다른 방식으로 측정한 친사회적 행동과의 관련성이 약하게 나타난다. 따라서 사회측정적 평가는 선별, 분류, 개입 여부 결정, 또는 진행 상황 모니터링과 같은 실제적인 교육·상담 의사결정을 내리는 데 적합한 도구로 권장되지 않는다.

:: 다층적 사회정서학습 개입

사회정서학습 중재는 사회적 기술 결핍의 심각도에 따라 강도와 기간이 달라지며, 모든 개인이 동일한 양의 투입을 필요로 하는 것도 아니다. 사회정서학습 중재를 분류하는 한 가지 방법은 이를 개입 강도 수준에 따라 1차 예방, 2차 예방, 3차 예방 세 가지로 나누는 것이다. 1차 예방은 문제 발생 자체를 막고, 부정적 결과를 예방하는 것을 목표로 한다. 2차 예방은 이미 발생한 부정적 결과를 되돌리는 것을 목표로 하며, 3차 예방은 위험에 처한 아동과 청소년을 대상으로 하며, 이미 존재하는 해를 줄이는 것을 목적으로 한다.

이 세 단계 분류 체계는 반응 중심 중재 접근법의 토대가 된다. 반응 중심 중재의 핵심은 "중재가 투입됐을 때, 학생의 행동이 충분히 변화했는가, 아니면 부족한 변화를 보였는가"를 판단하는 것이다. 교사와 전문가들은 학생의 반응에 따라 중재를 새로 선택하거나, 방법을 바꾸거나, 강도를 조정한다. 반응 중심 중재의 전제는 명확하다. 즉, 최선의 방법을 성실하게 적용했음에도 불구하고 충분한 변화를 보이지 않는다면, 그 학생은 더 강도 높은 중재를 받을 필요가 있으며 실제로 그렇게 지원해야 한다는 것이다.

보편적, 혹은 1단계 중재는 모든 학생에게 똑같이 제공되는 기본적 개입이다. 학생 개개인에게 다른 강도로 적용되는 것이 아니라, 같은 형식과 같은 강도로, 매일 또는 매주 반복적으로 실시한다. 그래서 학급 단위, 학교 단위로 적용하기에 적합하다. 일반적으로 전체 학생의 약 80%는 이러한 보편적 중재만으로도 충분히 긍정적인 변화를 보일 것으로 기대된다.

선택적, 혹은 2단계 중재는 특정 학생의 필요에 맞게 조정된 맞춤형 개입이다. 예를 들어, 반항·저항 행동을 줄이기 위한 개별 프로그램이나, 사회성 기술이 비슷하게 부족한 학생들을 모아 진행하는 소집단 사회정서학습 수업이 이에 해당한다. 일반적으로 전체 학생의 약 15%는 이러한 선택적 중재를 통해 충분한 개선 효과를 보인다.

전체 학생 중 약 5% 정도는 가장 높은 강도의 맞춤형 개입, 즉 3단계 집중적 중재가 필요하다. 이 단계의 중재는 강도가 매우 높고, 많은 비용과 시간이 들기 때문에 위험 수준이 가장 심각한 학생들을 대상으로만 실시된다. 예를 들어, 학생의 문제행동 원인을 파악하기 위해 기능적 행동 평가를 실시한 뒤 설계·적용하는 기능 기반 사회정서학습 개입이 이에 해당한다.

다층적 개입 체계를 이해하려면 두 가지 구분 방식을 기억하는 것이 중요하다. 첫째, 자주 언급되는 학생 비율인 80%, 15%, 5%는 정확한 수치라기보다는 **"대부분, 일부, 소수"**라는 개념을 나타내는 비유적 표현이다. 1단계 보편적 중재는 이상적으로는 대부분의 학생에게 효과적이어야 한다. 하지만 아무리 잘 설계된 보편적 중재라 해도, 일부 학생들은 여전히 2단계 중재를 필요로 한다. 그리고 그중에서도 극히 소수의 학생들은 더 강도 높은 3단계 집중 중재가 반드시 필요하다.

둘째, **"적은, 더 많은, 가장 많은"**이라는 표현은 중재 강도의 차이를 설명하는 방식이다. 1단계는 가장 기본적이고 강도가 낮은 개입으로, 과학적 근거를 바탕으로 학생의 긍정적 발달을 돕고 문제를 예방하는 데 목적이 있다. 2단계는 개별 학생의 특성에 맞추어 제공되는 한층 더 강도 높은 개입이다. 3단계는 그중에서도 가장 강도가 높고 집중적인 지원을 의미하며, 고위험 학생을 대상으로 한다.

2단계와 3단계 중재는 보통 두 가지 방식으로 제공된다. 하나는 문제해결 중심 접근이고, 다른 하나는 표준적인 개입 절차(결과 중심 개입) 접근이다. 문제 해결형 접근은 행동 상담 모델을 따르며 문제 확인, 문제의 원인 분석, 계획 수립과 실행, 문제 해결 결과 평가의 네 단계로 진행된다. 이는 "문제가 무엇인가? 왜 발생하는가? 어떻게 대응해야 하는가? 해결되었는가?"라는 네 가지 핵심 질문에 답하는 과정이라고 할 수 있다. 이 접근의 핵심은 문제를 애매하지 않고 명확히 정의하는 것, 문제와 관련된 환경적 요인(앞선 원인과 그 결과)을 파악하는 것, 구체적인 중재 계획을 세워 실행하는 것, 그리고 그 효과를 평가하는 것이다. 여기서 문제란 "현재의 수행 수준과 기대하는 수준의 차이"로 정의되며, 그 차이가 클수록 문제의 심각성도 커진다.

문제를 해결할 때 중요한 것은 그 문제가 왜 발생하는지를 구분하는 일이다. 이때 핵심은 문제가 "할 수 없어서" 생긴 것인지, 아니면 "알고도 하지 않아서" 생긴 것인지 파악하는 것이다. 먼저 "할 수 없는 문제"(습득 결손)는 개인이 특정 기술이나 행동 자체를 갖추지 못했을 때 나타난다. 이 경우에는 해당 사회적 기술을 직접 가르쳐서 학습하도록 해야 한다. 반면 "하지 않는 문제"(수행 결손)는 개인이 필요한 기술을 알고 있음에도 불구하고 실제 상황에서 충분히 활용하지 않는 경우를 말한다. 이는 그 기술을 적용할 기회가 부족하거나, 기술을 사용했을 때 제공되는 강화(예: 칭찬, 보상)가 거의 없거나 빈도가 낮기 때문에 발생할 수 있다. 따라서 수행 결손의 경우에는 행동을 실제로 발휘할 수 있는 기회를 충분히 제공하고, 그 행동이 나타날 때마다 강화의 빈도를 높여주는 것이 효과적인 개입 방법이 된다.

표준적인 개입 절차 접근법은 중재의 구성 요소가 세부적으로 명확히 문서화된 매뉴얼 기반, 즉 대본화된 중재를 활용하는 방식을 의미한다. 사회정서학습에서 이러한 대본화된 프로그램은 대체로 사회적 기술을 가르치기 위해 모델링, 코칭, 행동 리허설, 일반화 훈련과 같은 절차를 구체적으로 제시한다. 2단계 수준의 표준 절차를 포함하는 사회정서학습 중재의 대표적인 사례로는 SSIS-IG가 있는데, 이는 사회적 기술 결손을 보이며 1단계의 보편적 사회정서학습 프로그램에 반응하지 못하는 학생들을 위해 설계된 것이다.

3단계 수준의 집중적인 개입은 2단계의 선택적 중재와 구별되는 몇 가지 특징을 가진다. 우선, 시간, 투입 강도('투입량'), 그리고 중재자가 기울여야 하는 노력의 측면에서 훨씬 더 강도 높게 이루어진다. 또한 이 중재는 개별화 수준이 매우 높으며, 대상 아동·청소년의 구체적인 요구에 맞추어 설계된다.

3단계 중재는 기능적 행동 평가를 기반으로 하여 문제행동의 기능을 밝히고, 그 기능을 대체할 수 있는 사회적으로 수용 가능한 대체행동을 가르치는 것을 목표로 한다. 이러한 중재는 2단계의 선택적 중재보다 훨씬 더 오랜 기간에 걸쳐 진행된다. 또한 특정 행동이 2단계 중재에 반응하지 않는 데에는 여러 요인이 관련될 수 있다. 대표적인 요인으로 문제행동의 심각성, 만성 정도, 행동 변화의 일반화 가능성, 중재 강도, 중재 충실도, 중재 효과성 등이 있다.

:: 특수 학생을 대상으로 한 사회정서학습 중재

사회정서학습 중재 전략은 발달장애 아동·청소년(지적장애, 자폐스펙트럼장애, 사회적 의사소통장애)과 농난청 아동·청소년에게 효과적인 것으로 입증되어 왔다. 지적장애와 자폐스펙트럼장애를 가진 아동·청소년을 대상으로 한 사회정서학습 중재는 교수 전략과 목표 행동 측면에서 유사한 특징을 지닌다. 또한 자폐스펙트럼장애로 진단받은 아동의 약 75%는 지적장애 범주에 해당하는 IQ를 가지고 있다. 지적장애와 자폐스펙트럼장애의 동반 진단comorbid diagnosis은, 아동의 사회적 의사소통 능력이 전반적 발달 수준에 비해 현저히 낮을 때 내려진다.

지적장애로 진단된 대부분의 개인은 개념적 영역과 사회적 영역에서의 적응 행동 결함을 보인다. 일반 발달 아동·청소년과 비교했을 때, 이들은 사회적 상호작용에서 미성숙함을 나타내며, 또래의 사회적 단서를 인지하는 데 어려움을 겪는다. 또한 이들의 의사소통·대화·언어 기술은 연령에 비해 구체적이고 제한적인 수준에 머무르는 경우가 많다. 사회적 상황에서 위험을 이해하는 능력이 제한적이고, 사회적 판단이 미성숙하여, 쉽게 속거나 타인에게 조종당할 가능성이 높다.

자폐스펙트럼장애로 진단된 사람은 다양한 맥락에서 지속적인 사회적 의사소통과 사회적 상호작용의 결함을 보인다. 이들은 사회정서적 호혜성의 부족, 상호적 대화 기술의 제한, 비언어적 또는 화용적 기술의 결함, 그리고 사회적 관계를 형성·유지·이해하는 능력의 부족을 나타낸다.

사회적 의사소통장애는 화용, 즉 언어와 의사소통의 사회적 사용에 대한 핵심적 어려움을 특징으로 한다. 이들은 자연스러운 상황에서 언어적·비언어적 의사소통의 사회적 규칙을 이해하고 따르는 능력, 상황이나 청자의 요구에 맞게 언어를 조정하는 능력, 대화 규칙을 지키는 능력에 결함을 보인다. 이러한 결함은 구조적 언어 능력이나 인지 능력의 부족 때문이 아니다. 또한 사회적 의사소통장애는 자폐스펙트럼장애와 구별되는데, 그 차이는 자폐스팩트럼장애에서는 제한적·상동적 행동 양식, 흥미, 활동의 존재가 나타나는 반면, 사회적 의사소통장애에는 이러한 특성이 존재하지 않는다는 점에 있다.

지적장애, 자폐스펙트럼장애, 사회적 의사소통장애를 가진 대부분의 아동·청소년은 6장에서 설명한 것과 같은 3단계 수준의 집중적 사회정서학습 중재가 필요하다. 이들 아동은 1단계나 2단계 수준의 사회정서학습 중재에 충분히 반응하지 못한다. 따라서 이 집단을 대상으로 하는 사회정서학습 중재는 개별화 수준이 높아야 하며, 각 아동이 보이는 구체적인 사회적 기술 결핍에 초점을 맞추어야 한다. 이러한 중재는 다음과 같은 특징을 갖추어야 한다.

- 사회적 기술에 대한 일대일 직접 교수
- 주 5일, 하루 최소 2회, 회기당 30분 이상의 수업 실시
- 최소 40주 이상의 지속 기간
- 특수 훈련을 받은 전문가가 중재 회기를 감독
- 중재 기간 동안 매일(주 5일) 진전 상황을 모니터링

이러한 아동·청소년을 위한 매우 효과적인 사회정서학습 중재 중 하나는 중심축 반응 훈련이다. 중심축 반응 훈련은 응용행동분석의 원리를 체계적으로 적용하여, 자폐스펙트럼장애 아동에게 자연스러운 교수 맥락 속에서 기능적·사회적 의사소통 기술과 적응 행동 기술을 가르치는 방법이다. 원래는 자폐스펙트럼장애 아동을 위해 개발되었으나, 지적장애와 사회적 의사소통장애 아동에게도 효과적일 수 있음이 입증되었다. 중심축 반응 훈련은 '동기 부여, 여러 단서에 반응하기, 자기 관리, 자기 주도적으로 시작하기'라는 네 가지 중심축 요인에 기반한다. 이러한 기술들이 중심축이 되는 이유는, 이 기술들이 다른 많은 영역에서의 폭넓고 일반화된 발달을 가능하게 하는 기초 역량이 되기 때문이다.

중심축 반응 훈련은 개별 시도 훈련보다 더 효과적인 대안으로 여긴다. 그 이유는 중심축 반응 훈련이 훨씬 자연스러운 사회적 환경에서 사회적 기술을 가르치기 때문이다.

반면, 개별 시도 훈련은 성인 주도적으로 이루어지며, 반복적인 시도

를 통해 명확한 자극−반응 조건과 체계적 반복을 활용하여 새로운 기술을 가르치는 방법이다. 개별 시도 훈련은 특정 자극에 대한 새로운 반응을 형성하는 데 강력한 방법이지만, 아동의 자발성을 강화하지 못한다는 한계가 있으며, 또한 새로운 기술을 다른 자연스러운 상황으로 일반화하는 데 어려움이 있다.

:: 중재 효과의 크기에 영향을 미치는 요인

중재 효과의 크기에 영향을 미치는 요인 중 하나는 중재 타당도이다. 이는 어떤 평가 절차가 실제로 유익한 중재 결과에 얼마나 기여하는지를 의미한다. 중재 타당도는 전통적인 심리측정학 문헌에서 제시된 최소한 세 가지 특징과 공통점을 가진다.

- 증분 타당도: 기존 평가 절차를 넘어선 예측력을 제공해야 함
- 효용성과 비용−편익 분석: 인사 선발 연구에서 흔히 사용되는 개념
- 검사 해석 및 활용에 기초가 되는 증거: 어떤 평가 절차가 구인 타당도를 갖추고 있다 하더라도, 그것이 특정 중재를 추천하는 데는 거의 혹은 전혀 관련성이 없을 수도 있다.

그러나 사회정서학습 중재 절차들은 사회학습이론, 인지행동이론, 응용행동분석 중 어느 이론에 기반하든 간에, 수집된 평가 자료와 중재 계획 사이에 명확한 연계성을 가진다는 특징을 지닌다.

중재 효과의 크기에 영향을 미치는 두 번째 요인은 중재 강도이다. 중재 강도는 '중재 투입량 또는 강도, 중재의 지속 기간, 중재의 포괄성'의 세 가지 특성으로 설명될 수 있다. 먼저, 중재 투입량 또는 강도는 개인이 얼마나 자주 중재에 노출되는가로 개념화할 수 있다. 예를 들어, 약한 중재는 하루에 한 번, 주 1회, 2주 동안 실시될 수 있지만, 강한 중재는 하루 3회, 주 5일, 6주 동안 실시되기도 한다. 둘째, 중재의 지속 기간도 강도와 관련이 있다. 일부 중재는 몇 주 동안만 이루어지지만, 특정 문제의 경우 5년 이상 지속되는 중재도 존재한다. 마지막으로, 중재의 포괄성은 중재가 이루어지는 환경의 범위를 의미한다. 일부 중재는 한 가지 환경(예: 학교)에서만 진행되지만, 다른 중재는 가정, 학교, 지역사회 등 여러 환경에 걸쳐 시행된다.

중재 효과의 크기에 영향을 미치는 세 번째 요인은 중재 충실도이다. 이는 중재가 계획하거나 의도한 대로 정확하게 실행되는 정도를 의미한다. 중재 충실도는 다차원적 개념이며, 다음 네 가지 요소를 포함한다.

- 중재 일관성: 시간이 흐름에 따라 중재가 얼마나 정확하고 일관되게 실행되는가
- 중재자의 전문성: 특정 중재를 실행할 때 중재자가 지닌 기술과 경험의 수준
- 중재의 차별성: 두 개 이상의 중재에서 이론적·절차적으로 구별되는 요소들
- 중재 수용 여부: 참여자가 해당 중재를 얼마나 이해하고 적극적으로 반응하는가

:: 중재 단계 변경을 위한 의사결정 규칙

다층적 중재를 적용할 때 직면하는 중요한 과제 중 하나는, 언제 개인을 더욱 집중적인 수준의 중재로 전환할 것인가를 결정하는 규칙이다. 이를 사고하는 데 유용한 방법은 단일사례 실험설계의 논리를 활용하는 것이다. 단일사례 설계는 '수준/추세/변동성의 변화, 효과의 즉각성, 인접한 단계들 간의 자료점의 중첩 비율, 중재와 비중재 조건이 여러 차례 반복될 때 나타나는 자료 패턴의 일관성, 행동 변화의 크기와 같은 요소들을 살펴본다.

따라서 단일사례 설계는 중재를 언제 변경하거나 강화할지를 결정하는 데 중요한 보조 도구가 될 수 있으며, 또 그렇게 활용되어야 한다. 수준이나 기울기에 거의 변화가 없는 중재는 반응이 부족하다는 점을 근거로 변경되거나 강화되어야 한다. 또한 즉각적인 효과를 보이지 않는 중재 역시 변경하거나 강화하는 것이 바람직하다.

실무자들은 또한 행동 변화의 임상으로도 가치가 있음을 확인해야 한다. 임상적 가치는 특정 중재가 개인의 일상적 기능에 실제적·실용적·가시적인 변화를 이끄는 것을 의미한다.

행동 변화의 임상적 가치를 확인하기 위해 권장되는 네 가지 방법은 다음과 같다.

- 비교 방법: 규준 집단을 활용하여 비교하는 방식
- 절대 변화: 규준 집단과의 비교 없이 개인이 보인 변화의 양 자체를 평가하는 방식

- 주관적 평가: 중요한 타인의 인상, 판단, 의견을 근거로 평가하는 방식
- 사회적 영향: 일상생활에서 결정적으로 중요한 것으로 간주되는 지표에서의 변화를 살펴보는 방식

제2부

사회정서학습 평가와
중재 사례연구

Rachel M. Olinger Steeves, Kelsey Hartman, and Sarah Metallo[*]

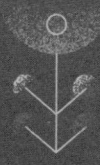

*모두 루이지애나 주립대학교 심리학과에서 공부 중인 석사 과정 대학원생들이다.

사회적 행동은 복잡하고 미묘하게 나타나며, 모든 학생이 동일한 수준의 중재를 필요로 하는 것은 아니다. 따라서 사회적 기술평가와 지도에 반응 중심 중재 체계를 적용하면 분명한 이점이 있다. 반응 중심 중재는 학생의 필요에 맞추어 중재를 체계적으로 선택할 때 학교가 더 효과적으로 모든 학생을 지원할 수 있다는 논리에 기초한다. 학생이 보이는 반응을 근거로 중재의 초점과 강도를 결정하는 데이터 기반 의사결정이 강조된다. 또한 보편적, 선택적, 개별적 수준에서 중재를 실시하면 위험군 학생을 조기에 발견하고 지원할 수 있으며, 더 심각한 사회적 행동 문제를 예방하고, 사회적 기술 교육을 학생의 필요에 맞게 구분하여 제공할 수 있는 실질적인 방법이 된다.

2부에서는 증거 기반 사회적 기술평가와 중재 전략을 다층지원체계 속에서 어떻게 적용할 수 있는지를 보여줄 수 있는 여러 사례연구를 제시한다. 각 사례는 사회적 행동 향상을 목표로 중재를 개발하고 실행하려는 전문가들에게 실질적인 안내 역할을 할 것이다. 특히 반응 중심 중재 체계 안에서 사회적 행동 문제의 성격을 평가하고, 체계적으로 중재를 실시하며, 그 과정을 지속적으로 점검하는 이상적인 접근 방식들을 소개한다.

이 사례연구들은 다양한 학생들과 사회적 행동 문제를 다루며, 그에 따른 여러 중재 방안을 보여준다. 먼저 세 가지 사례를 연속적으로 제시하는데, 이는 반응 중심 중재의 세 단계(보편적, 선택적, 집중적 중재)를 순차적으로 따라간다. 이 가운데 첫 번째는 학급 전체의 사회적 행동을 다루는 보편적 중재 사례이고, 두 번째는 일부 학생들을 대상으로 한 또래 기반 소집단 중재 사례, 마지막은 중재에 반응하지 않는 학생의 행동 기능에 맞춘 개별화된 지원을 받는 사례이다. 다음으로 학급 수준에서 실시할 수 있는 두 가지 주요 중재 방식을 소개하며, 이는 보편적 개입과 진전 모니터링의 서로 다른 접근법을 보여준다. 여섯 번째와 일곱 번째 사례에서는 두 가지 선택 중재가 다뤄지는데, 하나는 사회적 기술 습득이 부분적으로 부족한 소집단 학생들을 위한 것이고, 다른 하나는 개별 학생을 대상으로 한 것이다. 마지막으로, 특수 학생들을 위한 두 가지 개별 수준의 집중적 중재를 제시함으로써, 이들에게 적합한 적응 방안을 보여준다.

:: 1단계 보편적 사회정서학습 교육과정

교사 이름: 로버츠

과목: 국어

대상 학생 학년: 초등학교 5학년

배경 정보

공립 초등학교에서 5학년 학생들을 가르치고 있는 로버츠 선생님은 담임 학급의 문제행동으로 인해 학교 심리학자에게 도움을 요청했다. 특히 학생들 간 상호작용에 큰 어려움이 있어, 상당수 학생들이 서로의 감정을 이해하지 못하고 자신의 좌절을 다루는 데도 어려움을 보인다고 했다. 그 결과 언어적 말다툼과 신체적 다툼이 예전보다 더 자주 발생했고, 수업 환경이 자주 흐트러져 학생들을 주기적으로 교실 밖으로 내보내야 하는 상황이 이어졌다. 학생들은 사소해 보이는 의견 차이에도 서로에게 고함을 지르거나 분노를 폭발시키곤 했다. 그는 동료 교사들과 함께 의논한 끝에 이러한 행동이 다른 5학년 학급들보다 자신의 반에서 더 두드러진다고 판단했으며, 학생들이 자기 감정을 더 잘 조절하고 서로의 감정을 이해하는 법을 배우면 큰 도움이 될 것이라고 보았다. 이에 로버츠 선생님은 현재 시간표 안에서 무리 없이 적용할 수 있고, 5학년의 다른 모든 학급에서도 일관되게 강화·확대할 수 있는 교육과정을 선택하기 위해 학교 심리학자의 전문적 조언을 구했다.

평가

교실 관찰

로버츠 선생님의 걱정을 더 잘 이해하기 위해 학교 심리학자는 교실 관찰을 여러 차례 진행했다. 그 결과, 학급 학생들 중 상당수가 또래와의 부정적인 상호작용을 보이는 패턴이 확인되었다. 수업 중 학생들은 서로의 물건을 책상에서 떨어뜨리거나, 책상 밑에서 발로 차거나, 이름을 부르며 놀리는 행동을 했다. 이런 상황에서 네 번에 걸쳐 다른 학생들이 부적절하게 반응했는데, 서로 고함을 지르거나 눈에 띄게 화를 내며 과제를 거부하거나, 상황이 심해져 교실 밖으로 나가야 했다. 학생들이 교실 밖으로 보내질 때마다 수업 분위기는 흐트러졌고, 교실에 남아있던 학생들 중 상당수가 산만해지고 집중하기 어려워했다. 학교 심리학자는 문제의 양상을 더 명확히 파악하고, 중재가 시작된 뒤 학생들의 변화를 추적할 수 있도록 교실 태도 점수와 징계 기록도 함께 수집하여 분석했다.

학생 행동에 대한 평가

로버츠 선생님과 동료 교사들은 학기 초에 교실에서 지켜야 할 행동 규칙과 징계 절차에 맞춘 '일일 행동 기록표'를 만들었다. 이 기록표는 학부모가 일주일 동안 자녀의 행동을 살펴볼 수 있도록 고안된 것이다. 교사들은 매일 학생들의 규칙 위반 횟수를 항목별로 표시했고, 그 결과를 학부모에게 보내 가정에서 확인한 뒤 다시 학교로 제출하게 했다. 기록된 행동 항목은 ① 교사의 지시를 처음 말했을 때 따르는가, ② 남에게 피해를 주지 않도록 주의해서 물건을 사용하며, 행동거지를 조심하는가, ③ 바른 말을 사용했는가, ④ 수업 과제를 마치고 제출했는가, ⑤ 자신의 행동에 책임을 졌는가 등이었다. 매주 금요일에는 그 주 동안의 위반 횟수를 합산하여 각 학생에게 종합적인 행동 평정을 알파벳(A, B, C, D, F)으로 부여했다.

학급 전체 행동 변화를 살펴보기 위해, 교사들은 보편적 중재를 실시하기 전 주, 중재가 진행되는 중간 시점, 그리고 중재가 끝날 때 학생들의 행동 평정을 수집했다. 낮은 행동 평정을 받는 학생 수는 주마다 달랐지만, 사회정서학습 교육과정을 시작하기 직전 주의 자료를 보면 학생 중 20%만이 A, 15%가 B, 35%가 C, 그리고 30%가 D나 F를 받았다. 이는 학급의 절반 이상이 교실 규칙을 제대로 지키지 못하고 있었음을 보여준다.

징계 기록

교사들과 학교 관리자는 학급에서 자주 일어나는 문제행동을 파악해 중재 목표를 세우기 위해 정기적으로 징계 기록을 수집하고 검토했다. 보편적 중재를 시작하기 전, 5학년 교실의 징계 기록에는 주로 무례한 태도, 부적절한 말 사용, 다른 학생 방해(예: 밀기, 잡아당기기, 떠밀기), 그리고 이름 놀리기나 괴롭힘 같은 행동이 포함되어 있었다. 이러한 공식 기록은 로버츠 선생님의 문제 제기를 뒷받침해 주었고, 학생들에게 자기 조절 능력과 대인관계 기술을 직접적으로 가르칠 필요가 있음을 보여주었다. 또한 학생별 징계 기록 횟수를 집계하는 것은 학급 전체가 중재에 어떻게 반응하는지 살펴보는 지표가 되었고, 보편적 중재가 끝난 후에도 추가 지원이 필요한 학생을 찾아내는 데 도움이 되었다.

개입

사회정서학습 교육과정(강한 아이들 프로그램)을 통한 보편적 개입

로버츠 선생님의 학급은 많은 학생들이 비슷한 문제행동을 보였기 때문에, 학급 전체를 대상으로 한 보편적 중재가 필요하다고 판단되었다. 이에 사회정서기술을 직접적으로 가르치는 데 초점을 둔 프로그램을 도입하기로 했고, 그 결과 강한 아이들Strong Kids 사회정서학습 교육과정을 선택했다. 이 프로그램은 아동과 초기 청소년에게 감정을 이해하고, 회복 탄력성을 키우며, 또래와 잘 지내기 위한 사회적 기술과 강점을 강화하고, 스트레스 상황에 대처할 수 있는 능력을 높이도록 고안된 예방 및 중재용 교육과정이다.

'강한 아이들' 3~5학년용 프로그램(Merrell et al. 2007)은 사회정서적 기술을 폭넓게 다루는 12차시 수업으로 구성되어 있으며, 구체적인 내용은 표 10.1에 정리되어 있다. 각 수업은 45~55분 동안 진행되도록 설계되었고, 교실의 일상적인 수업 흐름 속에 자연스럽게 녹아든다. 로버츠 선생님은 담임 학급에서 주 3회, 회당 45분씩 이 프로그램을 운영했다. 월요일과 수요일에는 프로그램에 제시된 수업을 순서대로 진행했고, 금요일에는 한 주 동안 배운 내용을 복습하고, 과제와 보충 활동을 점검하며, 학생들이 그 주의 기술을 직접 연습할 수 있는 시간을 마련했다. '강한 아이들' 수업은 총 6주 동안 이어졌다.

세 명의 5학년 담임 교사들은 학년 전체 학생들이 동일한 경험을 하고

단원명	기술 또는 단원 목표
'강한 아이들'에 대하여: 정서적 강점 훈련	'강한 아이들' 교육과정 소개
자신의 감정 이해하기 1	감정의 유형을 이해하고 감정 어휘 익히기
자신의 감정 이해하기 2	감정을 적절하게 표현하기
분노 다루기	분노를 이해하고 조절하기
다른 사람의 감정 이해하기	공감 기술과 타인의 감정을 확인하는 능력
명확하게 생각하기 1	부정적인 사고 패턴과 사고 오류를 확인하는 전략
명확하게 생각하기 2	부적응적 사고를 대체하여 현실적이고, 도움이 되는 사고를 촉진하는 전략
긍정적인 생각이 지닌 힘	문제 대처를 위한 긍정적 사고와 부정적 사고를 극복하는 방안
사람들의 문제 해결하기	대인관계 문제 해결과 비폭력적 갈등 해결 기술
스트레스 내보내기	스트레스 요인 파악, 스트레스 대처 방법, 불안과 걱정 관리
행동 변화: 목표를 세우고 적극적으로 실행하기	실현 가능한 목표 설정, 성취 전략, 긍정적 행동을 촉진하는 방법
마무리	'강한 아이들'의 주요 개념 정리 및 검토
'강한 아이들' 부스터: 종합하기	교육과정 종료 후 일정 기간이 지난 뒤 핵심 내용을 다시 다루기 위한 선택적 보충 프로그램

표 10.1 '강한 아이들' 단원 요약

사회정서기술을 함께 향상시킬 수 있도록 '강한 아이들' 프로그램을 모두 운영하기로 했다. 교사들은 수업 시간에 배운 기술이 일상에서도 적용될 수 있도록 하루 동안 꾸준히 같은 주제를 강화하며 지도했다. 수업을 진행할 때에도 '강한 아이들'에 나오는 용어를 의도적으로 활용하여 학습 내용과 사회정서기술을 연결했다. 특히 수업 외 시간에는 학생들의 방해 행동을 바로잡거나 대처 기술을 쓰도록 유도할 때 '강한 아이들'의 용어가 가장 자주 사용되었다. 학생들이 스스로 '강한 아이들' 기술을 활용하거나 친구들에게 그 기술을 연습해 보자고 제안할 경우, 교사들은 이를 적극적으로 칭찬하고 보상했다. 또 매주 가정통신문을 통해 학부모에게 수업 내용을 알리고, 그 주에 배운 사회정서기술을 가정에서도 연습할 수 있도록 구체적인 안내와 권장 사항을 함께 제공했다.

결과

프로그램 전체를 운영한 뒤, 로버츠 선생님은 학급 학생들의 행동에서 뚜렷한 변화를 관찰했다고 보고했다. 학생들은 전보다 자신의 감정을 더 잘 의식하게 되었고, 화가 날 때도 "잠시 쉬어도 되나요?"라고 요청하거나 스스로 자리를 피하는 등 더 긍정적이고 적응적인 방식으로 감정을 조절했

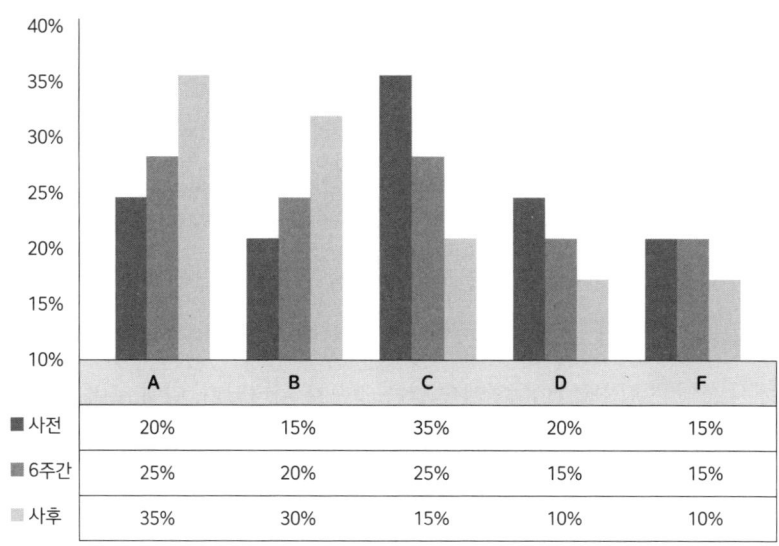

	A	B	C	D	F
■ 사전	20%	15%	35%	20%	15%
■ 6주간	25%	20%	25%	15%	15%
■ 사후	35%	30%	15%	10%	10%

그림 10.1 학생 행동에 대한 평가

	중재 이전과 실행	중재의 실행과 종료
교실에서 발생한 횟수	21	10
개인별 범위	0-5	0-4

표 10.2 로버츠 선생님 학급의 보편적 사회성서학습 중재 기간 징계 기록 현황

다. 또한 친구들의 성공에 더 관심을 보였으며, 서로에게 고함을 지르거나 싸우는 일도 크게 줄었다. 수업 기간 동안 모인 자료에서도 이러한 변화가 확인되었는데, A나 B 등급을 받는 학생이 늘고, C, D, F를·받는 학생 수는 줄어든 것이다. 특히 "남의 신체를 함부로 건드리지 않고 물건은 자기 것만 사용하기", "바른말 사용·하기", "자신의 행동에 책임지기" 같은 항목에서 규칙 위반 횟수가 감소했다. 주간 행동 성적 변화는 그림 10.1에 제시되어 있다.

프로그램이 끝난 뒤, 교사들은 다시 한번 징계 기록을 살펴보며 어떤 위반 행동이 달라졌는지 확인했다. 그 결과, '강한 아이들' 프로그램을 실시한 이후 학급 전체의 징계 건수가 전반적으로 줄어든 것으로 나타났다 (표 10.2 참고).

하지만 네 명의 학생은 여전히 또래에게 부적절한 말을 하거나, 싸움과 갈등을 일으켜 교장실로 불려 가곤 했다. 이 학생들은 주간 행동 성적에서도 낮은 점수(C, D, F)를 계속 받는 것으로 나타났다. 이에 로버츠 선생님, 교무팀, 그리고 학교 심리학자는 이 학생들이 보편적 중재에는 충분히 반응하지 못했다고 판단했고, 이들에게는 별도의 선택적 중재가 필요하다고 결정했다.

:: 2단계 긍정적 또래 보고 중재

학생 이름: 알렉스, 트레이시, 하이디, 라이언

학년: 초등학교 5학년

문화적 배경: 흑인과 백인

성별: 남, 여

배경 정보

로버츠 선생님의 5학년 학급에서 보편적 사회정서학습 프로그램을 운영한 뒤, 네 명의 학생(알렉스, 트레이시, 하이디, 라이언)이 추가 지원이 필요한 대상으로 확인되었다.

- 알렉스: 11세 백인 남학생으로 충동적인 행동 이력이 있지만 공식적인 진단이나 중재 경험은 없었다. 알렉스는 또래에게 자주 버럭 화를 내거나, 다른 학생들의 행동을 그대로 따라 하며 공격적으로 행동하는 모습을 보였다.
- 트레이시: 11세 아프리카계 미국인 여학생으로 이전까지 학업·행동 문제는 없었으나, 수업 중 다른 학생들과 협력하는 데 어려움이 있다. 특히 친구들을 별명으로 부르거나 괴롭혀서 자기 마음대로 다루려는 행동을 보였다.

- 하이디: 12세 백인 여학생으로, 읽기와 관련된 특정 학습장애로 인해 한 학년 유급된 경험이 있다. 그 이후 또래 관계가 나빠져 고립되는 경우가 많았고, 친구들의 관심을 얻기 위해 부적절한 행동을 하기도 했다.
- 라이언: 11세 아프리카계 미국인 남학생으로 소아과 의사로부터 ADHD와 적대적 반항장애 진단을 받은 적이 있다. 로버츠 선생님에 따르면, 트레이시와 라이언은 이전 학년에서도 같은 반이었을 때 서로 놀리거나 괴롭히는 일이 잦았다.

보편적 사회정서학습 프로그램을 마친 뒤에도 네 명의 학생은 여전히 또래와 긍정적으로 관계 맺거나 자신의 감정을 조절하는 데 큰 어려움을 보였다. 이런 문제는 종종 언어적·신체적 공격으로 이어지거나, 교실에서 규칙을 따르지 않는 행동으로 나타났다. 이에 로버츠 선생님과 다른 교직원 및 학교 심리학자는 이 학생들이 보편적 중재만으로는 충분히 변화하지 않았다고 판단했고, 추가적인 표적 중재가 필요하다고 결정했다. 결국 네 명의 학생은 또래와의 협력을 증진하고 친사회적 행동을 기르며, 또래 관계 속에서 적절한 행동을 하도록 동기를 부여하는 2단계 선택적 사회정서학습 중재에 참여할 대상으로 선정되었다.

평가

기존 자료 검토

네 명의 학생을 대상으로 별도의 중재를 실시하기에 앞서, 학교 심리학자는 로버츠 선생님의 학급에서 진행된 학급 전체 중재 자료를 먼저 검토했다. 그 결과 알렉스, 트레이시, 하이디, 라이언은 수업 방해나 공격적 행동으로 인해 학교 관리자에게 가장 자주 불려 간 학생들이었다. 이 학생들의 행동 성적은 매주 다른 학생들보다 꾸준히 낮게 나타났으며, 보편적 중재가 끝날 무렵에도 평균적으로 C, D, F 수준에 머물렀다. 로버츠 선생님은 교장실에까지 보고되지는 않은 사소한 다툼까지 포함하면, 네 명 모두 하루 평균 세 번 정도 또래와의 부적절한 상호작용을 보였다고 보고했다.

보편적 사회정서학습 수업을 받는 동안 네 명의 학생은 각자 행동 양상이 달랐고, 부분적으로는 긍정적인 변화도 보였다. 그래서 교사와 학교 심리학자는 이 학생들의 문제행동이 '아예 배우지 못한 것(습득 결손)'이 아니라, 알고는 있지만 잘 발휘하지 못하는 수행 결손이라고 판단했다. 실제로 이 학생들은 사회정서기술을 이미 직접 배우고, 연습 활동에도 참여해 왔다. 하지만 사회적 기술을 실제 상황에서 잘 발휘하게 만드는 일은 매우 섬세하고 복잡하기 때문에, 교직원들은 이번에 선택한 중재가 단순히 기술을 다시 가르치는 것을 넘어, 학생들의 동기를 높이고 친사회적 행동을 강화하는 전략을 함께 포함해야 가장 효과적일 것이라고 보았다.

학교 내 사회적 행동 평가 도구 제2판 SSBS-2

2단계 중재를 시작하기 전, 로버츠 선생님은 네 명의 학생을 대상으로 SSBS-2 검사를 실시하여 어떤 영역에서 위험이 큰지 확인하고, 사회적 행동과 문제행동의 기준선 데이터를 마련했다. SSBS-2는 두 가지 큰 영역으로 구성되는데, 하나는 사회적 역량으로 친사회적·적응적 행동을 평가하고, 다른 하나는 반사회적 행동으로 사회적으로 문제가 되는 행동을 평가한다. 초기 검사 결과, 네 명 학생 모두 '또래 관계'와 '자기 관리나 규칙 준수' 영역에서 낮은 점수를 보였고, 문제행동 영역에서는 '반항적/방해하는 행동'에서 위험 수준이 높게 나타났다. 그중 트레이시와 라이언은 '적대적/예민한 행동'과 '반사회적/공격적 행동'에서도 높은 위험 수준을 보였다. 하이디는 여기에 더해 '학업 수행' 영역에서도 추가 위험이 확인되었다. 2단계 중재가 끝난 뒤 로버츠 선생님은 다시 SSBS-2를 실시하여 학생들의 변화를 확인하고, 여전히 추가 지원이 필요한 학생을 파악했다. 학생별 후속 검사 결과는 그림 10.2, 그림 10.3에 제시되어 있다.

변화 과정 모니터링

긍정적 또래 보고 중재가 진행되는 동안, 로버츠 선생님은 알렉스, 트레이시, 하이디, 라이언과 반 친구들 사이에서 일어나는 부정적 상호작용의 횟수를 매주 기록했다. 선생님은 하루 동안 클립보드에 붙일 포스트잇이나 기록지를 들고 다니며, 학생들이 부정적 또래 행동을 보일 때마다 표시를 남겼다. 학생들이 보이는 행동은 매주 산출되는 교실 행동 평정과도 직접 연결되어 있어, 가장 눈에 띄는 핵심 자료였다. 이 기록은 학생들이 긍정적 또래 보고 중재에 얼마나 잘 반응하는지 확인하기 위한 변화 과정 모니터링 자료로도 활용되었다.

긍정적 또래 보고 중재

긍정적 또래 보고는 교실에서 친구들에게 잘 받아들여지지 못하거나, 관심을 끌기 위해 방해 행동을 보이는 학생들의 행동을 개선하기 위해 고안된 중재다. 보통 학생들은 어릴 때부터 친구가 잘못된 행동을 하면 교사에게 알리도록 배운다. 하지만 긍정적 또래 보고의 목적은 그 반대로, 친구들의 긍정적인 행동을 찾아 교사에게 보고하도록 장려하는 것이다. 이 프로그램에서 대상으로 삼는 학생은 보통 주목을 받기 위해 일부러 친구들을 귀찮게 하거나, 과거에 했던 방해적·반항적 행동 이력으로 인해 사회적으로 고립된 경우가 많다. 긍정적 또래 보고에 참여하는 급우들은 부정적 행동 대신, 친절하고 협력적인 행동을 보이는 친구에게 주의를 기울이고 칭찬하도록 훈련받는다. 로버츠 선생님은 알렉스, 트레이시, 하이디, 라이언에게 적합한 선택적 중재 전략으로 긍정적 또래 보고를 선택했다.

로버츠 선생님은 먼저 학급 전체 학생들에게 서로를 칭찬하는 방법을 가르치는 수업을 진행한 뒤, 매일 긍정적 또래 보고 활동을 실시했다. 교실 벽에는 칭찬 표현의 예시가 담긴 포스터를 붙여두었고, 학생들에게 긍정적 또래 보고를 잘 활용하면 학급 전체가 함께 받을 수 있는 보상이 있다고 설명했다. 매일 네 명의 대상 학생 중 두 명이 '오늘의 학생'으로 뽑혀, 친구들로부터 칭찬을 받도록 했다. 알렉스, 트레이시, 하이디, 라이언은 돌아가면서 '오늘의 학생' 역할을 맡았다. 하루 동안 다른 학생들은 이 두 명을 칭찬할 때마다 점수를 얻었고, 로버츠 선생님은 칭찬 횟수를 칠판에 표시했다. 학급이 목표한 칭찬 점수에 도달하면, 보상으로 휴식 시간 10분 연장, 작은 사탕, 하교 전 자유 시간 10분 같은 단체 보상을 받았다.

긍정적 또래 보고 활동을 4주 동안 운영한 뒤, 로버츠 선생님은 네 명의 학생 중 세 명(알렉스, 하이디, 트레이시)에서 뚜렷한 행동 변화를 관찰했다고 보고했다. SSBS-2 검사 결과도 이를 뒷받침했는데, 알렉스는 사회적 역량이나 문제행동 척도에서 더 이상 위험 수준을 보이지 않았다. 하이디 역시 '또래 관계'와 '자기 관리/규칙 준수' 영역에서 점수가 개선되어 평균 수준에 도달했으며, 학업 행동 점수도 향상되었다. 비록 여전히 위험 범주에 속하긴 했지만, 로버츠 선생님은 하이디의 발전이 앞으로도 계속 이어질 것이라고 확신했다. 트레이시는 '적대적/예민한 행동'과 '반사회적/공격적 행동'에서 모두 의미 있는 개선을 보였다.

결과

그림 10.2는 긍정적 또래 보고 활동 기간 동안 매주 기록된 또래 칭찬 횟수를 보여주는 그래프다. 프로그램 초반에는 학생들이 절차에 익숙해지고, 친구의 긍정적인 행동을 알아보는 법을 배우는 중이었기 때문에 칭

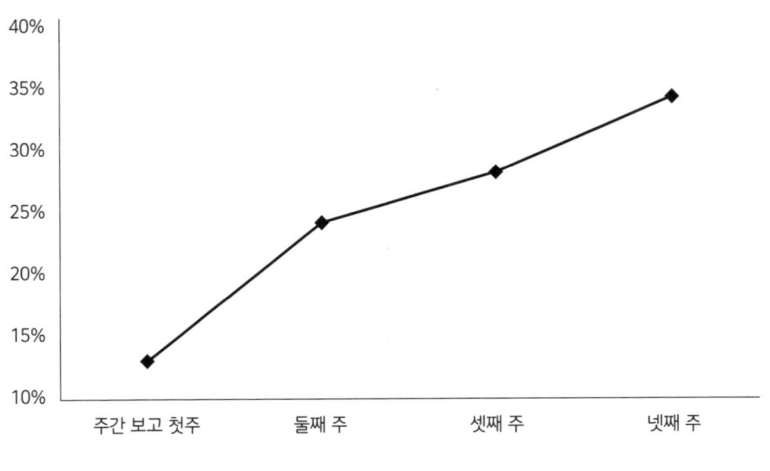

그림 10.2 긍정적인 보고 총합

찬 보고 횟수가 적었고, 대상 학생들은 하루 평균 1~3번 정도 칭찬을 받았다. 그러나 시간이 지나면서 학생들의 보고 빈도는 두 배 이상 늘어, 대상 학생들은 하루 평균 3~5번 칭찬을 받게 되었다. 또래 칭찬 횟수를 가장 많이 받은 학생은 트레이시와 하이디였으며, 그 뒤를 알렉스, 그리고 라이언이 따랐다.

추가로 수집된 자료에 따르면, 대상 학생들의 부정적 또래 상호작용이 전반적으로 감소한 것으로 나타났다(그림 10.3 참고). 알렉스는 주간 평균 12회에서 4회로, 트레이시는 14회에서 3회로, 하이디는 13회에서 2회로 줄었다. 세 학생 모두 자신이 학급 활동에 더 많이 참여하고 있다고 느꼈으며, 특히 '오늘의 학생'으로 뽑힌 날에는 서로를 칭찬하는 빈도가 더 높아졌다고 답했다. 로버츠 선생님은 모둠 활동에서도 친구를 돕는 행동이 늘어났다고 보고했다. 이 결과를 종합해 볼 때, 알렉스, 트레이시, 하이디에게 긍정적 또래 보고 중재는 성공적이었다고 평가되었다. 로버츠 선생

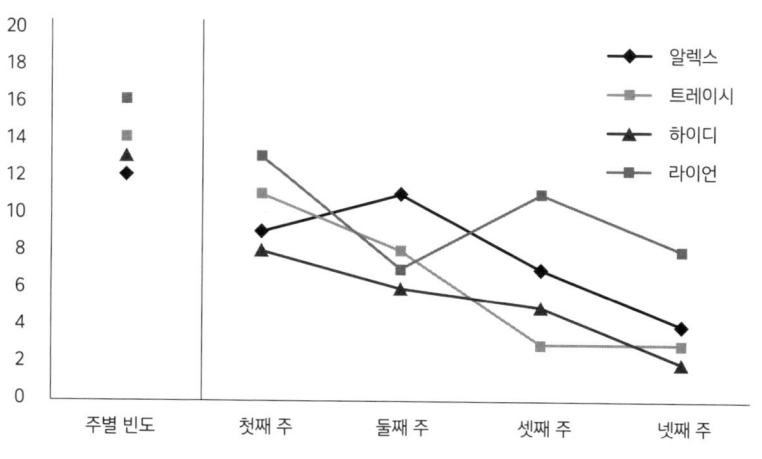

그림 10.3 부정적인 또래 상호작용

님은 여전히 이들의 행동을 지켜보며 적절한 행동을 보일 때마다 칭찬해 주고, 그 행동을 스스로 떠올릴 수 있도록 상기시켜 주었지만, 이제는 별도의 공식 중재 계획이 더 이상 필요하지 않다고 판단했다.

라이언은 4주간의 중재가 끝날 때 부정적 또래 상호작용이 16회에서 8회로 줄기는 했지만(그림 10.3 참고), 그 변화 폭은 알렉스, 트레이시, 하이디에 비해 들쭉날쭉했고 안정적이지 않았다. SSBS-2 검사 결과에서도 다른 세 학생보다 개선 정도가 적게 나타났다. 구체적으로, 라이언의 '적대적/예민한 행동'과 '반사회적/공격적 행동' 점수는 평균 수준으로 향상되었으나, '또래 관계', '자기 관리/규칙 준수', '반항적/방해하는 행동' 영역 점수는 여전히 위험 또는 고위험 수준에 머물러있었다.

라이언은 여전히 일주일에 두 번 정도는 친구에게 욕을 하거나 화가 나면 교사의 지시를 따르지 않아 교실 밖으로 나가야 했다. 로버츠 선생님은 긍정적 또래 보고 활동만으로는 라이언에게 충분하지 않다고 판단했으며, 수집한 자료도 라이언이 충분히 나아지고 있지 않다는 것을 보여주었다. 결국 선생님은 라이언이 추가적인 지원을 받을 수 있도록 학교 심리학자에게 의뢰하였다.

:: 3단계 개별화된 사회정서학습 중재

학생 이름: 라이언

학년: 5학년

문화적 배경: 흑인

성별: 남

배경 정보

로버츠 선생님의 5학년 학급 학생인 열한 살 라이언은 교실에서 보이는 반항적이고 충동적인 행동 때문에 개별적인 사회정서학습 중재가 필요하다고 판단되어 학교 심리학자에게 의뢰되었다. 라이언은 4학년 때 소아과 의사로부터 ADHD와 적대적 반항장애 진단을 받았지만, 이번 의뢰 시점에는 약물 처방은 받지 않고 있었다. 기록을 살펴보니, 학교생활 전반에서 교사의 지시를 따르지 않거나 또래와 갈등을 일으키는 행동이 반복되고 있었다. 다만 학업 능력에는 큰 문제가 없어 유급이나 별도의 학업 지원을 받은 적은 없었다. 로버츠 선생님은 학기 초부터 라이언이 친구들에게 '괴롭히는 애'로 불렸으며, 매일 잦은 말다툼을 벌였다고 했다. 이러한 행동 때문에 라이언은 자주 교장실에 가거나 교실 밖으로 나가 진정하는 시간을 가져야 했다. 수업 시간에도 과제에 집중시키거나 친구를 방해하지 않도록 계속 주의를 줘야 했는데, 이 과정에서 라이언은 종종 교사와 언쟁을 벌이며 과제를 끝내지 못하곤 했다.

평가

기능적 행동 평가

라이언에게 더 효과적인 개별 중재를 제공하기 위해, 학교 심리학자는 먼저 기능적 행동 평가를 실시했다. 이는 라이언의 문제행동이 왜 나타나는지 그 목적과 원인을 파악하고, 그 결과를 바탕으로 행동 기능에 맞는 중재를 설계하기 위함이었다. 평가 과정에는 라이언의 교사들과의 면담, 여러 차례의 행동 관찰, 그리고 교사들이 직접 기록한 행동 평정 자료가 포함되었다.

교사 면담

학교 심리학자는 먼저 학년 협의회에서 라이언의 교사들과 심층 면담을 진행했다. 교사들의 말에 따르면 라이언의 문제행동은 특정 과목이나 시간대에 한정되지 않았고, 전체 수업 활동이나 개별 과제 수행 시간에 가장 자주 나타났다. 이때 라이언은 교실을 돌아다니며 친구들과 수업과 무관한 이야기를 하거나 과제를 피하려는 모습을 보였다. 교사가 주의를 주면, 화를 내며 교사를 향해 부적절한 말을 하거나 지시를 거부하기도 했다. 또래와의 관계에서도 라이언은 자주 욕설을 하거나 다툼을 일으켰다.

체계적인 직접 관찰

교사 면담 이후, 학교 심리학자는 라이언의 교실 내 행동을 세 차례 직접 관찰했다.

첫 번째 관찰: 라이언은 수업에 집중한 시간이 13%, 산만했던 시간이 20%, 그리고 방해 행동을 한 시간이 67%였다. 그는 수업 중 큰 소리로 말하거나 교실을 돌아다니며 친구들의 학습을 방해하고, 해야 할 과제를 제쳐둔 채 교사 책상으로 다가가는 등 관심 끌기 행동을 보였다.

두 번째 관찰: '집중 58%, 산만함 9%, 방해 행동 33%'로 방해 행동 대부분은 불필요하게 말참견하는 것이었지만 세 번은 친구의 이름을 놀리거나 과제를 조롱하기도 했다.

세 번째 관찰: '집중 67%, 산만함 12%, 방해 행동 21%'로 관찰 막바지에는 한 여학생에게 다가가 귀에 무언가 속삭였고, 여학생은 불편해하며 교사에게 자리 바꾸기를 요청했다. 교사가 라이언에게 "잠시 복도에서 쉬다 오렴"이라고 지시하자, 라이언은 교사에게 욕설을 했고 결국 교장실로 보내졌다.

학교 내 사회적 행동 평가 도구 제2판 SSBS-2

로버츠 선생님은 라이언의 사회적 유능성과 문제행동 변화를 살펴보기 위해 긍정 또래 보고 활동을 시작하기 전과 끝난 뒤에 SSBS-2 검사를 실시했다. 그러나 긍정 또래 보고 이후에도 라이언은 '또래 관계', '자기 관리/규칙 준수', '반항적/방해하는 행동' 영역에서 여전히 높은 위험 수준을 보였다. 이에 로버츠 선생님은 라이언을 대상으로 3단계(개별) 행동 중재를 4주 동안 운영한 뒤, 변화 여부를 확인하기 위해 다시 SSBS-2를 실시했다.

행동 기능에 대한 가설

라이언이 보인 지시 불이행, 과제 회피, 수업 방해 행동은 주로 그가 좋아하지 않는 과제나 전체 수업 상황, 혹은 일정 시간 동안 친구나 교사에게서 관심을 받지 못했을 때 나타났다. 그리고 이런 행동 뒤에는 대개 교사의 주의(예: 꾸짖거나 반응해 주는 것), 또래의 관심, 또는 교장실에 가서 받는 교직원의 주의가 따라왔다. 기능적 행동분석 자료를 종합한 결과, 라이언의 방해 행동은 결국 교사와 또래의 관심을 얻는 것이 주요한 유지 요인이라는 가설이 세워졌다.

개입

라이언을 위한 중재 계획은 여러 가지 요소로 이루어져 있으며, 이들을 함께 적용했을 때 그의 심각한 문제행동을 다루는 데 필요한 개별 맞춤형 지원을 제공할 수 있었다. 각 요소의 구체적인 내용은 아래와 같다.

문제행동과 동시에 할 수 없는 올바른 행동을 강화하기

라이언을 위한 핵심 중재 전략은 그의 문제행동이 왜 나타나는지를 분석한 결과에 직접적으로 맞추어 설계되었다. 기능적 행동분석 결과, 라이언의 행동은 친구들이나 교사가 주는 관심 때문에 유지되고 있었다. 그래서 교사와 또래에게서 긍정적인 주목을 받을 수 있는 적절한 행동을 늘려주는 계획이 세워졌다. 여기서 사용된 대체행동 차별강화 전략DRI 은 문제행동과 동시에 일어날 수 없는 행동을 강화하는 방식이다. 즉, 올바른 행동에는 칭찬과 주목을 제공하지만, 문제행동이 나타날 때는 강화

(관심·칭찬)를 주지 않는 것이다. 라이언의 경우, 차분히 있기, 친절한 말 사용하기, 친구를 돕는 등 친사회적 행동하기, 교사의 지시 따르기, 자기 과제 끝내기 같은 행동에 강화와 관심을 주었다. 반면, 이전처럼 관심을 끌기 위해 보였던 부정적 행동에는 주의나 칭찬을 주지 않았다. 대체행동 차별강화 전략 중재는 '구체적 칭찬 제공, 문제행동에 대한 계획된 무시, 행동 차트를 활용해 대체행동을 강화하기, 개별 세션을 통해 적절한 대안 행동을 다시 가르치고 점검하기'로 이뤄졌다.

구체적인 칭찬

라이언의 담임 교사들은 수업 시간 내내 그의 행동을 지켜보면서, 지시를 잘 따르거나 과제를 끝내고 제출하는 행동, 차분히 있기, 친구를 돕거나 함께 협력하는 행동이 나타날 때마다 빠짐없이 구체적으로 칭찬해 주었다. 이 칭찬은 학업적인 태도뿐 아니라 사회적인 행동에도 모두 적용되었다. 또한 긍정 또래 보고 활동을 통해 이미 서로를 칭찬하는 법을 배운 라이언의 친구들에게는, 라이언이 바람직한 행동을 했을 때 하이파이브를 해주거나 "좋았어!", "고마워!" 같은 긍정적인 말을 건네며 계속해서 그를 인정하도록 독려했다.

계획된 무시

라이언이 친구를 놀리거나 수업 중에 부적절하게 소리칠 때, 교사와 아이들의 자연스러운 반응은 라이언의 행동에 즉시 대응하는 것이었다. 그러나 이런 반응은 오히려 라이언이 원했던 부정적인 관심을 제공해 주어 그의 행동을 강화하는 결과가 되었다. 이 상황을 바꾸기 위해, 교사와 친구들은 라이언의 사소한 부적절한 행동에는 반응하지 않기로 했다. 친구들에게는 라이언의 말에 대응하지 않고 무시하도록 지도했고, 교사들이 이미 그의 발언을 알고 있다는 사실을 알려주어 안심시켰다. 교사들은 필요할 때만 간단하고 직접적으로 라이언에게 해야 할 올바른 행동을 상기시켰고, 그 외의 관심 끌기 행동에는 의도적으로 반응하지 않았다.

행동 평정 기록표

로버츠 선생님은 이미 행동 평정을 통해 라이언의 행동을 기록하고 보고하는 체계를 갖추고 있었다. 이를 조금 수정해 '일일 행동 기록표'라는 중재 도구로 활용하였다. 이 차트는 라이언이 하루 동안 자신의 행동에 대해 꾸준히 피드백을 받을 수 있도록 돕는 역할을 했다.

매일 아침, 로버츠 교사는 라이언과 함께 전날의 행동을 살펴보며, 주간 말에 상을 받기 위해 달성해야 할 목표와 해야 할 행동을 다시 확인했다. 수업 중 교사들은 평소처럼 규칙 위반을 체크했지만, 하루가 끝날 때 몰아서 피드백을 주는 대신 각 교시가 끝날 때마다 즉시 주었다. 그 시간 동안 몇 개의 체크를 받았는지, 어떤 점을 잘했는지 알려주고, 다음에는 어떻게 다르게 행동해야 할지도 짚어주었다. 하루가 끝나면 라이언은 자신의 행동 점수를 부모에게 보여주고 함께 확인하도록 집으로 가져갔다.

대처 기술과 친사회적 행동의 명시적 지도

라이언은 매주 학교 심리학자와 개별 상담 시간을 가졌다. 이 시간의 목적은 라이언이 힘들거나 난감한 사회적 상황에서 적절히 대응할 수 있는 도구를 갖추도록 돕는 데 있었다. 심리학자는 이전에 배운 내용을 라이언과 다시 살펴보고, 필요한 경우 새로운 내용을 보충하여 대처 방법, 이완 기술, 자기 인식, 친사회적 행동을 할 수 있는 대체 전략을 가르쳤다.

결과

라이언을 대상으로 한 3단계 기능 기반 개별 중재의 결과, 4주에 걸쳐 그의 행동이 꾸준히 변화하는 모습이 나타났다. 그림 10.4의 대체행동 차별강화 자료를 보면, 라이언은 화가 날 때 감정을 가라앉히기 위해 대처 전략을 활용하는 빈도가 늘었고, 친절하게 말하기, 교사 지시 따르기, 과제 완성하기도 함께 증가했다. 그에 따라 이전에 보였던 또래 방해, 지시 거부, 부적절한 언어 사용 같은 문제행동은 크게 줄어들었다. 라이언은 친구들에게 욕설을 하는 일이 드물어졌고, 교사가 부정적인 행동을 지적했을 때 분노로 맞받아치는 경우도 훨씬 줄어들었다.

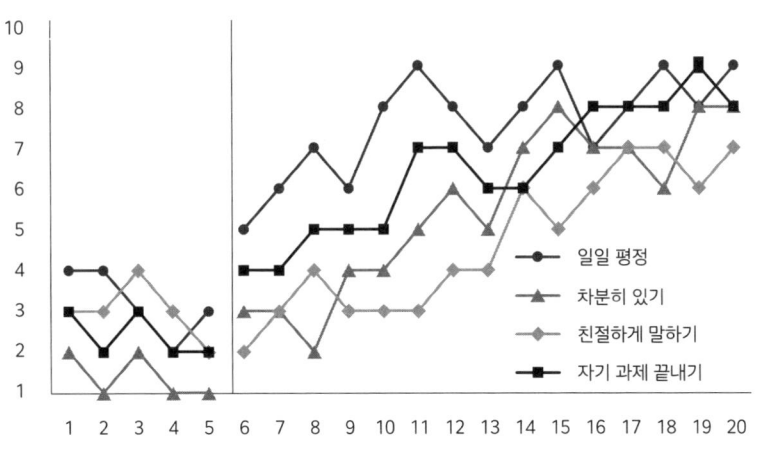

그림 10.4 라이언의 일일 행동 평정

또한, 라이언의 SSBS-2 점수는 긍정적 또래 보고 중재를 실시하기 전과 비교했을 때 큰 변화를 보였다. 즉, 초기에는 여러 영역에서 높은 위험 수준을 보였지만, 4주 동안 진행된 3단계 개별 중재가 끝날 때는 점수가 크게 낮아졌다. 이러한 척도와 하위 영역 점수의 변화는 표 10.3에 제시되어 있다.

4주간의 개별 중재 후, 라이언은 목표로 했던 모든 행동에서 전반적으로 나아졌다. 하지만 로버츠 선생님의 보고에 따르면, 라이언은 여전히 수업 중 말하기 전에 손 들기와 교사가 훈계할 때 침착함 유지하기에서 어려움을 보였다. 가끔은 친구들에게 부적절한 말을 하기도 했고, 교사의 지시를 처음부터 바로 따르도록 계속 상기가 필요했다. 이러한 상황을 종합해 볼 때, 로버츠 선생님과 학교 심리학자는 라이언이 보여준 진전은 인정하되, 지속적인 지원이 필요하다고 보고 중재의 여러 요소들을 조금씩 줄여 나가기로 했다.

로버츠 선생님과 다른 5학년 교사들은 먼저 행동 기록표 운영 방식을 줄이는 것부터 시작했다. 이제는 매 수업이 끝날 때마다가 아니라, 하루

범주		긍정 또래 보고 중재 이전	긍정 또래 보고 중재 이후	3단계 이후
사회적 역량	또래 관계	고위험	위험	평균
	자기 관리/규칙 준수	고위험	고위험	위험
	학업 수행	평균	평균	평균
반사회적 행동	적대적/예민한	고위험	평균	평균
	반사회적/공격적	고위험	평균	평균
	반항적/방해하는	고위험	고위험	위험

표 10.3 라이언의 SSBS-2 사회적 기능 수준

가 끝날 때만 라이언에게 행동 점수에 대한 피드백을 주었다. 교사들은 라이언이 성취한 변화를 유지하는 데 효과적이고 교실에서 쉽게 적용할 수 있었기 때문에, 대체행동 차별강화 전략을 계속 활용했다. 학교 심리학자 역시 라이언과의 개별 상담 횟수를 점차 줄여, 결국 필요할 때만 진행하는 방식으로 바꾸었다.

:: 1단계 집단 보상 체계를 활용한
놀라운 시절 프로그램

교사 이름: 밀러

학급: 특수학급

대상 학생 학년: 초등학교 2학년

배경 정보

정서와 행동에 큰 어려움을 보이는 초등 저학년 학생들이 교외 학군의 한 초등학교에서 밀러 선생님이 맡고 있는 특수학급에 배정되었다. 이 학급의 학생들은 주로 ADHD와 관련해 '정서장애' 또는 '기타 건강장애'로 특수교육 지원을 받았다. 수학이나 읽기 같은 기본 교과 시간 외에도, 일과표에는 사회적 행동 수업 시간이 따로 마련되어 있었다. 이 수업은 약 30~45분 동안 진행되었으며, 학생들의 정서·행동 문제를 다루기 위해 사회적 기술을 배우고, 함께 이야기하며, 실제로 연습하는 활동으로 구성되었다. 총 10명의 학생(유치원~2학년, 5~8세)이 이 수업에 참여했으며, 그중에는 학습장애와 더불어 정서·행동 문제가 함께 있는 학생들도 있었다.

이 학생들에게서 흔히 나타난 문제행동은 친구와의 부정적인 상호작용(말다툼, 싸움), 교사에게 보이는 언어적 공격(욕설, 무례한 말투), 그리고 특히 좌절감과 분노를 다루기 어려워하는 감정 조절 문제였다. 학교 관리자는 이러한 문제를 해결하기 위해 사회적 행동 수업 시간에 사회정서학습 교육과정을 적용해 사회적 기술과 감정·행동 조절을 가르치는 것이 효과적일 것이라고 판단했다. 그래서 학교에서는 밀러 선생님이 모든 학생에게 적용할 수 있도록 놀라운 시절 아동 훈련 프로그램The Incredible Years Child Training Program의 교실 기반 공룡 학교 교육과정Classroom Dinosaur School Curriculum을 들여왔다. 관리자가 '공룡 학교'를 선택한 이유는 이 프로그램이 감정 이해와 인식, 문제 해결, 분노 조절, 친구 관계 형성 및 유지와 같은 핵심 기술을 배우도록 돕는 데 중점을 두고 있기 때문이다.

평가

요구 평가

교재를 받은 뒤, 밀러 선생님과 학교 관리자는 여러 차례 만나 학급에서 꼭 필요한 부분이 무엇인지, 또 '공룡 학교'의 7개 단원에 포함된 약 60개의 수업 중 어떤 수업이 학생들에게 가장 효과적일지를 함께 논의했다. 밀러 선생님이 가장 크게 걱정한 것은 또래 간 갈등이었다. 특히 학생들이 친구와 상호작용할 때 좌절을 다루는 방법과 사회적 문제를 해결하는 방법을 배울 기회를 주는 것이 중요하다고 보았다. 실제로, 징계 기록의 대부분은 친구 사이의 말다툼이나 신체적 공격 때문에 발생했다. 그래서 밀러 선생님과 관리자는 이러한 문제행동을 먼저 다루기 위해, 관련된 '공룡 학교' 수업부터 바로 시작하기로 하고, 나머지 수업은 학기 동안 차례대로 진행하기로 했다.

학급의 요구를 파악한 뒤, 교사와 관리자는 다시 교육과정을 살펴보며 여러 수준 중 어떤 수업이 아이들의 발달 단계에 맞는지, 준비 시간과 자료를 고려했을 때 어떤 활동이 현실적으로 가능한지, 그리고 수업이 학생들의 강점과 능력에 잘 맞는지를 검토했다. 밀러 선생님의 학생들은 움직임이 있는 활동을 좋아했기 때문에, 교사는 매 수업마다 학생들이 서로 상호작용하고, 교실을 돌아다니며, 직접 활동을 해볼 수 있는 기회를 꼭 넣으려고 했다. 이렇게 하자 학생들은 기술을 더 많이 연습할 수 있었고, 친구들과 어울리면서 교사에게서 피드백도 받을 기회가 늘어났다.

평가 절차

수업과 활동을 고른 뒤, 밀러 선생님과 관리자는 이 프로그램이 학생들에게 실제로 효과가 있는지 확인하는 방법을 논의했다. 두 사람은 가을 학기 동안 학생들의 징계 기록과 일일 행동 평정 점수를 계속 살펴보기로 했다. 만약 학생이 징계를 두 번 이상 받고, 또는 일일 행동 평정의 평균이 D 이하라면, 프로그램에 충분히 반응하지 않은 것으로 보았다. 그리고 초겨울에 다시 만나 데이터를 검토하고 논의한 뒤, 더 강한 지원이 필요한 학생이 있는지 결정하기로 했다.

개입

공룡 학교

밀러 선생님은 한 학년 동안 매주 두 차례, 30~45분 정도씩 '공룡 학교' 수업을 진행했다. 수업은 먼저 약 20분간 원형으로 앉아 새로운 기술을 배우는 시간으로 시작했고, 이어서 아이들이 그 기술을 실제로 연습할 수 있도록 작은 모둠이나 큰 모둠 활동으로 이어졌다. 이때 활용된 자료와 활동에는 짧은 DVD 영상과 토론, 인형극, 신호 카드 같은 시각 자료, 게임, 노래 등이 있었다. 수업이 끝난 뒤에도 밀러 선생님은 교실 속 다양한 상황에서 아이들이 새로 배운 기술을 사용하도록 계속 상기시켰다. 또한 기술 습득을 강화하기 위해, 매주 학부모에게는 그 주에 배운 기술을 설명하는 가정통신문을 보냈다. 학부모는 아이와 함께 관련된 숙제를 집에서 수행하도록 하여 가정에서도 연습이 이어지도록 했다.

모두 함께 해야 보상을 받는 집단 보상 체계

밀러 선생님은 아이들이 '공룡 학교' 수업에서 배운 기술을 교실에서 실제로 쓸 수 있도록 학교 행동 중재 전문가와 함께 '학급 전체 보상 체계'를 만들고 실행했다. 밀러 선생님은 많은 아이들이 기술을 아예 모르는 것이 아니라 이미 알고 있음에도 불구하고 실제 상황에서 잘 사용하지 않는다(수행 결손)는 점을 알았기 때문에, 아이들이 기술을 쓰도록 추가적인 동기부여가 필요하다고 판단했다.

　그래서 매 수업이 끝난 뒤, 밀러 선생님은 교실에서 학생들을 관찰하며, 누군가가 수업에서 배운 사회적 행동을 보이면(예: 감정 이름을 붙여 적절히 감정을 표현하기), 칠판에 표시를 하나씩 했다. 하루가 끝날 때까지 학급이 일정한 개수의 표시를 모으면, 학생들은 '보물 상자에서 보상 선택하기, 10분간 컴퓨터 자유 시간, 조용히 게임하기' 중에서 보상을 고를 수 있었다. 하지만 목표를 달성하지 못하면 보상은 주어지지 않았다. 밀러 선생님이 설정한 교실의 행동 목표에 맞게, 이 보상 체계는 학생들의 적절한 사회적 행동을 늘리고 문제행동은 줄이는 것을 목표로 했다.

결과

겨울 초, 밀러 선생님과 학교 관리자는 '공룡 학교' 프로그램을 활용한 사회적 행동 수업의 학생 변화를 논의하기 위해 만났다. 이 자리에서 관리자는 밀러 선생님에게 프로그램의 수용성, 실행 가능성, 효과성에 대한 전반적인 의견을 물었다. 밀러 선생님은 대부분의 학생들이 행동에서 뚜렷한 향상을 보였다고 답했다. 밀러 선생님은 프로그램을 실행하는 데 필요한 시간과 노력이 들긴 하지만, 얻는 성과가 그것을 충분히 상쇄한다고 설명했다. 학생들은 대체로 수업에 잘 참여했고, 실제로 기술을 배우고 있는 모습이었다. 밀러 선생님이 "감정을 다스리는 방법을 말해볼까요"라고 했을 때, 모든 학생이 최소 한 가지 이상 올바른 전략을 답할 수 있었다. 또한 학생들끼리 긍정적인 상호작용을 하는 모습이 이전보다 많아졌다고 했다. 밀러 선생님은 학년이 끝날 때까지 이 프로그램을 계속 운영하고 싶다고 밝혔지만, 동시에 여전히 일부 학생들의 지속적인 문제행동은 걱정된다고 덧붙였다.

관리자는 가을 학기 동안의 징계 기록과 행동 평정 점수를 모아 정리해 보여주었다. 그 결과, 학급의 평균 행동 평정은 B 수준, 학생 한 명당 평균 징계 기록은 2.1회(범위 0~7회, 총 21회)였다. 표 10.4는 가을 학기 시작과 끝을 비교한 것이다. 특히 10월의 징계 기록을 살펴보니, 학생들이 또래와 교사 모두에게 불순응하거나 언어적 공격을 한 경우가 많았다. 이 데이터를 토대로, 밀러 선생님과 학교 관리자는 징계 기록이 2회 이

	8월	10월
총 징계 횟수	10	6
평균 행동 평정 점수	B	B

표 10.4 밀러 선생님 학급의 징계 기록과 행동 평정 점수

상이거나 평균 행동 평정이 D 이하인 세 명의 학생에게 추가적인 중재가 필요하다고 판단했다.

'공룡 학교' 프로그램이 좋은 성과를 보이자, 밀러 선생님은 학년이 끝날 때까지 사회적 행동 수업을 할 때 이 교육과정을 계속 활용했다. 이와 함께 일부 학생들은 소집단이나 개별 지도를 통해 2단계, 3단계 중재도 받았다. 교사와 관리자는 학급에서 발생한 징계 기록 횟수와 원인이 된 행동 유형을 꾸준히 살펴보았다.

비록 데이터상으로는 평균 행동 점수에 큰 변화가 나타나지 않았지만, 밀러 선생님은 친구 사이의 부정적인 상호작용이 줄었다고 관찰했다. 이 수업의 핵심 목표는 학생들이 부정적 감정을 다루고 사회적 문제를 해결하는 기술을 기르는 것이었고, 밀러 선생님은 '공룡 학교'와 학급 전체 보상 체계를 함께 적용하면서 아이들이 이 부분에서 점점 나아지고 있다고 평가했다. 두 가지 중재를 함께 활용한 것이 학생들의 습득 결손(기술 부족)과 수행 결손을 해결하는 데 효과적이었던 것이다.

밀러 선생님은 학년 내내 새로운 기술을 가르치고, 이미 배운 기술도 계속 복습시켰다. 또, 학급 전체 보상 체계를 정기적으로 수정하여 아이들이 가장 잘 쓰지 못하거나 적용에 어려움을 겪는 기술을 집중적으로 다루도록 했다.

:: 1단계 보편적 '칭찬 고자질' 중재

교사 이름: 필립스

과목: 국어와 사회

대상 학생 학년: 중학교 1학년

배경 정보

필립스 선생님은 공립 중학교 7학년을 맡고 있는 일반 학급 교사로, 교실의 문제행동 때문에 학교 심리학자에게 도움을 요청했다. 교직 2년 차인 필립스 선생님은 새로운 학급 운영 전략을 배우고 싶어 했다. 특히 담임을 맡은 반 학생들의 행동을 가장 걱정했는데, 그들은 하루의 첫 교시와 마지막 교시에 가르치는 아이들이었다. 필립스 선생님이 보고한 문제는 학급에서 자주 나타나는 수업 방해 행동과 언어적·관계적 공격이었다. 그녀는 반 아이들을 지도하느라 지나치게 많은 시간을 쓰고 있으며, 그 때문에 수업할 시간이 없다고 느꼈다. 또, 몇몇 학생들은 쉬는 시간에 화장실처럼 교사의 눈을 벗어나는 장소에서 누가 누구를 괴롭힌다고 알리러 오곤 했다. 구체적으로 수업 방해 행동에는 수업 시간에 떠드는 것, 허락 없이 자리를 이탈하는 것 등이 포함되었고, 부정적 또래 상호작용은 친구를 대화에 끼워주지 않거나 말로 다투는 것이 많았다. 이 과정에서 종종 부적절한 발언이나 위협적인 말도 오갔다.

평가

교실 관찰

필립스 선생님의 교실에서 나타나는 행동 문제와 관계적 어려움의 성격을 더 명확하게 이해하고, 교사의 학급 운영 방법을 점검하기 위해 학교 심리학자가 관찰을 진행했다. 중재에 들어가기 전, 교실 점검Check-Up 관찰법(Reinke, Herman, & Sprick, 2011)을 활용해 학급 운영을 세 차례, 각 10분씩 관찰했다. 이 방법은 10분 동안 교사가 얼마나 자주 학생에게 반응 기회를 주는지, 칭찬을 하는지, 꾸지람을 하는지를 기록하는 도구이다. 관찰 결과, 필립스 선생님은 다양한 방법으로 학생들에게 자주 반응할 기회를 주었다. 하지만 학생이 수업을 방해할 때는 부정적 피드백과 엄격하고 비판적인 말투로 대응하는 모습이 주로 보였다. 반대로 학생이 올바른 학업적 반응을 했을 때는 칭찬하는 경우가 드물었다. 평균적으로 칭찬 한 번당 부정적 피드백 세 번을 하는 패턴이 나타났다.

교실 점검 체계는 교사가 학생이 얼마나 정확히 반응했는지, 또 방해 행동이 얼마나 자주 나타났는지도 함께 기록할 수 있다. 전체적으로 살펴본 결과, 학생들은 분당 평균 4회의 방해 행동을 보였다. 가장 흔한 모습은 수업이나 개별 학습 시간에 친구와 말로 다투는 것이었다. 아이들은 직접적으로 혹은 간접적으로 서로 위협하거나 부정적인 말을 주고받았다. 특히 여학생 몇 명이 속한 집단에서는 관계적 공격이 두드러졌는데, 예를 들어 친구의 수행을 빈정대는 말투로 비난하거나, 대화 중에 눈을 굴리는 행동이 관찰되었다. 처음 세 차례의 관찰에서 학생의 75% 이상이 언어적 공격이나 방해 행동에 참여했다. 이러한 관찰 결과는 중재를 통한 변화 정도를 가늠하기 위한 기준선이 되었다. 이후 학교 심리학자는 중재 효과를 확인하기 위해 오전과 오후 수업을 대상으로 매주 두 차례 관찰을 이어가며 학생들의 방해 행동 발생률을 기록했다.

친사회적 행동

긍정적 행동의 기준선을 세우기 위해, 필립스 선생님은 오전과 오후 수업 시간에 학생들이 친사회적 행동을 얼마나 자주 하는지를 기록했다. 여기서 친사회적 행동은 친구를 돕는 행동, 친구의 학업적 성취나 장점을 칭찬하는 말, 그 외에 다른 학생에게 보이는 친절하거나 존중하는 행동으로 정의했다. 3일 동안 두 차례 수업을 기록한 결과, 학급 전체의 친사회적 행동은 하루 평균 10회 정도 나타났다. 필립스 선생님은 모든 학생이 가끔씩은 적절한 행동을 보였다고 보고했는데, 이는 아이들이 실제로는 서로 바람직하게 관계 맺을 수 있는 기술은 갖고 있지만 스스로 잘 활용하지 않는다는 것을 보여준다. 필립스 선생님은 이후 중재가 진행되는 동안에도 오전과 오후 수업에서 나타난 친사회적 행동의 횟수를 계속 기록해, 학생들의 변화 정도를 확인했다.

개입

학생의 4분의 3 이상이 부적절한 행동을 보였으므로, 학교 심리학자는 학급 전체를 대상으로 하는 중재가 필요하다고 판단했다. 이렇게 해야 방해 행동을 줄이고, 아이들 사이의 긍정적인 상호작용을 늘릴 수 있기 때문이다.

칭찬 고자질

학교 심리학자는 필립스 선생님에게 '칭찬 고자질tootling'이라는 학급 전체 중재 방법을 실행하도록 했다. 칭찬 고자질은 학생들이 친구의 올바른 교실 행동이나 친사회적 행동을 '고자질하듯 보고'하도록 장려하는 기법으로, 보고한 행동을 교사가 강화해 주는 방식이다. 필립스 선생님이 활용한 절차는 원래 스키너Skinner와 동료들(2000)의 중재 방법을 일부 수정한 것이다. 이후, 필립스 선생님은 자신의 반에 칭찬 고자질을 도입하고 '가르치기 – 보여주기 – 연습하기' 방식으로 학생들에게 방법을 가르쳤다. 아이들에게 칭찬 고자질은 수업 규칙을 지키는 친구를 알려주는 것(예: 발언 전에 손 들기, 수업에 참여하기)이라고 설명했고, 또 친구나 교직원에게 도움을 주거나 친절한 말을 하는 것을 보고하는 것이라고도 설명했다. 아이들의 발달 수준을 고려해, 필립스 선생님은 '칭찬 고자질' 대신 '자랑하기'라는 이름으로 활동을 소개했다. 절차의 다른 부분은 수정하지 않았다.

필립스 선생님은 아이들에게 칭찬 고자질 방법을 가르치고 일정 기간 연습시킨 뒤, 매일 칭찬 고자질 활동을 운영했다. 운영 방식은 다음 세 가지였다.

- 조회 시간마다 활동 규칙을 다시 확인한다.
- 친구 칭찬하기를 떠올리고 실천하도록 계속 상기시킨다.
- 정해진 기준을 달성했을 때 학급 보상을 제공한다.

아침 종이 울리면 학생들은 칭찬 고자질을 시작할 수 있었다. 친구가 바람직하거나 친사회적인 행동을 하는 것을 보았을 때, 즉시 포스트잇이나 카드에 기록했다. 기록에는 그 행동을 한 친구의 이름, 어떤 행동을 했는지 간단히 적은 설명, 그리고 작성한 자기 이름을 적었다. 필립스 선생님은 책상 옆에 '칭찬 고자질 상자'(그 반에서는 '자랑 상자')를 두고, 학생들이 정해진 시간마다 기록한 카드를 넣도록 했다. 아이들은 수업 시간에 관찰한 친구들의 모든 긍정적인 행동에 대해 자유롭게 보고할 수 있었다.

필립스 선생님은 아이들에게 학급 전체가 하루에 30개의 올바른 칭찬 고자질을 모아야 오후 보상을 받을 수 있다고 안내했다. 또, 누군가 부적절한 칭찬 고자질을 제출하면 칭찬 고자질 점수에서 1점을 감점한다고 규칙을 정했다. 하교 전, 교사는 상자 속 카드를 세어 기준을 달성했는지 확인했다. 목표를 달성하면, 학급 전체 학생들에게 보상이 주어졌다. 보상은 학생들이 좋아하는 것으로 마련했는데, 예를 들어 수업 시간에 자판기 간식을 먹을 수 있게 하거나, 숙제 면제권, 10분간의 자유 놀이(추가 휴식 시간), 혹은 보상 포인트 등을 제공했다. 이 학급에서 칭찬 고자질 활동은 한 달 동안 매일 운영되었다.

학급 관리 전략

사전 관찰을 통해 얻은 자료를 토대로, 필립스 선생님은 칭찬 고자질 활동을 보완할 수 있는 긍정적인 교실 관리 방법에 대해 피드백과 코칭을 받았다. 그녀는 수업을 시작하거나 마치기 전에 교실 규칙과 기대 행동을 다시 확인해 주고, 학생이 규칙을 어겼을 때는 일관되게 훈계하고 공평하게 대하도록 안내받았다. 또, 학생들의 긍정적인 행동에는 구체적인 칭찬과 피드백을 더 많이 제공하도록 실천을 강화했다.

결과

칭찬 고자질을 실시하기 전에는, 학생들이 수업 시간 동안 평균 약 37% 정도 방해 행동을 보였는데, 주로 허락 없이 떠들거나 공격적인 말투를 쓰는 경우가 많았다. 그러나 칭찬 고자질을 적용한 이후에는 방해 행동이 평균 약 11%로 크게 줄었으며, 분당 평균 한 번 정도의 수준으로 낮아졌다. 관찰 결과를 그래프로 나타낸 그림 10.5를 보면, 관찰 10일째(중재 3주차 동안)에 잠깐 방해 행동이 늘어났지만, 전반적으로 개입이 진행되는 동안 방해 행동은 꾸준히 그리고 안정적으로 줄어드는 경향을 보였다.

필립스 선생님이 추가로 수집한 자료에 따르면, 칭찬 고자질을 실시한 한 달 동안 학생들의 친사회적 행동이 크게 늘어났다(그림 10.6 참고). 구체적으로 보면, 학생들이 하루에 보이는 친사회적 행동이 평균 10회에서 32회까지 증가했다.

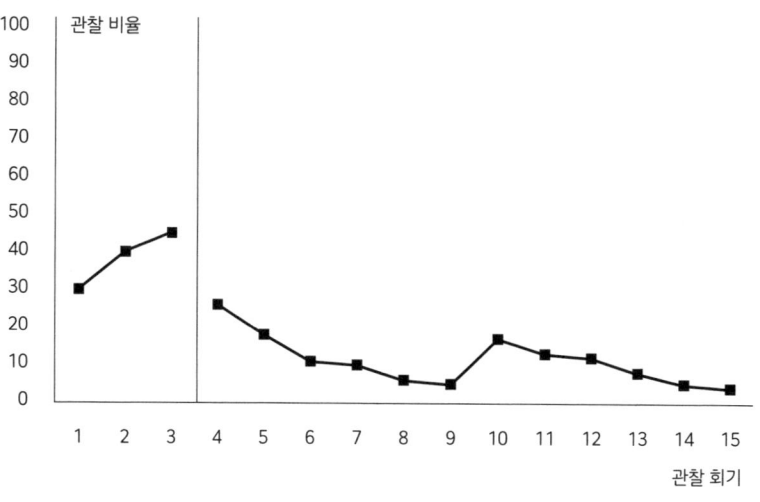

그림 10.5 방해 행동 비율

중재가 끝난 뒤, 필립스 선생님은 학교 심리학자에게 칭찬 고자질 프로그램이 꾸준히 실천하기 쉽고, 학교에서 강조하는 행동 기대와도 잘 맞아 마음에 들었다고 말했다. 또 학생들이 서로의 좋은 행동을 기록하는 과정을 통해, 교사 자신도 학생들의 긍정적 행동을 더 잘 알아차리고 바로바로 칭찬할 수 있었으며, 앞으로도 이 프로그램을 계속 활용하고, 학생들이 보상을 얻기 위한 목표 수준을 점차 높여가고 싶다고 밝혔다.

마지막으로, 학생들에게도 프로그램에 대해 어떻게 느꼈는지 묻는 설문을 실시했다. 학생들은 칭찬 고자질이 불공정하거나 부정적인 방식이 전혀 없는, 적절하고 효과적인 방법이라고 답했다. 특히 세 명의 학생은 익명으로 이제는 더 이상 친구들에게 따돌림당한다는 느낌이 없고, 오히려 반 친구들과 더 긍정적인 관계를 맺게 되었다고 밝혔다. 전체 평가와 면담 결과, 칭찬 고자질은 교실 속 방해 행동을 줄이고 동시에 친사회적 기술을 키워주는 데 효과적이고 수용 가능한 전략으로 나타났다.

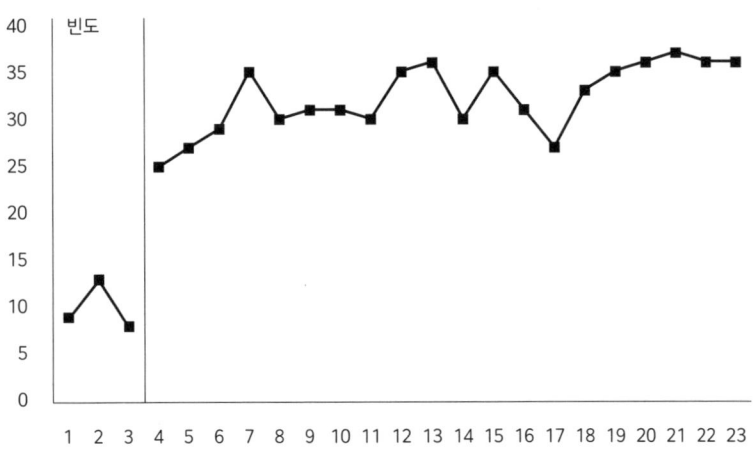

그림 10.6 친사회적 행동

:: 2단계 소집단 사회정서학습 개입

교사 이름: 그린

학생 이름: 앤드류, 대리어스, 조지프

학년: 유치원 5~6세

문화적 배경: 백인, 흑인, 히스패닉

성별: 남

배경 정보

앤드류, 대리어스, 그리고 조지프는 사회성 발달에 대한 걱정 때문에 담임교사인 그린 선생님이 상담교사에게 의뢰한 학생들이다.

- 앤드류(5세): 학군 평가 결과 '발달 지연' 판정을 받고 특수교육 서비스를 받고 있다.
- 대리어스(6세): 사회성 및 학업 기준을 충족하지 못해 유치원에서 한 해를 더 다녔고, 현재 읽기 성취 향상을 위한 보충수업을 받고 있었다.
- 조지프(5세): 소아과 의사로부터 광범위성 발달장애PDD와 간질 진단을 받았으며, 발작 조절을 위한 약을 매일 복용했다. 다만 약물 부작용으로 과잉행동이 나타나는 경우가 있었다.

세 학생 모두 의뢰 당시 학교에서 추가 지원을 받고 있었다. 앤드류와 조지프는 발음을 교정하고 원활한 언어 소통을 위해 주 1회 언어치료를 받았고, 대리어스는 주 1회 읽기 중재를 받았다. 대리어스는 그린 선생님의 일반 학급에 소속되어 있었고, 앤드류와 조지프는 매일 오전 3시간 동안 통합 교육으로 함께 수업에 참여했다.

그린 선생님은 세 학생 모두 사회적 상황에서 적절하게 행동하는 데 어려움이 있다고 보고했다. 이들은 종종 대화 도중 엉뚱한 말을 하며 끼어들거나, 원하는 물건을 얻지 못하면 울거나 친구를 꼬집었고, 어려운 과제가 주어지면 큰 소리로 울거나 소리를 질렀다. 또한 앤드류, 대리어스, 조지프는 대화에서 차례 지키기, "부탁해"와 "고마워" 말하기, 도움 요청하기, 다른 사람의 개인적 공간과 규칙 지키기 등에 많은 어려움을 보였다. 이런 행동은 수업 시간뿐 아니라 자유 놀이 시간에도 자주 나타났다. 다른 학생들은 앤드류와 대리어스가 친구들의 물건을 빌린 뒤 돌려주지 않는다고 보고했고, 학부모들 역시 같은 문제로 학교에 걱정을 전달한 바 있다. 이러한 전반적인 문제 상황을 고려해, 학교 관리자와 그린 선생님은 상담교사에게 도움을 요청하여 세 학생이 또래와 긍정적으로 어울리고 교실에서 적절하게 행동할 수 있도록 증거기반중재를 제공하기로 했다.

평가

'사회적 기술 향상 프로그램' 수행 점검 가이드

이 유치원 교사들은 학생들 중 행동 문제에 위험이 있는 아이들을 파악하기 위해 수행 점검 가이드SSIS-PSG 검사를 실시했다. 교사들은 학급에 있는 모든 학생을 대상으로 각 영역별로 기술 수준을 1점(매우 부족)에서 5점(매우 우수)까지 5점 척도로 평가했다. 이 중, 친사회적 행동척도에서 1, 2, 3점을 받은 학생들은 '중간 위험군'으로 분류되었는데, 이는 해당 학생들이 제시된 친사회적 행동을 잘 하지 않는다는 뜻이다. 검사 결과, 앤드류, 대리어스, 조지프가 모두 친사회적 행동에서 중간 위험군으로 나타났으며, 이들은 또래 관계에서 적절한 사회적 행동을 할 수 있도록 추가적인 중재 프로그램이 필요할 것으로 보였다.

'사회적 기술 향상 프로그램' 평정척도

선별 검사를 통해 위험군으로 확인한 후, 그린 선생님은 각 학생의 사회적 행동 수준을 좀 더 구체적으로 알아보기 위해 '사회적 기술 향상 프로그램' 평정척도SSIS-RS 검사를 실시했다. 검사 결과, 앤드류, 대리어스, 조지프 모두 사회적 기술 영역 점수가 낮았고, 문제행동 영역 점수도 높게 나타났다. 특히 세 학생 모두 의사소통, 협력, 수업 참여와 관련된 부분에서 어려움을 겪는 것으로 나타났다. 그린 선생님의 응답을 종합하면, 이 학생들은 단순히 사회적 기술을 상황에 맞게 사용하는 데 어려움이 있는 것이 아니라, 사회적 기술을 배우고 익히는 단계 자체에서 부족함이 있는 것으로 보였다.

사회적 기술 향상 프로그램은 집단 활동을 통해 사회적 기술을 가르치고 향상시키는 데 자주 활용된다. 특히 SSIS-RS 검사는 사회적 기술 향상 프로그램의 수업 단원과 직접적으로 연결되어 있어, 학생이 프로그램에서 어떤 부분에 얼마나 반응했는지를 파악하는 데 유용하다. 그린 선생님은 학생들의 변화 정도와 기술 유지 여부를 확인하기 위해, 프로그램이 끝난 직후와 3주 뒤 추후 검사 시점에 SSIS-RS 검사를 다시 실시했다.

개입

'사회적 기술 향상 프로그램' 중재 가이드

그린 선생님의 보고와 평정 결과를 바탕으로, 학생들에게 부족한 사회적 기술을 직접 가르치고 연습시키기 위해 사회적 기술 향상 프로그램의 소집단 지도 프로그램SSIS-IG을 선택하였다. 학교 상담교사는 주 2회, 회당 45분씩 소집단 사회적 기술 훈련을 진행했으며, SSIS 매뉴얼에 제시된 전략과 활동을 활용했다. 매주 첫 번째 시간에는 새로운 단원을 소개하고, 두 번째 시간에는 해당 기술을 충분히 연습하는 방식으로 운영했다. 특히 그린 선생님이 우려했던 점을 반영해 '대화에서 차례 지키기, "부탁해", "고마워"와 같은 예의 바른 표현하기, 감정을 표현하기, 도움을 요청하기, 다른 사람의 물건을 함부로 사용하지 않기' 등의 기술을 집중적으로 다뤘다. 학생들은 매주 한 가지 기술을 배우고, 마지막 주에는 전체 내용을 복습한 뒤 프로그램 수료식을 가졌다.

상담교사는 수업을 진행하면서 '말하기 → 보여주기 → 해보기 → 연습하기 → 진전 살피기 → 일반화하기'라는 단계적 교수 순서를 적용했다. 먼저 학생들에게 단원별 사회적 기술을 가르치고, 상담교사가 직접 시범을 보였다. 그다음 학생들이 직접 기술을 연습하면서 상담교사가 필요한 부분을 즉시 피드백했다. 배운 기술을 교실이나 가정에서 실제로 활용할 수 있도록, 교사와 학부모에게는 간단한 수업 요약을 제공했고, 학생들이 기술을 사용하도록 유도해 달라고 요청했다. 또한 교사와 부모는 학생들이 수업 밖에서 해당 기술을 활용하는 모습을 보이면 적극적으로 칭찬했다. 프로그램이 끝난 이후에도 앤드류, 대리어스, 조지프의 부모와 교사는 계속해서 긍정적인 행동과 사회적 상호작용을 격려하고 칭찬해 주었다.

수업 참여를 높이고 산만한 행동을 줄이기 위해 상담교사는 '방해 행동을 적게 할수록 강화하는 방법Differential Reinforcement of Low Rates of Behavior, DRL'을 활용했다. 학생이 허락 없이 떠들거나, 자리를 이탈하거나, 친구에게 심한 말을 하면 체크 표시가 기록되었다. 하지만 수업이 끝날 때까지 체크가 5개 이하라면, 학생은 상을 받을 수 있었다.

중재 충실도

프로그램이 진행되는 동안, 상담교사는 관리자의 지원을 받았다. 관리자는 개입이 제대로 이루어지는지를 살펴보고, SSIS-IG에 포함된 '중재 충실성 척도'와 체크리스트를 활용해 피드백을 제공했다. 교감은 전체 수업의 약 40%를 직접 참관하며 상담교사가 수업 방법의 각 요소를 얼마나 제대로 실행하는지 기록했다. 충실하게 실행된 요소의 비율이 개입 충실성을 평가하는 기준이 되었고, 관찰 결과 평균적으로 모든 요소가 100% 충실하게 적용된 것으로 나타났다.

결과

사회적 기술 연습이 시작되기 전과 종료 직후, 그리고 종료 3주 뒤에 SSIS-RS 검사를 다시 실시하여 기술이 유지되는지를 살펴보았다. 개입

학생	평가 전	평가 후	종료 3주 후
앤드류	72 (평균 미만)	112 (평균)	105 (평균)
대리어스	61 (평균보다 훨씬 낮음)	93 (평균)	86 (평균)
조지프	74 (평균 미만)	125 (평균 이상)	116 (평균 이상)

표 10.5 SSIS-RS 사회적 기술 평정

전에 그린 선생님이 평가한 결과, 앤드류의 사회적 기술 점수는 72, 조지프는 74로 둘 다 '평균 이하' 범주에 속했다. 반면 대리어스는 61점을 받아 '평균보다 훨씬 낮음' 범주로 분류되었다. 즉, 이 학생들은 또래에 비해 사회적 기술을 덜 사용하는 것으로 나타났다. 그러나 중재 직후 평가에서는 앤드류와 대리어스가 '평균' 범주에, 조지프는 '평균 이상' 범주에 속할 만큼 점수가 크게 향상되었다. 그리고 중재가 끝난 뒤 3주 후에도 이 수준이 그대로 유지되어, 상담교사와의 연습을 통해 배운 사회적 기술이 교실 안에서 꾸준히 사용되고 있음을 보여주었다. 관련 점수는 표 10.5에 제시되어 있다.

SSIS 개입을 시작하기 전, 그린 선생님이 평가한 결과 앤드류, 대리어스, 조지프의 문제행동 점수는 모두 '평균 이상' 범주에 속했다. 즉, 이 세 학생은 또래보다 더 자주 문제행동을 보였다는 뜻이다. 그러나 사회정서학습 중재 이후에는 세 학생 모두 점수가 하향되어 '평균' 범주로 내려갔다. 개입이 끝난 뒤 3주가 지나자 앤드류와 조지프는 개입 직후의 긍정적 변화를 그대로 유지했다. 하지만 대리어스의 경우 문제행동 점수가 다시 '평균 이상' 범주로 돌아가, 교실에서 기술을 더 일반적으로 적용할

학생	평가 전	평가 후	종료 3주 후
앤드류	125 (평균 이상)	110 (평균)	90 (평균)
대리우스	127 (평균 이상)	114 (평균)	116 (평균 이상)
조지프	116 (평균 이상)	90 (평균)	95 (평균)

표 10.6 SSIS-RS 문제행동 평정

수 있도록 추가 수업이나 맞춤형 개입이 필요하다는 것을 보여주었다. 관련 점수는 표 10.6에 제시되어 있다.

상담교사는 교재에 수업마다 따라야 할 단계가 자세히 안내되어 있어서, 프로그램을 쉽게 그리고 즐겁게 진행할 수 있었다고 말했다. 이런 단순한 구조 덕분에 수업을 관찰할 때도 충실하게 진행될 수 있었던 것으로 보인다. 학부모들도 아이들이 배운 기술에 만족했고, 가정에서도 활용할 수 있도록 수업 과정을 안내받은 점에 대해 고마움을 표현했다.

:: 2단계 긍정적 연습을 활용한
맞춤형 체크인·체크아웃 활동

학생 이름: 맥스

학년: 초등학교 3학년

문화적 배경: 백인

성별: 남

배경 정보

맥스는 여덟 살로 유진 선생님의 3학년 반에서 공부하는 학생이었다. 맥스가 다니는 학교에서는 모든 교사가 PATHS 프로그램을 운영하며, 학생들이 갈등을 평화롭게 해결하고, 감정을 조절하며, 공감 능력과 책임 있는 의사결정을 기를 수 있도록 돕고 있었다. 유진 선생님은 학급의 대부분 아이들이 PATHS를 통해 배우는 사회정서기술을 더 잘 이해하고 실제로 활용하는 모습을 보인다고 말했다. 맥스 역시 수업에 적극적으로 참여했고, 토론이나 활동에서도 알맞은 답변을 내놓았지만, 정작 학교생활 속에서 그 기술을 꾸준히 실천하는 데에는 어려움이 있었다. 유진 선생님은 이 점을 학교 심리학자에게 상의했고, 심리학자도 맥스에게는 더 집중적인 지원이 필요하다고 보았다. 결국, 맥스가 기술을 알기는 하지만 행동으로 옮기지 못한다는 점을 고려해, 학교에서의 사회적 행동을 향상시키기 위해 체크인·체크아웃 프로그램을 적용하기로 했다.

평가

교사 면담

학교 심리학자는 맥스의 문제행동을 더 잘 이해하기 위해 유진 선생님과 이야기를 나누었다. 유진 선생님이 가장 걱정한 부분은 맥스가 좌절이나 분노를 잘 다루지 못한다는 점이었다. 맥스는 화가 나면 감정을 조절하거나 침착함을 유지하기 어려워했다. 그는 교사가 피드백이나 결과를 제시할 때, 다른 학생들이 자기와 의견이 다를 때, 혹은 선생님이 요청을 거절할 때 쉽게 화를 내곤 했다. 화가 난 맥스는 무례한 어조로 소리를 지르거나 이름 부르기, 욕설과 같은 부적절한 말을 사용했다. 유진 선생님은 이런 행동이 하루에 두세 번 정도 나타난다고 추정했다. 보통 그는 맥스가 언어적으로 공격적일 때 교실 규칙을 다시 상기시키고, 규칙 위반 차트에 적어놓은 이름 옆에 체크 표시를 하거나, 행동이 심할 경우 징계 기록을 작성하는 방식으로 대응했다. 하루 동안 받은 체크 횟수는 행동 평정 점수로 부모에게 전달되었으며, 이 행동 평정은 주말에 보상을 받을 학생을 정하는 기준이 되었다. 예를 들어, 일주일 동안 A나 B를 받은 학생들은 사탕, 작은 장난감, 학용품이 들어있는 보물 상자에서 원하는 것을 고를 수 있었다. 하지만 맥스는 보통 평균적으로 B를 받았음에도 불구하고, 한 주에 최소 한 번은 C 이하 등급을 받아 결국 보상을 받을 기회를 놓치곤 했다.

유진 선생님이 알려준 정보를 바탕으로, 학교 심리학자는 맥스를 위한 두 가지 목표 행동을 정했다. 첫째, 화가 났을 때에도 목소리를 크게 높이지 않고 욕설이나 이름 부르기 같은 부적절한 말을 쓰지 않으며, 차분함을 유지하는 것이다. 둘째, 의견이 맞지 않을 때에는 문제 해결 방법을 활용하는 것으로, 자신의 감정을 다른 사람에게 적절히 표현하고, 알맞은 시간과 장소에서 대화를 통해 문제를 해결하는 것이다.

일일 행동 기록

학교 상담교사 버나드 선생님과 담임 유진 선생님은 함께 맥스를 대상으로 체크인·체크아웃 프로그램을 운영했다. 맥스는 아침에 등교하면 곧바로 상담교사실에 들러 버나드 선생님과 체크인을 했다. 이때 버나드 선생님은 맥스에게 그날의 목표 점수가 적힌 일일 행동 기록표를 건네주고, 목표 행동을 다시 짚어주며 격려해 주었다. 목표 점수는 처음에는 총점의 60%에서 시작해 점차 80%까지 올려가는 방식이었다. 이후 맥스는 교실에 들어가자마자 일일 행동 기록표를 담임 선생님께 제출했다. 각 교과 수업이 끝날 때마다 유진 선생님은 일일 행동 기록표에 점수를 표시하고 기대되는 행동에 대해 피드백을 주었다. 예를 들어, 다른 학생이 맥스의 학습지를 가져가거나 자신이 부당하게 지적받았다고 느낄 때 맥스가 차분하게 행동하면 칭찬을 받았다. 동시에 유진 선생님은 맥스에게 문제 해결 방법도 알려주었는데, 학습지를 정중하게 돌려달라고 부탁하기, 선생님께 도움을 청하기, 좌절감을 예의 바르게 표현하기 등이 그것이었다.

개입

체크인·체크아웃

하루가 끝나면 맥스는 상담실로 돌아와 작성된 일일 행동 기록표를 버나드 선생님께 제출했다. 버나드 선생님은 점수가 낮은 부분을 짚어주며 하루 동안의 행동을 돌아보고, 총점을 계산한 뒤 올바른 행동에는 칭찬을 해주었다. 만약 맥스가 목표 점수에 도달하면, 추가 컴퓨터 사용 시간, 다음 날 선생님과 함께 점심 먹기, 혹은 보물 상자에서 보상 고르기와 같은 보상을 받았다. 반대로 목표에 미치지 못했을 경우에는, 버나드 선생님이 "내일 다시 해보자"라며 격려해 주었다. 완성된 일일 행동 기록표는 집으로 보내져 부모님께 전달되었고, 이를 통해 가정과 학교가 소통하며 부모도 맥스의 성공을 강화할 수 있었다. 부모에게는 서명 후 다음 날 맥스가 학교에 가져오도록 요청했다. 또한 일일 행동 기록표는 개입이 충실히 실행되었는지를 확인하는 자료로 수집되었는데, 여기에는 맥스의 행동 평가와 강화 제공 여부 등이 포함되었다.

긍정적인 연습

만약 맥스가 하루 중 목표 행동에서 0점을 받으면, 멘토인 상담교사가 하교 전 체크아웃 시간에 그 문제를 다루었다. 버나드 선생님은 맥스에게 잘못된 행동이 무엇이었는지, 그 상황에서 바꿔서 할 수 있었던 올바른 행동은 무엇이었는지를 직접 설명하게 했다. 예를 들어, 수업 중 옆 친구가 흥얼거린다고 맥스가 소리를 지르며 욕설을 했다면, 버나드 선생님은 "이럴 땐 뭐라고 말하는 게 좋을까?" 하고 물으며 정중하게 흥얼거림을 멈춰달라고 부탁하는 식의 적절한 반응을 떠올리도록 했다. 그리고 다음 날에는 그 친구에게 해줄 수 있는 친절한 말들을 몇 가지 직접 말해 보게 했다. 이후 버나드 선생님은 유진 선생님과 맥스에게 실제로 맥스가 또래에게 친절한 말을 연습했는지 확인하였다.

결과

일일 행동 기록표를 활용한 체크인·체크아웃 프로그램이 시작되면서, 맥스는 사회적 기술(예: 화가 났을 때 차분히 행동하기, 친구와 갈등 상황에서 문제 해결하기)을 훨씬 더 잘 수행하게 되었다. 처음에는 전체 점수의 평균 27.7%밖에 못 받았지만, 체크인·체크아웃이 적용된 후에는 행동이 곧바로 좋아져 중재 기간 동안 평균 80%의 점수를 받았다. 맥스의 체크인·체크아웃 결과는 그림 10.7에 제시되어 있다. 다만 몇몇 날은 목표에 도달하지 못해 보상을 받지 못했고, 또 일부 수업에서 0점을 받은 경우도 있었다. 그럴 때마다 버나드 선생님은 맥스와 함께 "그 상황에서 어떻게 다르게 행동할 수 있었을까?"를 이야기하며, 다음 날에는 그 긍정적인 행동들을 직접 연습하도록 격려했다.

맥스는 매일매일의 행동 평정에서도 좋아지는 모습을 보였다. 가끔은 여전히 C를 받기도 했지만, A와 B가 많아지고 C, D, F가 줄어들면서 금요일마다 보물 상자에서 보상을 고를 수 있는 날이 더 많아졌다. 또, 유진 선생님은 징계 기록을 작성하는 횟수가 줄었다고 했지만, 맥스가 언어적으로 공격적인 행동을 보인 날에는 여전히 징계 기록이 작성되기도 했다.

유진 선생님과 상담교사 버나드 선생님은 맥스가 목표로 한 사회적

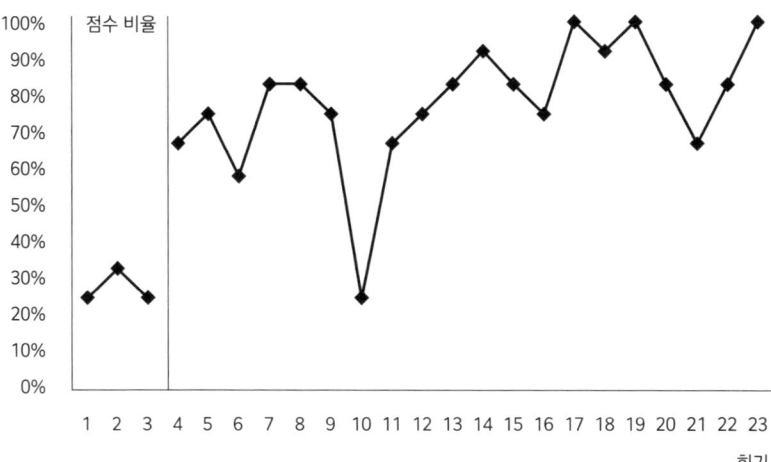

그림 10.7 일일 행동 기록표에 따른 체크인·체크아웃 점수

기술을 더 자주 사용하게 된 것과 그에 따라 언어적 공격이 줄어든 점을 의미 있는 변화로 평가했다. 두 사람은 체크인·체크아웃이 효과적이고 실행 가능한 방법이라고 보았다. 실제로 버나드 선생님은 다른 학생들에게도 체크인·체크아웃을 적용하기 시작했다. 그녀는 여전히 맥스가 가끔 언어적으로 공격적인 모습을 보이는 것에 대해 걱정은 있었지만, 전체적인 향상에는 만족감을 느꼈다. 두 사람은 맥스가 약 6주 동안 꾸준히 80% 이상의 점수를 받을 때까지 체크인·체크아웃을 이어가는 것이 좋다고 판단했다. 또한 버나드 선생님은 학기 동안 맥스의 징계 기록과 행동 평정 점수를 살펴보고, 유진 선생님과 수시로 소통하기로 했다.

:: 3단계 개인화된 중심축 반응 훈련 중재

학생 이름: 엠마

학년: 초등학교 2학년

인종: 백인

성별: 여

배경 정보

엠마는 발달장애 아동을 위한 특수학교에 다니는 여덟 살, 2학년 학생이었다. 담임인 홀 선생님은 엠마가 또래와의 관계에서 부적절한 행동을 자주 보여 추가적인 지원이 필요하다고 판단했다. 엠마는 지역 심리학자에게서 심리 검사를 받았고, 지적장애가 동반되지 않은 자폐스펙트럼장애 진단을 받았다. 또, 교육청의 평가에서도 자폐 범주에 해당하는 학생으로 확인되어 특수교육 서비스를 받을 자격이 주어졌다. 엠마는 언어발달을 제외한 다른 발달 단계는 제때 이루었지만, 말에서는 늦됨을 보였다. 의뢰 당시 그녀는 학교에서 개별화 교육계획에 따른 목표를 위해 언어치료와 작업 치료를 주 2회, 회기당 30분씩 받고 있었다. 여기에 더해 하루 4시간 보조교사의 지원도 받고 있었다. 엠마는 과도한 자극에 노출될 때 보이는 반응을 줄이기 위해 집에서 리스페리돈 0.20mg을 복용하고 있었다.

홀 선생님이 가장 걱정한 부분은 엠마가 사회적 상호작용을 거의 하지 않는다는 점이었다. 놀이 시간에 함께 놀자고 해도 동급생들과 어울리기를 거부하고, 혼자 물건을 가지고 놀며 점점 또래와 거리가 멀어졌다. 집에서는 가족들과 대화를 나누었지만, 학교에서는 스스로 말을 걸거나 필요한 물건을 말로 요청하는 데 어려움이 있었다. 엠마는 종종 허락 없이 친구들의 물건을 가져가기도 했고, 그로 인해 친구들에게 거부당하는 경우가 있었다. 다행히 담당 보조교사 구비에 선생님의 도움을 받아 학업에서는 문제가 없었고, 평균이나 평균 이상 성적을 유지했다. 엠마는 배우려는 의지가 강한 학생으로 평가되었지만, 다른 사람의 감정과 행동에는 관심을 보이지 않았다. 파괴적인 행동은 드물었지만, 친구 물건을 가져가는 행동 때문에 수업에 지장을 주기도 했으며, 그럴 때마다 홀 선생님은 학생들 간의 문제 해결을 도와주느라 수업을 중단해야 했다.

평가

부모 면담

면담에서 엠마의 부모님은 학교에서 보이는 것과 비슷하지만 덜 자주 나타나는 행동들을 이야기했다. 집에서는 엠마가 가족들과는 잘 어울려 놀았지만, 다른 사람들과 대화를 시작하도록 아버지가 종종 먼저 권유해야 했다. 또한 엠마는 학교에서처럼 집에서도 허락 없이 다른 사람의 물건을 가져가는 일이 잦았다. 친구 관계에 대해 물었을 때, 부모는 사촌들과 가끔 노는 것 외에는 친한 친구가 없다고 했으며, 학교 밖 모임에 초대받은 적도 없다고 했다. 다만, 집에서는 별다른 문제행동은 나타나지 않았다고 보고했다.

직접 행동 평정

홀 선생님은 엠마가 또래와 긍정적으로 상호작용하는 횟수를 기록하기 위해 일일 행동 기록표를 작성했다. 기록은 7점 척도로 이루어졌는데, 1점은 "전혀 하지 않음", 7점은 "항상 함"을 의미했다. 개입을 시작하기 전 출발점을 확인하기 위해 4일 동안 작성된 결과, 엠마가 또래와 긍정적인 상호작용을 거의 하지 않는다는 사실이 확인되었다. 엠마가 사회적으로 고립되고 사회적 기술이 부족할 경우 장기적으로 부정적 결과를 초래할 수 있음을 고려해, 행동 전략가는 엠마에게 중심축 반응 훈련이 도움이 될 것이라고 판단했다. 이후에도 홀 선생님은 엠마의 변화를 살펴보기 위해 일일 행동 기록표 작성을 이어갔다.

체계적인 직접 관찰

행동 전략가는 엠마의 변화를 좀 더 자세히 보기 위해 여러 차례 관찰을 진행했다. 15분 동안의 관찰에서 살펴본 목표 행동은 ① 또래에게 먼저 말을 거는 횟수, ② 필요한 것을 말로 요청하는 횟수, ③ 5초 이상 또래와 함께 사회적 놀이를 하는 횟수였다. 관찰 결과, 엠마는 원하는 물건이 있어도 말로 요구하지 않고 주로 그냥 집어 들었으며, 아주 가끔 소리를 내는 정도였다. 또래에게 먼저 말을 거는 일이나 5초 이상 놀이에 참여하는 모습은 전혀 관찰되지 않았다. 흥미로운 점은, 엠마가 보조교사와는 자주 놀려고 시도했지만, 또래와는 거의 시도하지 않았다는 것이다. 이러한 관찰은 중심축 반응 훈련 동안과 훈련 후 일주일 동안 이루어졌으며, 기술이 유지되는지를 확인하기 위해 2주 후에 추가 관찰이 실시되었다.

개입: 중심축 반응 훈련

행동 전략가는 구비에 선생님이 중심축 반응 훈련을 제대로 활용할 수 있도록 훈련시켰다. 이 과정에는 구체적인 설명, 시범 보이기, 피드백 제공을 포함했고, 구비에 선생님이 모든 절차를 혼자서 수행할 수 있을 때까지 반복했다. 중심축 반응 훈련의 목적은 아동의 기본 기술을 키워서, 아이가 흥미를 느끼고 스스로 시작하는 활동을 기반으로 다른 영역에서도 긍정적인 변화를 일반화할 수 있도록 돕는 것이다. 엠마를 대상으로 한 중심축 반응 훈련은 다음과 같은 절차로 이루어졌다.

먼저 엠마가 교실에서 어떤 물건을 가장 좋아하고 잘 활용하는지를 알아보기 위해 선호도 조사가 이루어졌다. 이렇게 확인된 선호 물건들이 교실에 비치되었고, 엠마가 그중 하나에 손을 뻗으면 구비에 선생님은 물건을 바로 주지 않고 손이 닿지 않는 곳에 두었다. 대신 엠마가 말로 부탁하기(예: "저거 써도 될까요?"), 대화를 시작하기(예: "안녕, 잘 지내?"), 혹은 옆에 있는 친구와 놀이하기를 시도하도록 유도했다. 엠마가 요구에 따르거나 시도를 성공적으로 해냈을 때, 선생님은 칭찬을 해주고 원하는 물건을 1분간 사용할 수 있게 했다. 그리고 나서 물건을 다시 거두고 같은 과정을 반복했다.

구비에 선생님은 학교에서 자유롭게 활동하는 시간에 엠마를 대상으로 중심축 반응 훈련을 실시했다. 만약 엠마가 수업 시간에 친구의 연필이나 학용품을 허락 없이 집으려 하면, 즉시 중심축 반응 훈련 절차를 적용해 개입했다. 이 중재는 2주 동안 진행되었고, 사용된 유도 방법은 다양하게 바뀌었다. 예를 들어, '말로 부탁하기, 대화 시작하기, 친구와 함께 놀기'와 같은 방식이었다. 2주가 지난 후에는 보조교사가 언어적 지시를 점점 줄여나가, 결국에는 "부탁해", "놀이해"처럼 최소한의 단어만 사용하도록 했다. 그 후로도 중재는 2주간 더 이어졌다. 중재가 이루어지는 동안 행동 전략가는 수시로 관찰을 하여 프로그램이 제대로 시행되는지를 점검했는데, 구비에 선생님이 계획된 절차를 충실하게 수행한 비율은 평균 81%였다.

결과

매일 관찰한 결과, 중심축 반응 훈련을 실시하기 전에는 엠마가 목표로 한 행동들은 전혀 보이지 않았다. 그러나 중재가 시작되자마자 세 가지 목표 행동이 모두 즉시 늘어났고, 이는 그림 10.8에 나타난다. 이런 긍정적인 변화는 이틀을 제외하고는 한 달 내내 거의 꾸준히 이어졌다. 그 이틀 동안에는 엠마가 평소 좋아하던 물건들에도 관심이 없는 듯 보였는데, 이를 확인하기 위해 다시 선호도 조사가 이루어졌고, 새로운 선호 물건들이 다음 날 도입되었다. 비록 엠마가 사회적 놀이는 다른 목표 행동보다 덜 자주 했지만, 세 가지 행동 모두에서 참여율이 증가하는 모습을 보였다.

처음에 보조교사는 혼자서 이 중재를 시행하는 것에 대해 자신 없어했다. 하지만 시행 후 2주가 지나고 행동 전략가의 피드백을 받은 뒤에는, 중심축 반응 훈련을 스스로 잘 운영할 수 있다는 자신감을 갖게 되었

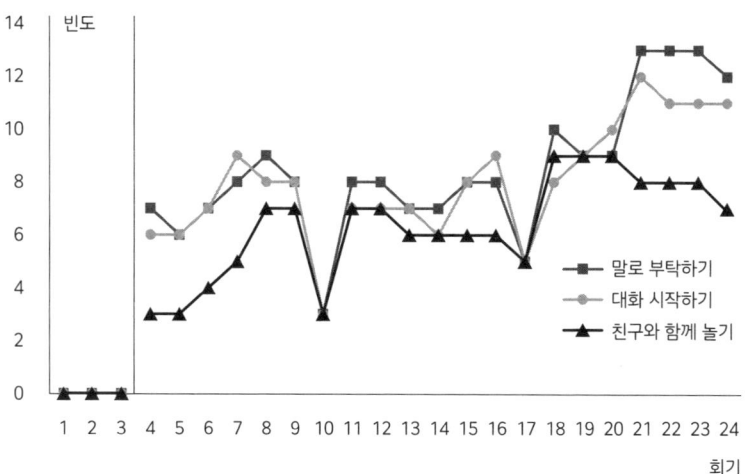

그림 10.8 긍정적인 사회적 행동 빈도

고, 중재의 효과성도 인정하게 되었다. 또한 엠마의 부모님은 엠마가 집에서 필요한 것을 말로 요청하는 횟수가 늘었다고 전했다. 엠마는 동네 놀이터에서 낯선 또래에게 먼저 말을 거는 모습도 보였는데, 이는 학교에서 배운 중심축 반응 훈련 기술이 다른 환경으로도 확장되었음을 보여주는 사례였다.

홀 선생님이 작성한 일일 행동 기록표를 보면, 중심축 반응 훈련이 끝날 무렵 엠마는 또래와의 긍정적 상호작용을 "매우 자주" 혹은 "항상" 하는 수준까지 늘렸다(그림 10.9 참고). 구체적으로, 다른 학생들이 엠마의 활동에 관심을 보였고, 엠마 역시 놀이 시간에 친구들과 알맞게 어울렸다. 또, 방해 행동이 줄어든 덕분에 수업 시간에 더 집중할 수 있어 학급 운영이 한결 수월해졌다고 홀 선생님은 전했다. 더 나아가, 보조교사가 없는 상황에서도 엠마가 적절한 행동을 유지한 것으로 나타나, 이 행동이 다른 교사나 상황에서도 일반화되었음을 보여주었다.

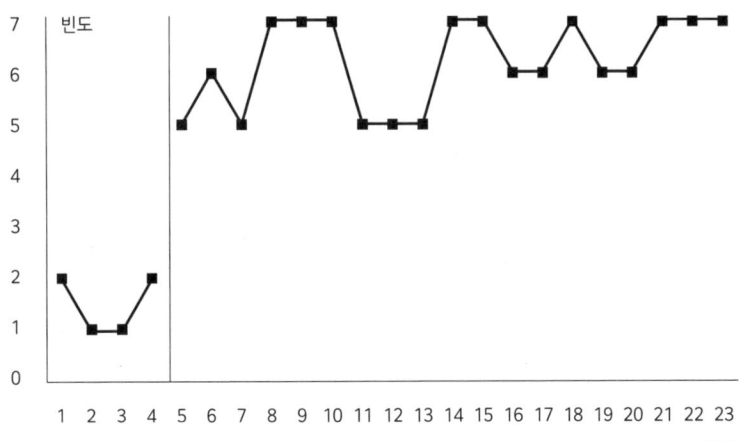

그림 10.9 긍정적인 또래 상호작용

　전체적으로 수집된 자료는 중심축 반응 훈련이 엠마의 사회적 기술에 긍정적인 효과를 주었고, 개입이 끝난 뒤 2주 후 평가에서도 그 효과가 유지되고 있음을 보여주었다. 엠마가 배운 기술을 더 다양한 환경과 성인 앞에서도 활용할 수 있도록 하고, 사회적 놀이와 또래에게 받아들여지는 정도를 높이기 위해 홀 선생님은 학급에서 사회성이 좋은 학생들을 선정해 또래 매개형 중심축 반응 훈련을 도입했다. 이후 행동 전략가가 홀 선생님과 확인한 결과, 엠마의 사회적 기술은 꾸준히 향상하고 있었으며, 특히 또래와의 놀이 참여가 계속 늘어나고 있다고 보고했다.

:: 3단계 농난청 학생을 위한 개별 중재

학생 이름: 제시카

학년: 초등학교 6학년

문화적 배경: 흑인

성별: 여

배경 정보

제시카는 열한 살 6학년 학생으로, 학년 초에는 청각장애로 인해 수화만 사용해 의사소통을 했다. 제시카는 청각장애 범주로 특수교육 지원 자격을 받았다. 6학년이 되기 전 여름에 인공와우 수술을 받았고, 현재는 소리를 듣고 말을 배우는 과정에 있었다. 제시카는 일반 학급에서 수업을 받았으며, 보조교사와 통역사의 도움을 받았다. 이전에는 청각장애 및 난청 학생을 위한 학교에 다녔기 때문에, 지금 학교에서는 첫 해였다. 그러나 또래와 소통이 원활하지 않아 친구를 사귀거나 상호작용하는 데 어려움이 있었다. 이에 보조교사와 담임 톨벗 선생님은 교실에서 제시카의 화용 언어와 사회적 기술을 키워줄 방법을 찾기 위해 학교 심리학자와 상의했다.

평가

교사와 보조교사 면담

학교 심리학자는 톨벗 선생님과 보조교사와 만나 제시카의 사회적 기술에 대해 더 알아보았다. 두 교사는 제시카가 대화 규칙을 잘 이해하지 못한다고 전했다. 그녀는 대화를 자주 끊거나 말을 너무 많이 하며, 자연스러운 '주고받기' 대화 흐름을 이어가는 데 어려움이 있었다. 또, 친구들이 속상해할 때 사회적 신호를 잘 읽지 못해 적절히 반응하지 못했다. 예를 들어, 친구에게 혼자 있을 공간을 주거나 위로해 주어야 할 때 이를 알아차리지 못하는 경우가 많았다. 대신 제시카는 대화를 피하거나, 친구들 옆에 서서 그들의 상호작용을 구경하는 경우가 많았다. 이 때문에 친구를 사귀는 데 어려움이 있었고, 특히 모둠 활동에 끼어들기, 대화나 놀이를 먼저 시작하기, 대화를 이어가기에서 힘들어했다. 교사들에 따르면 제시카는 점심시간에 가끔 함께 앉는 또래 친구 한 명이 있었지만, 그 관계는 일방적으로 보였고 제시카가 다른 또래와 먼저 상호작용을 시작하는 일은 거의 없었다.

직접 관찰

제시카가 또래와 얼마나 자주, 또 어떤 방식으로 어울리는지를 더 정확히 알기 위해 학교 심리학자는 교실 수업뿐 아니라 점심시간, 체육처럼 덜 구조화된 활동 시간에도 여러 차례 관찰을 진행했다. 그 과정에서 제시카가 친구들에게 먼저 말을 걸거나 상호작용을 시작한 횟수를 기록했는데, 결과는 매우 적었고 많아야 한 번 정도뿐이었다. 심리학자는 또 제시카의 대화 기술과 사회적 신호에 대한 반응 등 상호작용의 질과 흐름에 대한 일화 기록도 남겼다. 관찰에 따르면 제시카는 대화를 자주 끊거나 친구들 모임에 갑자기 끼어드는 경우가 많았다. 그래서 친구들은 대체로 제시카를 무시하거나, 미소 정도의 짧은 반응만 보였을 뿐 대화를 이어가지는 않았다.

일일 행동 기록표와 빈도 측정

제시카의 보조 교사에게는 매일 수업이 끝난 후 일일 행동 기록표를 작성하도록 요청했다. 특히 체육, 모둠 활동, 자유 활동처럼 또래와 어울릴 수 있는 시간대의 관찰을 중점적으로 기록했다. 평가 항목은 또래와의 상호작용의 질이었으며, 여기에는 올바른 대화 규칙 지키기, 적절한 방식으로 대화 시작하기, 다른 사람의 반응에 알맞게 대응하기 등이 포함되었다. 즉, 하루 동안 제시카가 친구들과의 상호작용에서 사회적 기술을 적절히 사용한 시간을 비율로 평가하게 한 것이다. 이와 더불어, 보조 교사는 제시카가 또래에게 먼저 말을 걸거나 상호작용을 시도한 횟수를 따로 기록하도록 했다. 이러한 자료는 학교 심리학자와 함께 개별화된 사회정서학습 프로그램을 시작하기 전 주에 수집되었으며, 이후의 평정 자료는 제시카의 상호작용 빈도와 질의 변화를 추적하는 데 활용되었다.

개입

제시카에게 활용된 전략들은 8장에서 소개된 방법들과 비슷하다. 특히 8

장에서 농난청 학생들을 위해 제안된 여러 가지 전략들이 제시카에게도 사용되었다.

직접 지도

학교 심리학자는 제시카와 일주일에 세 번, 회기당 30분씩 만나 친구 관계를 맺고 유지하는 데 필요한 사회적 기술을 직접 가르쳤다. 제시카가 아직 인공와우에 적응 중이었기 때문에 수업은 수화와 영어를 함께 사용해 진행했다. 수업 주제는 차례 지켜 대화하기, 알맞은 시점에 대화 시작하기, 다른 사람의 감정이나 비언어적 신호 읽기, 모둠 활동에 끼어들기나 다른 사람을 자신의 놀이에 초대하기 등이었다. 이러한 기술 훈련의 목표는 제시카가 사회적 환경을 더 잘 인식하고 사회적 기술을 키우며, 친구들과의 상호작용과 관계의 질을 높이는 것이었다. 수업은 "말하기 – 보여주기 – 직접 해보기" 방식으로 구성되었다. 먼저 심리학자가 해당 기술의 의미를 정의하고 그 중요성을 이야기한 뒤, 행동을 어떻게 해야 하는지 단계별로 설명했다. 그 다음에는 사진, 동영상, 실제 시범을 활용해 올바른 예시와 잘못된 예시를 보여주었다. 이후 다시 기술의 정의와 중요성을 되짚고, 구체적인 단계들을 복습했다. 제시카가 각 단계를 이해하면, 역할극 활동을 통해 실제 상황을 연습했고, 심리학자는 그 과정에서 신호를 주거나 피드백을 제공했다. 또한 톨벗 선생님에게는 개별 수업에서 다룬 기술을 설명하여, 제시카가 학교생활 중 그 기술을 연습할 때 적절히 칭찬해 줄 수 있도록 했다.

행동 계약서

학교 심리학자는 제시카가 배운 사회적 기술을 교실이나 집에서도 연습할 수 있도록, 제시카와 교사들이 함께 지킬 행동 계약서를 만들었다. 이 약속에는 제시카가 꼭 연습해야 할 사회적 행동을 보여주었을 때 톨벗 선생님과 교사들이 보상을 제공한다는 조건이 담겨있었다. 계약서에는 목표 행동, 구체적인 목표, 그리고 보상 조건이 상세히 적혔다. 예를 들어, 제시카는 하루 동안 스스로 시작하는 또래와의 상호작용 횟수를 기존 0~1회에서 5회까지 늘려야 했다(교사의 보고 기준). 하루가 끝나면 제시카는 보상 목록에서 하나를 선택할 수 있었는데, 그 예로 컴퓨터 사용, 껌, 수업을 몇 분 일찍 마치고 나가기 등이 있었다. 만약 목표를 달성하지 못하면 보상을 받을 수 없었다. 제시카와 교사들은 이 계약서에 함께 서명했다. 아래는 계약서 내용이다.

> "저, 제시카 헤이즈는 하루 동안 친구들과 대화나 다른 상호작용을 최소 다섯 번 이상 시도하겠습니다. 만약 제가 이것을 해내고, 보조교사가 오늘 제 상호작용의 질을 70% 이상으로 평가하면, 저는 하루가 끝날 때 선생님이 주시는 보상 목록에서 원하는 보상을 하나 선택할 수 있습니다."

또래 참여

학교 심리학자와 교사들은 제시카가 가장 자주 어울리는 친구 한 명을 정해서 제시카가 배운 사회적 기술을 가르쳤고, 제시카의 연습을 도와주도록 요청했다. 예를 들어, 대화 기술을 배운 뒤에는 이 친구가 제시카와 대화를 나누면서, 제시카가 대화를 끊지 않고 자연스럽게 주고받는 연습을 할 수 있도록 돕는 식이었다.

결과

제시카의 보조교사가 6주 동안 개입 과정을 기록한 결과, 직접 지도와 행동 계약서가 더해지면서 제시카가 친구들과 상호작용하는 횟수와 질이 모두 좋아졌다. 1주차 자료와 2~6주차 개입 기간 자료를 비교해 보면, 제시카가 목표하는 사회적 기술 수행은 꾸준히 증가하는 흐름을 보였다. 이는 매주 제시카가 스스로 시작한 상호작용의 평균 횟수(그림 10.10 참고)와 또래 상호작용의 질을 기록한 일일 행동 기록 결과(그림 10.11 참고)에 잘 드러났다.

제시카의 보조교사와 톨벗 선생님은 그녀의 사회적 기술이 꾸준히 좋아지고 있음을 확인했다. 스스로 친구들과 대화를 시작하는 횟수가 늘었

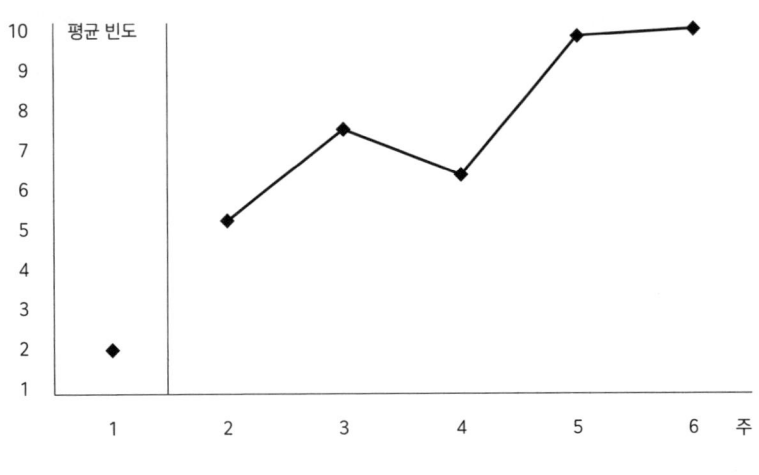

그림 10.10 자기 주도적 또래 상호작용

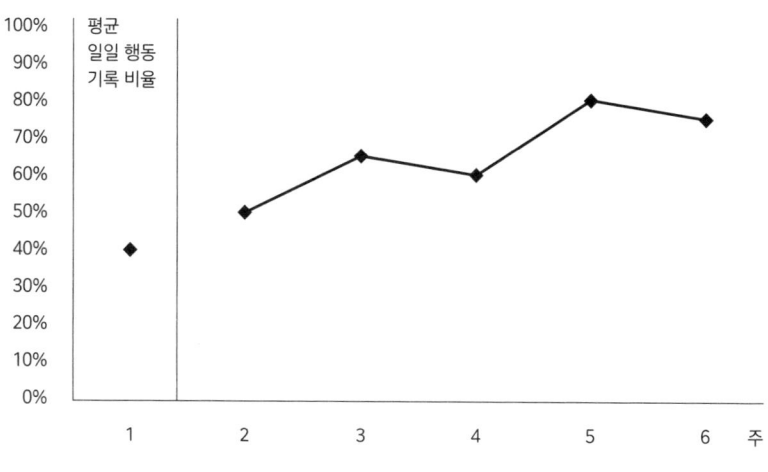

그림 10.11 사회적 상호작용 질에 관한 직접 행동 평정

고, 질 높은 상호작용을 유지하는 시간도 길어졌다. 행동 계약이 비교적 간단히 적용 가능하고, 제시카가 친구들과 어울리도록 동기를 부여하는 데 효과적이었지만, 교사들은 빈도 기록이나 일일 행동 기록 같은 자료 수집 부담을 줄이기 위해 행동 계약을 중단했다. 이제는 친구들이 보여 주는 자연스러운 긍정적 반응이 제시카의 사회적 기술을 유지하는 데 충분할 것으로 판단했기 때문이다. 이후 학교 심리학자는 교사 관찰에서 드러난 기존 기술 사용의 어려움을 보완하기 위해 제시카와 3주간 사회 정서학습 중재를 이어갔다.

>>> 참고 문헌

Aber, J., Brown, J., & Jones, S. (2003). Developmental trajectories toward violence in middle childhood: Course, demographic differences, and response to school-based intervention. *Developmental Psychology, 39*, 324–348.

Aber, J., Jones, S., Brown, J., Chaudry, N., & Samples, F. (1998). Resolving conflict creatively: Evaluating the developmental effect of a school-based violence prevention program in neighborhood and classroom context. *Development and Psychopathology, 10*, 187–213.

Achenbach, T., & Rescorla, L. (2001a). *Manual for the ASEBA School-Age Forms and Profiles*. Burlington: University of Vermont Research Center for Children, Youth, and Families.

Achenbach, T., & Rescorla, L. (2001b). *Teacher Rating Form, Child Behavior Checklist, Youth Self-Report*. Burlington: University of Vermont Research Center for Children, Youth, and Families.

American Association on Intellectual and Developmental Disabilities. (2010). *Intellectual disability: Definition, classification, and systems of supports* (11th ed.). Washington, DC: Author.

American Psychiatric Association. (2013). *Diagnostic and statistical manual of mental disorders* (5th ed.). Arlington, VA: Author.

Asher, S., & McDonald, K. (2009). The behavioral basis of acceptance, rejection, and perceived popularity. In K. Rubin, W. Bukowski, & B. Laursen (Eds.), *Handbook of peer interactions, relationships, and groups* (pp. 232–248). New York: Guilford Press.

Bandura, A. (1977). *Social learning theory*. Englewood Cliffs, NJ: Prentice-Hall.

Bandura, A. (1986). *Social foundations of thought and action: A social cognitive theory*. Englewood Cliffs, NJ: Prentice-Hall.

Baron, R., & Kenny, D. (1986). The moderator–mediator variable distinction in social psychology research. *Journal of Personality and Social Psychology, 51*, 1173–1182.

Battistich, V. (2000). Effects of a school-based program to enhance development on children's peer relations and social adjustment. *Journal of Research in Character Education, 1*, 1–17.

Battistich, V., Schaps, E., Watson, M., & Solomon, D. (1996). Prevention effects of the Child Development Project: Early findings from an ongoing multisite trial. *Journal of Adolescent Research, 11*, 12–35.

Battistich, V., Schaps, E., Watson, M., Solomon, D., & Lewis, C. (2000). Effects of the Child Development Project on students' drug use and other problem behaviors. *Journal of Primary Prevention, 21*, 75–99.

Battistich, V., Solomon, D., Watson, M., Solomon, J., & Schaps, E. (1989). Effects of an elementary school program to enhance prosocial behavior on children's cognitive–social problem-solving skills and strategies. *Journal of Applied Developmental Psychology, 10*, 147–169.

Beelman, A., Pfingsten, U., & Losel, F. (1994). Effects of training social competence in children: A meta-analysis of recent evaluation studies. *Journal of Clinical Child Psychology, 23*, 260–271.

Beets, M., Flay, B., Vuchinich, S., Snyder, F., Acock, A., Burns, K., et al. (2009). Use of a social and character development program to prevent substance use, violent behaviors, and sexual activity among elementary-school students in Hawaii. *American Journal of Public Health, 99*, 1438–1445.

Bellg, A., Borrelli B., Resnick, B., Hecht, J., Minicucci, D., Ory, M., et al. (2004). Enhancing treatment fidelity in health behavior change studies: Best practices and recommendations from the NIH Behavior Change Consortium. *Health Psychology, 23*, 443–451.

Benson, P. (2006). *All kids are our kids: What communities must do to raise responsible and caring children and adolescents*. San Francisco: Jossey-Bass.

Bergan, J. (1977). *Behavioral consultation*. Columbus, OH: Merrill.

Bergan, J., & Kratochwill, T. (1990). *Behavioral consultation and therapy*. New York: Plenum Press.

Bierman, K. L. (2004). *Peer rejection: Developmental processes and intervention strategies*. New York: Guilford Press.

Bierman, K. L., & Greenberg, M. (1996). Social skills training in the Fast Track program. In R. Peters & R. McMahon (Eds.), *Preventing childhood disorders, substance abuse, and delinquency* (pp. 65–89). Thousand Oaks, CA: SAGE.

Bierman, K. L., & Powers, C. J. (2009). Social skills training to improve peer relations. In K. Rubin, W. Bukowski, & B. Laursen (Eds.), *Handbook of peer interactions, relationships, and groups* (pp. 603–621). New York: Guilford Press.

Brown, E., Low, S., Smith, B., & Haggerty, K. (2011). Outcomes from a school-randomized controlled trial of Steps to Respect bullying prevention program. *School Psychology Review, 40*, 423–443.

Brown, J., Jones, S., LaRusso, M., & Aber, J. (2010). Improving classroom quality: Teacher influences and experimental impacts of the 4Rs program. *Journal of Educational Psychology, 102*, 153–167.

Caprara, G., Barbaranelli, C., Pastorelli, C., Bandura, A., & Zimbardo, P. (2000). Prosocial foundations of children's academic achievement. *Psychological Science, 11*, 302–305.

Chafouleas, S., McDougal, J., Riley-Tilman, C., Panahon, C., & Hilt, A. (2005). What do daily behavior report cards (DBRCs) measure?: An initial comparison of DBRCs with direct observation for off-task behavior. *Psychology in the Schools, 42*, 669–676.

Chafouleas, S., Riley-Tilman, C., & McDougal, J. (2002). Good, bad, or in-between: How does the daily behavior report card rate? *Psychology in the Schools, 39*, 157–167.

Coie, J., Dodge, K., & Coppotelli, H. (1982). Dimensions and types of social status: A cross-age perspective. *Developmental Psychology, 18*, 557–570.

Coie, J., Dodge, K., & Kupersmidt, J. (1990). Peer group behavior and social status. In S. Asher & J. Coie

(Eds.), *Peer rejection in childhood* (pp. 17–59). New York: Cambridge University Press.

Coie, J., & Jacobs, M. (1993). The role of social context in the prevention of conduct disorder [Special Issue]. *Development and Psychopathology, 5*, 26–27.

Coie, J., Lochman, J., Terry, R., & Hyman, C. (1992). Predicting early adolescent disorder from childhood aggression and peer rejection. *Journal of Consulting and Clinical Psychology, 60*, 697–714.

Collaborative for Academic, Social, and Emotional Learning (CASEL). (2012). *CASEL guide: Effective social and emotional learning programs—Preschool and elementary school edition*. Chicago: Author.

Collaborative for Academic, Social, and Emotional Learning (CASEL). (2013). *CASEL guide: Effective social and emotional learning programs-preschool and elementary school edition*. Chicago: Author.

Collaborative for Academic, Social, and Emotional Learning (CASEL). (2015). *District guide to systemic social and emotional learning*. Chicago: Author.

Conduct Problems Prevention Research Group. (1992). A developmental and clinical model for the prevention of conduct disorders: The Fast Track Program. *Development and Psychopathology, 4*, 505–527.

Conduct Problems Prevention Research Group. (1999a). Initial impact of the Fast Track Prevention Trial for Conduct Problems: I. The high-risk sample. *Journal of Consulting and Clinical Psychology, 67*, 631–647.

Conduct Problems Prevention Research Group. (1999b). Initial impact of the Fast Track Prevention Trial for Conduct Problems: II. Classroom effects. *Journal of Consulting and Clinical Psychology, 67*, 648–657.

Conduct Problems Prevention Research Group. (2010). The effects of a multiyear universal social–emotional learning program: The role of student and school characteristics. *Journal of Consulting and Clinical Psychology, 78*, 156–168.

Conners, C. K. (1997). *Conners Rating Scales—Revised: Technical manual*. Toronto: Multi-Health Systems.

Connolly, J., & Johnson, A. (1996). Adolescents' romantic relationships and the structure and quality of their close interpersonal ties. *Personal Relationships, 3*, 185–195.

Cook, C. R., Browning-Wright, D., Gresham, F. M., & Burns, M. (2010). *Transforming school psychology in a RTI era: A guide for administrators and school psychologists*. Palm Beach, FL: LRP Publications.

Cook, C. R., Volpe, R., & Delport, J. (2014). Systematic progress monitoring of students with emotional and behavioral disorders. In H. M. Walker & F. M. Gresham (Eds.), *Handbook of evidence-based practices for emotional and behavioral disorders: Applications in schools* (pp. 211–228). New York: Guilford Press.

Cooper, J., Heron, T., & Heward, W. (2007). *Applied behavior analysis* (2nd ed.). Upper Saddle River, NJ: Prentice-Hall.

Cowen, E., Pedersen, A., Babigian, H., Izzo, I., & Trost, M. (1973). Long-term follow-up of early detected vulnerable children. *Journal of Consulting and Clinical Psychology, 41*, 438–446.

Crone, D., Hawken, L., & Horner, R. (2010). *Responding to problem behavior in schools: The Behavior Education program*. New York: Guilford Press.

Crowe, L., Beauchamp, M., Catroppa, C., & Anderson, V. (2011). Social function assessment tools for children and adolescents: A systematic review from 1988 to 2010. *Clinical Psychology Review, 31*, 767–785.

DiPerma, J., & Elliott, S. N. (2000). *Academic Competence Evaluation Scale*. Minneapolis: Pearson Assessments.

DiPerma, J., & Elliott, S. N. (2002). Promoting academic enablers to improve student achievement: An introduction to the miniseries. *School Psychology Review, 31*, 293–297.

DiPerma, J., Lei, P., Bellinger, J., & Cheng, W. (2015). Efficacy of the Social Skills Improvement System Classwide Intervention Program (SSIS-CIP) Primary Version. *School Psychology Quarterly, 30*, 123–141.

Dodge, K. (1986). A social information processing model of social competence in children. In M. Perlmutter (Ed.), *Minnesota symposium on child psychology* (Vol. 18, pp. 77–125). Hillsdale, NJ: Erlbaum.

Dodge, K., Dishion, T., & Lansford, J. (Eds.). (2006). *Deviant peer influences in programs for youth: Problems and solutions.* New York: Guilford Press.

Domitrovich, C., Cortes, R., & Greenberg, M. (2007). Improving young children's social and emotional competence: A randomized trial of the preschool PATHS curriculum. *Journal of Primary Prevention, 28*, 67–91.

Durlak, J., Weissberg, R., Dymnicki, A. B., Taylor, R., & Schellinger, K. (2011). The impact of enhancing students' social and emotional learning: A meta-analysis of school-based universal interventions. *Child Development, 82*, 474–501.

Eddy, J., Reid, J., & Curry, V. (2002). The etiology of youth antisocial behavior, delinquency, and violence in a public health approach to prevention. In M. Shinn, H. Walker, & G. Stoner (Eds.), *Interventions for academic and behavior problems: II. Preventive and remedial approaches* (pp. 27–51). Bethesda, MD: National Association of School Psychologists.

Elliott, S. N., & Gresham, F. M. (2007). *Social Skills Improvement System: Class wide intervention program teacher's guide.* Minneapolis, MN: Pearson.

Elliott, S. N., & Gresham, F. M. (2008). *Social Skills Improvement System: Intervention guide.* Minneapolis, MN: Pearson.

Fawcett, S. (1991). Social validity: A note on methodology. *Journal of Applied Behavior Analysis, 24*, 235–239.

Feis, C., & Simmons, C. (1985). Training preschool children in interpersonal cognitive problem-solving skills: A replication. *Prevention in Human Services, 3*, 71–85.

Flay, B., & Allred, C. (2003). Long-term effects of the Positive Action program. *American Journal of Health Behavior, 27*(Suppl. 1), S6–S21.

Flay, B., Allred, C., & Ordway, N. (2001). Effects of the Positive Action program on achievement and discipline: Two matched-control comparisons. *Prevention Science, 2*, 71–89.

Frey, K., Hirschstein, M., Snell, J., Van Scholack, L., MacKenzie, E., & Broderick, C. (2009). Reducing playground bullying and supporting beliefs: An experimental trial of the Steps to Respect program. *Developmental Psychology, 41*, 479–491.

Frey, K., Nolen, S., Edstrom, L., & Hirschstein, M. (2005). Effects of a school based social–emotional competence program: Linking children's goals, attributions, and behavior. *Journal of Applied Developmental Psychology, 26*, 171–200.

Gersten, R., Fuchs, L., Compton, D., Coyne, M., Greenwood, C., & Innocenti, M. (2005). Quality indicators for group experimental and quasi-experimental research in special education. *Exceptional Children, 71*, 149–164.

Glass, G., McGaw, B., & Smith, M. (1981). *Meta-analysis in social research.* Beverly Hills, CA: SAGE.

Greenberg, M., & Kusché, C. (1998). Preventive intervention for school-age deaf children: The PATHS curriculum. *Journal of Deaf Studies and Deaf Education, 5*, 49–63.

Greenspan, S. (2006). Functional concepts in mental retardation: Finding the natural essence of an artificial category. *Exceptionality, 14*, 205–224.

Gresham, F. M. (1989). Assessment of treatment integrity in school consultation and pre-referral intervention. *School Psychology Review, 18*, 37–50.

Gresham, F. M. (1991). Conceptualizing behavior disorders in terms of resistance to intervention. *School Psychology Review, 20*, 23–36.

Gresham, F. M. (1999). Noncategorical approaches to K–12 emotional and behavioral difficulties. In D. Reschly, W. D. Tilly, & J. Grimes (Eds.), *Functional and noncategorical special education* (pp. 107–137). Longmont, CO: Sopris West.

Gresham, F. M. (2002). Teaching social skills to high-risk children and youth: Preventive and remedial strategies. In M. Shinn, H. Walker, & G. Stoner (Eds.), *Interventions for academic and behavior problems: Preventive and remedial approaches* (2nd ed., pp. 403–432). Bethesda, MD: National Association of School Psychologists.

Gresham, F. M. (2007). Evolution of the response-to-intervention concept: Empirical foundations and recent development. In S. Jimmerson, M. Burns, & A. VanDerHeyden (Eds.), *Handbook of response to intervention: The science and practice of assessment and intervention* (pp. 10–24). New York: Springer.

Gresham, F. M. (2010). Evidence-based social skills interventions: Empirical foundations for instructional approaches. In M. Shinn & H. Walker (Eds.), *Interventions for achievement and behavior problems in a three-tier model including RTI* (pp. 337–362). Bethesda, MD: National Association of School Psychologists.

Gresham, F. M. (2014). Measuring and analyzing treatment integrity data in research. In L. Sanetti & T. Kratochwill (Eds.), *Treatment integrity: A foundation for evidence-based practice in applied psychology* (pp. 109–130). Washington, DC: American Psychological Association.

Gresham, F. M., Cook, C. R., Collins, T., Dart, E., Rasetshwane, K., Truelson, E., et al. (2010). Developing a change-sensitive brief behavior rating scale as a progress monitoring tool for social behavior: An example using the Social Skills Rating System–Teacher form. *School Psychology Review, 39*, 364–379.

Gresham, F. M., & Elliott, S. N. (1990). *Social Skills Rating System*. Minneapolis, MN: Pearson.

Gresham, F. M., & Elliott, S. N. (2008). *Social Skills Improvement System: Rating scales manual*. Minneapolis, MN: Pearson.

Gresham, F. M., & Elliott, S. N. (2014). Social skills assessment and training in emotional and behavioral disorders. In H. Walker & F. M. Gresham (Eds.), *Handbook of evidence-based practices for emotional and behavioral disorders: Applications in schools* (pp. 152–172). New York: Guilford Press.

Gresham, F. M., & Elliott, S. N. (2017). *Social Skills Improvement System Social Emotional Learning Edition Rating Forms*. Minneapolis, MN: Pearson Assessments.

Gresham, F. M., McIntyre, L. L., Olson-Tinker, H., Dolstra, L., McLaughlin, V., & Van, M. (2004). Relevance of functional behavioral assessment research for school-based interventions and positive behavior support. *Research in Developmental Disabilities, 25*, 19–37.

Gresham, F. M., Van, M., & Cook, C. R. (2006). Social skills training for teaching replacement behaviors: Remediation of acquisition deficits for at-risk children. *Behavioral Disorders, 30*, 32–46.

Gresham, F. M., Watson, T. S., & Skinner, C. H. (2001). Functional behavioral assessment: Principles, procedures, and future directions. *School Psychology Review, 30*, 156–172.

Grossman, D., Neckerman, H., Koepsell, T., Liu, P., Asher, K., Beland, K., et al. (1997). Effectiveness of a violence prevention curriculum among children in elementary school: A randomized controlled trial. *Journal of the American Medical Association, 277*, 1605–1611.

Hartup, W. (2009). Critical issues and theoretical viewpoints. In K. Rubin, W. Bukowski, & B. Laursen (Eds.), *Handbook of peer interactions, relationships, and groups* (pp. 3–19). New York: Guilford Press.

Hawkins, R. (1991). Is social validity what we are interested in?: Argument for a functional approach. *Journal of Applied Behavior Analysis, 24*, 205–213.

Hayes, S., Nelson, R., & Jarrett, R. (1987). The treatment utility of assessment: A functional approach to evaluating assessment quality. *American Psychologist, 42*, 963–974.

Hedges, L., & Olkin, I. (1985). *Statistical methods for meta-analysis*. Orlando, FL: Academic Press.

Herrnstein, R. J. (1961). Relative and absolute strength of response as a function of frequency of reinforcement. *Journal of the Experimental Analysis of Behavior, 4*, 267–272.

Herrnstein, R. J. (1970). On the law of effect. *Journal of the Experimental Analysis of Behavior, 13*, 243–266.

Hinshaw, S. (1992). Externalizing behavior problems and academic underachievement in childhood and adolescence: Causal relationships and underlying mechanisms. *Psychological Bulletin, 111*, 127–155.

Holsen, I., Iversen, A., & Smith, B. (2008). Universal social competence promotion program in school: Does it work for children with low socio-economic background? *Advances in School Mental Health Promotion, 2*, 51–60.

Holsen, I., Smith, B., & Frey, K. (2008). Outcomes of the social competence program Second Step in Norwegian elementary schools. *School Psychology International, 29*, 71–88.

Horner, R. H., Carr, E., Halle, J., McGee, G., Odom, S., & Wolery, M. (2005). The use of single-case research to identify evidence-based practice in special education. *Exceptional Children, 71*, 165–179.

Hoza, B., Molina, B., Bukowski, W., & Sippola, L. (1995). Aggression, withdrawal, and measures of popularity and friendship as predictors of internalizing and externalizing problems during adolescence. *Development and Psychopathology, 7*, 787–802.

Humphrey, N., Kalambouka, A., Wigelsworth, M., Lendrum, A., Deighton, J., & Wolpert, M. (2011). Measures of social and emotional skills for children and young people: A systematic review. *Educational and Psychological Measurement, 71*, 617–637.

Issacson, W. (2007). *Einstein: His life and universe*. New York: Simon & Schuster.

Jiang, X., & Cillessen, A. (2005). Stability of continuous measures of sociometric status: A meta-analysis. *Developmental Review, 25*, 1–25.

Jones, S., Brown, J., & Aber, J. (2011). Two-year impacts of a universal school-based social–emotional and literacy intervention: An experiment in translational developmental research. *Child Development, 82*, 533–554.

Juel, C. (1988). *Learning to read and write: A longitudinal study of 54 children from first through fourth grade*. Paper presented at the annual conference of the American Educational Research Association, New Orleans, LA.

Kam, C., Greenberg, M., & Kusché, C. (2004). Sustained effects of the PATHS curriculum on the social and psychological adjustment of children in special education. *Journal of Emotional and Behavioral Disorders, 12*, 66–78.

Kamphaus, R., & Reynolds, C. (2015). *BASC-3 Behavioral and Emotional Screening System*. Minneapolis, MN: Pearson.

Kauffman, J. (2014). On following the scientific evidence. In H. Walker & F. M. Gresham (Eds.), *Handbook of evidence-based practices for emotional and behavioral disorders: Applications in schools* (pp. 1–5). New York: Guilford Press.

Kazdin, A. E. (1987). Treatment of antisocial behavior in childhood: Current status and future directions. *Psychological Bulletin, 102*, 187–203.

Kazdin, A. E. (2003a). Problem-solving skills training and parent management for conduct disorder. In A. E. Kazdin & J. Weisz (Eds.), *Evidence-based psychotherapies for children and adolescents* (pp. 241–262). New York: Guilford Press.

Kazdin, A. E. (2003b). Clinical significance: Measuring whether interventions make a difference. In A. E. Kazdin (Ed.), *Methodological issues and strategies in clinical research* (3rd ed., pp. 691–710). Washington, DC: American Psychological Association.

Kazdin, A. E. (2004). Evidence-based treatments: Challenges and priorities for practice and research. *Child and Adolescent Psychiatry Clinics of North America, 13*, 923–940.

Kazdin, A. E., & Weisz, J. R. (2003). Context and background of evidence-based psychotherapies for children and adolescents. In A. E. Kazdin & J. R. Weisz (Eds.), *Evidence-based psychotherapies for children and adolescents* (pp. 3–20). New York: Guilford Press.

Koegel, R. L., & Koegel, L. K. (2006). *Pivotal response treatments for autism: Communication, social, and academic development*. Baltimore, MD: Brookes.

Kohler, F., & Strain, P. (1990). Peer-assisted interventions: Early promises, notable achievements, and future aspirations. *Clinical Psychology Review, 10*, 441-452.

Kratochwill, T., Hitchcock, T., Horner, R., Levin, J., Odom, S., Rindskopf, D., et al. (2010). Single-case design technical documentation. Retrieved from *http//ies.ed.gov/ncee/wwc_scd.pdf*.

Kupersmidt, J., Coie, J., & Dodge, K. (1990). The role of peer relationships in the development of disorder. In S. Asher & J. Coie (Eds.), *Peer rejection in childhood* (pp. 274–308). New York: Cambridge University Press.

La Greca, A. M. (1993). Social skills training with children: Where do we go from here? *Journal of Clinical Child Psychology, 22*, 288–298.

Landau, S., & Milich, R. (1990). Assessment of children's social status and peer relations. In A. La Greca (Ed.), *Through the eyes of the child* (pp. 259–291). Boston: Allyn & Bacon.

Lane, K., Oakes, W., Menzies, H., & Germer, K. (2014). Screening and identification approaches for detecting students at risk. In H. M. Walker & F. M. Gresham (Eds.), *Handbook of evidence-based practices for emotional and behavior disorders: Applications in schools* (pp. 129–151). New York: Guilford Press.

Li, K., Washburn, I., DuBois, D., Vuchinich, S., Ji, P., Brechling, V., et al. (2011). Effects of the Positive Action Programme on problem behaviors in elementary school students: A matched-pair randomized control trial in Chicago. *Psychology and Health, 3,* 187–204.

Lochman, J. (2002). The Coping Power Program at the middle school transition: Universal and indicated prevention efforts. *Psychology of Addictive Behaviors, 34,* 540–554.

Lochman, J., Barry, T., & Pardini, D. (2003). Anger control training for aggressive youth. In A. E. Kazdin & J. R. Weisz (Eds.), *Evidence-based psychotherapies for children and adolescents* (pp. 263–281). New York: Guilford Press.

Lochman, J., & Gresham, F. M. (2009). Intervention development, assessment, planning, and adaptation: The importance of developmental models. In M. Mayer, R. Van Acker, J. Lochman, & F. M. Gresham (Eds.), *Cognitive-behavioral interventions for emotional and behavioral disorders* (pp. 29–57). New York: Guilford Press.

Lovaas, O. I. (1997). Behavioral treatment and normal educational and intellectual functioning in young autistic children. *Journal of Consulting and Clinical Psychology, 55,* 3–9.

Maag, J. W. (2005). Social skills training for youth with emotional and behavioral disorders and learning disabilities: Problems, conclusions, and suggestions. *Exceptionality, 13,* 155–172.

Maag, J. W. (2006). Social skills training for students with emotional and behavioral disorders: A review of reviews. *Behavioral Disorders, 32,* 5–17.

Malecki, C. M., & Elliott, S. N. (2002). Children's social behaviors as predictors of academic achievement: A longitudinal analysis. *School Psychology Quarterly, 17,* 1–23.

Martens, B. K. (1992). Contingency and choice: The implications of matching theory for classroom instruction. *Journal of Behavioral Education, 2,* 121–137.

Martens, B. K., & Houk, J. L. (1989). The application of Herrnstein's Law of Effect to disruptive and on-task behavior of a retarded adolescent girl. *Journal of the Experimental Analysis of Behavior, 51,* 17–27.

Martens, B. K., Lochner, D. G., & Kelly, S. Q. (1992). The effects of variable-interval reinforcement on academic engagement: A demonstration of matching theory. *Journal of Applied Behavior Analysis, 25,* 143–151.

Mastropieri, M., & Scruggs, T. (1985–1986). Early intervention for socially withdrawn children. *Journal of Special Education, 19,* 429–441.

Mayer, M., Van Acker, R., Lochman, J., & Gresham, F. M. (Eds.). (2009). *Cognitive-behavioral interventions for emotional and behavioral disorders.* New York: Guilford Press.

McIntosh, K., Frank, J., & Spaulding, S. (2010). Establishing research-based trajectories of office discipline referrals for individual students. *School Psychology Review, 39,* 380–394.

McIntyre, L. L., Gresham, F. M., DiGennaro, F. D., & Reed, D. D. (2007). Treatment integrity of school-based interventions with children in *Journal of Applied Behavior Analysis* from 1991–2005. *Journal of Applied Behavior Analysis, 40,* 659–672.

Merrell, K. W. (1993). *School Social Behavior Scales.* Austin, TX: Pro-Ed.

Merrell, K. W. (1994). *Preschool and Kindergarten Behavior Scales.* Austin, TX: Pro-Ed.

Merrell, K. W. (1999). *Behavioral, social, and emotional assessment of children and adolescents.* Mahwah, NJ: Erlbaum.

Merrell, K. W. (2002). *Preschool and Kindergarten Behavior Scales.* Austin, TX: PRO-ED.

Merrell, K. W. (2003). *Preschool and Kindergarten Behavior Scales–2*. Brandon, VT: Clinical Psychology.

Merrell, K. W., & Candarella, P. (2008). *School Social Behavior Scales–2*. Baltimore, MD: Brookes.

Merrell, K. W., Carrizales, D., Feuerborn, L., Gueldner, B. A., & Tran, O. K. (2007). *Strong Kids: A social and emotional learning curriculum for students in grades 3–5*. Baltimore, MD: Brookes.

Messick, S. (1995). Validity of psychological assessment: Validation of inferences from persons' responses and performances as scientific inquiry into score meaning. *American Psychologist, 50,* 741–749.

Nathan, P., & Gorman, J. (2002). *A guide to treatments that work* (2nd ed.). New York: Oxford University Press.

Nathan, P., Stuart, S., & Dolan, S. (2000). Research on psychotherapy efficacy and effectiveness: Between Scylla and Charybdis? In A. E. Kazdin (Ed.), *Methodological issues and strategies in clinical research* (3rd ed., pp. 505–546). Washington, DC: American Psychological Association.

National Reading Panel. (2000). Teaching children to read: An evidence-based assessment of the scientific research literature on reading and its implication for reading instruction. Retrieved from *www.nichd.nih. gov/publications/ pubskey.fm?from=nrp*.

Nelson, S., & Dishion, T. (2004). From boys to men: Predicting adult adaptation from middle childhood sociometric status. *Development and Psychopathology, 16,* 441–459.

Nevin, J. (1988). Behavioral momentum and the partial reinforcement effect. *Psychological Bulletin, 103,* 44–56.

Newcomb, A., Bukowski, W., & Pattee, L. (1993). Children's peer relations: A meta-analytic review of popular, rejected, neglected, controversial, and average sociometric status. *Psychological Bulletin, 113,* 306–347.

Northrup, J., Fusilier, I., Swanson, V., Roane, H., & Borrero, J. (1997). An evaluation of methylphenidate as a potential establishing operation for some common classroom reinforcers. *Journal of Applied Behavior Analysis, 29,* 615-625.

Nunnally, J., & Kotsche, W. (1983). Studies of individual subjects: Logic and methods of analysis. *Journal of Clinical Psychology, 22,* 83–93.

Oden, S. L., & Asher, S. R. (1977). Coaching children in social skills for friendship making. *Child Development, 48,* 495–506.

Offord, D., Boyle, M., & Racine, Y. (1989). Ontario Child Health Study: Correlates of disorder. *Journal of the American Academy of Child and Adolescent Psychiatry, 28,* 856–860.

Parker, J., & Asher, S. (1987). Peer relations and later personal adjustment: Are low-accepted children at risk? *Psychological Bulletin, 102,* 357–389.

Peery, J. (1979). Popular, amiable, isolated, rejected: A reconceptualization of sociometric status in preschool children. *Child Development, 50,* 1231–1234.

Pereplechikova, F. (2014). Assessment of treatment integrity. In L. Hagermoser Sanetti & T. Kratochwill (Eds.), *Treatment integrity: A foundation for evidence-based practice in applied psychology* (pp. 131–158). Washington, DC: American Psychological Association.

Peterson, L., Homer, A., & Wonderlich, S. (1982). The integrity of independent variables in behavior analysis. *Journal of Applied Behavior Analysis, 15,* 477–492.

Prinstein, M., Rancourt, D., Guerry, J., & Browne, C. (2009). Peer reputations and psychological adjustment. In K. Rubin, W. Bukowski, & B. Laursen (Eds.), *Handbook of peer interactions, relationships, and groups* (pp. 548–567). New York: Guilford Press.

Reinke, W. M., Herman, K. C., & Sprick, R. (2011). *Motivational Interviewing for effective classroom management: The Classroom Check-Up*. New York: Guilford Press.

Rogers, E. (2003). *Diffusion of innovations* (5th ed.). New York: Free Press.

Rosenthal, R. (1984). *Meta-analytic procedures for social research*. Beverly Hills, CA: SAGE.

Rosenthal, R., & Rubin, D. B. (1978). Interpersonal expectancy effects: The first 345 studies. *Behavioral and Brain Sciences, 3*, 377–386.

Rosenthal, R., & Rubin, D. B. (1982). A general purpose display of magnitude of experimental effect. *Journal of Educational Psychology, 74*, 166–169.

Rubin, K., Bukowski, W., & Laursen, B. (Eds.). (2009). *Handbook of peer interactions, relationships, and groups*. New York: Guilford Press.

Sabornie, E., & Weiss, S. (2014). Qualitative and mixed design research in emotional and behavioral disorders. In H. Walker & F. M. Gresham (Eds.), *Handbook of evidence-based practices for emotional and behavioral disorders: Applications in schools* (pp. 537–551). New York: Guilford Press.

Schmidt, F., & Hunter, J. (1977). Development of a general solution to the problem of validity generalization. *Journal of Applied Psychology, 62*, 529–540.

Schneider, B. (1992). Didactic methods for enhancing children's peer relations: A quantitative review. *Clinical Psychology Review, 12*, 363–382.

Sechrest, L. (1963). Incremental validity: A recommendation. *Educational and Psychological Measurement, 23*, 153–159.

Sechrest, L., McKnight, P., & McKnight, K. (1996). Calibration of measures for psychotherapy outcome studies. *American Psychologist, 51*, 1065–1071.

Shadish, W., Cook, T., & Campbell, D. (2002). *Experimental and quasi-experimental designs for generalized causal inference*. Boston: Houghton-Mifflin.

Shure, M., & Spivack, G. (1979). Interpersonal and cognitive problem-solving and primary prevention: Programming for preschool and kindergarten children. *Journal of Clinical Child Psychology, 2*, 89–94.

Shure, M., & Spivack, G. (1980). Interpersonal problem-solving as a mediator of behavioral adjustment in preschool and kindergarten children. *Journal of Applied Developmental Psychology, 1*, 29–44.

Shure, M., & Spivack, G. (1982). Interpersonal problem-solving in young children: A cognitive approach to prevention. *American Journal of Community Psychology, 10*, 341–356.

Skinner, B. F. (1953). *Science and human behavior*. New York: Macmillan.

Skinner, C. H., Cashwell, T. H., & Skinner, A. L. (2000). Increasing tootling: The effects of a peer-monitored group contingency program on students' reports of peers' prosocial behaviors. *Psychology in the Schools, 37*(3), 263–270.

Skinner, C. H., Skinner, A. L., & Cashwell, T. H. (1998). *Tootling, not tattling*. Paper presented at the 26th annual meeting of the Mid-South Educational Research Association, New Orleans, LA.

Smith, M., & Glass, G. (1977). Meta-analysis of psychotherapy outcome studies. *American Psychologist, 32*,

752–760.

Smith, R. G., & Iwata, B. A. (1997). Antecedent influences on behavior disorders. *Journal of Applied Behavior Analysis, 30*, 343–375.

Snyder, J., & Stoolmiller, M. (2002). Reinforcement and coercion mechanisms in the development of antisocial behavior: The family. In J. Reid, G. Patterson, & J. Snyder (Eds.), *Antisocial behavior in children and adolescents: A developmental analysis and model for intervention* (pp. 65–100). Washington, DC: American Psychological Association.

Sprague, J., Cook, C., Browning-Wright, D., & Sadler, C. (2008). *RTI and behavior: A guide to integrating behavioral and academic supports.* Horsham, PA: LRP.

Stokes, T., & Baer, D. (1977). An implicit technology of generalization. *Journal of Applied Behavior Analysis, 10*, 349–367.

Stokes, T., & Osnes, P. (1982). Programming the generalization of children's social behavior. In P. Strain, M. Guralnick, & H. Walker (Eds.), *Children's social behavior: Development, assessment and modification* (pp. 407–443). Orlando, FL: Academic Press.

Stokes, T., & Osnes, P. (1989). An operant pursuit of generalization. *Behavior Therapy, 20*, 337–355.

Strain, P., Kohler, F., & Gresham, F. M. (1998). Problems in logic and interpretation with quantitative syntheses of single-case research: Mathur and colleagues (1998) as a case in point. *Behavioral Disorders, 24*, 74–85.

Sugai, G., Horner, R., & Gresham, F. M. (2002). Behaviorally effective school environments. In M. Shinn, H. Walker, & G. Stoner (Eds.), *Interventions for academic and behavior problems: II. Preventive and remedial approaches* (pp. 313–350). Bethesda, MD: National Association of School Psychologists.

VanDerHeyden, A., & Witt, J. (2008). Best practices in can't do/won't do assessment. In A. Thomas & J. Grimes (Eds.), *Best practices in school psychology* (Vol. 5, pp. 131–139). Bethesda, MD: National Association of School Psychologists.

Vidair, H., Sauro, D., Blocher, J., Scudellari, L., & Hoagwood, K. (2014). Empirically supported school-based mental health programs targeting academic and mental health functioning: An update. In H. Walker & F. M. Gresham (Eds.), *Handbook of evidence-based practices for emotional and behavioral disorders: Applications in schools* (pp. 15–53). New York: Guilford Press.

Walker, H. M., Irvin, L., Noell, J. & Singer, G. (1992). A construct score approach to the assessment of social competence: Rational, technological considerations, and anticipated outcomes. *Behavior Modification, 16*, 448–474.

Walker, H. M., & McConnell, S. (1995). *Walker–McConnell Scale of Social Competence and School Adjustment.* Florence, KY: Thomson.

Walker, H. M., Ramsey, E., & Gresham, F. M. (2004). *Antisocial behavior in school: Evidence-based practices* (2nd ed.). Belmont, CA: Thomson.

Walker, H. M., Seeley, J., Small, J., Severson, H., Graham, B., Feil, E., et al. (2009). A randomized controlled trial of First Step to Success early intervention: Demonstration of program efficacy in a diverse urban school district. *Journal of Emotional and Behavioral Disorders, 17*, 197–212.

Webster-Stratton, C., Reid, M., & Hammond, M. (2001). Preventing conduct problems, promoting social competence: A parent and teacher training partnership in Head Start. *Journal of Clinical Child Psychology, 30*, 283–302.

Webster-Stratton, C., Reid, M., & Stoolmiller, M. (2008). Preventing conduct problems and improving school readiness: Evaluation of the Incredible Years Teacher and Child Training Programs in high-risk schools. *Journal of Child Psychology and Psychiatry, 49*, 471–488.

Weissberg, R., Durlak, J., Domitrovich, C., & Gullotta, T. (Eds.). (2015). Social and emotional learning: Past, present, and future. In R. P. Weissberg, J. A. Durlak, C. E. Domitrovich, & T. P. Gullotta (Eds.), *Handbook of social emotional learning: Research and practice* (pp. 3–19). New York: Guilford Press.

Wentzel, K. R. (2005). Peer relationships, motivation, and academic performance at school. In A. Elliot & C. Dweck (Eds.), *Handbook of competence and motivation* (pp. 279–296). New York: Guilford Press.

Wentzel, K. R. (2009). Peers and academic functioning at school. In K. H. Rubin, W. M. Bukowski, & B. Laursen (Eds.), *Handbook of peer interactions, relationships, and groups* (pp. 531–547). New York: Guilford Press.

Wentzel, K. R., & Watkins, D. E. (2002). Peer relationships and collaborative learning as contexts for academic enablers. *School Psychology Review, 31*, 366–377.

Wiggins, J. (1973). *Personality and prediction: Principles of personality assessment. Reading*, MA: Addison-Wesley.

Witt, J. C., & Elliott, S. N. (1985). Acceptability of classroom management strategies. In T. Kratochwill (Ed.), *Advances in school psychology* (Vol. 4, pp. 251-288). Hillsdale, NJ: Erlbaum.

Wolf, M. M. (1978). Social validity: The case for subjective measurement or how applied behavior analysis is finding its heart. *Journal of Applied Behavior Analysis, 11*, 203–214.

Yeaton, W. (1988). Treatment effect norms. In J. Witt, S. Elliott, & F. M. Gresham (Eds.), *Handbook of behavior therapy in education* (pp. 171–187). New York: Plenum Press.

Yeaton, W., & Sechrest, L. (1991). Critical dimensions in the choice and maintenance of successful treatments: Strength, integrity, and effectiveness. *Journal of Consulting and Clinical Psychology, 49*, 156–167.

Zins, J., & Elias, M. (2006). Social and emotional learning: In G. Bear & K. Minke (Eds.), *Children's needs: III. Development, prevention, and intervention* (pp. 1–13). Bethesda, MD: National Association of School Psychologists.

Zins, J., Weissberg, R., Wang, M., & Walberg, H. (2004). *Building academic success on social and emotional learning: What does the research say?* New York: Teachers College Press.

다층지원체계MTSS 기반 사회정서학습

초판 1쇄 발행 2026년 1월 27일

지은이 프랭크 M. 그레셤 옮긴이 김윤경
펴낸이 김명희 편집 이은희 책임편집 김연희 디자인 신병근·선주리 마케팅 노수아

펴낸곳 다봄 등록 2011년 6월 15일 제2021-000136호
주소 서울시 마포구 토정로 222 한국출판콘텐츠센터 305호
전화 02-446-0120 팩스 0303-0948-0120
전자우편 dabombook@hanmail.net 인스타그램 instagram.com/dabom_books

ISBN 979-11-94148-51-7 93370